国家科学技术学术著作出版基金资助出版

共识的理论、方法及应用

顾基发　侯光明　张玲玲◎著

科学技术文献出版社
SCIENTIFIC AND TECHNICAL DOCUMENTATION PRESS
·北京·

图书在版编目（CIP）数据

共识的理论、方法及应用 / 顾基发，侯光明，张玲玲著 . —北京：科学技术文献出版社，2024.10

ISBN 978-7-5235-0489-5

Ⅰ.①共… Ⅱ.①顾… ②侯… ③张… Ⅲ.①管理学 Ⅳ.① C93

中国国家版本馆 CIP 数据核字（2023）第 138281 号

共识的理论、方法及应用

策划编辑：崔　静　钱一梦　责任编辑：李　晴　责任校对：张永霞　责任出版：张志平

出 版 者	科学技术文献出版社
地　　　址	北京市复兴路15号　邮编　100038
出 版 部	（010）58882943，58882087（传真）
发 行 部	（010）58882868，58882870（传真）
官方网址	www.stdp.com.cn
发 行 者	科学技术文献出版社发行　全国各地新华书店经销
印 刷 者	北京厚诚则铭印刷科技有限公司
版　　　次	2024年10月第1版　2024年10月第1次印刷
开　　　本	710×1000　1/16
字　　　数	259千
印　　　张	17.75
书　　　号	ISBN 978-7-5235-0489-5
定　　　价	68.00元

版权所有　违法必究

购买本社图书，凡字迹不清、缺页、倒页、脱页者，本社发行部负责调换

前　言

共识（Consensus）作为社会、政治生活常用名词可以追溯到很早之前，但作为学术名词来引起学者们的研究兴趣，似乎不能算太早，也就是在19世纪后期。在政治和社会中处处需要共识，以便互相理解，并进一步采用对大家都有利的行动。由于政治、经济利益冲突不断，有些国家、地区和民族之间在各种媒体和会议中互相批评和攻击，甚至不惜动用战争的情况时有发生，虽然作为各国的联合组织——联合国不断斡旋、调解，希望大家和平共处，协商解决问题，但是经常成效不大。像中东问题（不少相邻国家和地区之间互相领土之争）、贸易冲突、贫困和饥饿问题、环境与生态问题、反对恐怖活动问题等，现在再加上瘟疫传播、俄乌冲突，其共识的达成实在是难。但是活生生展现在世界各国领导、科研人员和广大民众面前比较能取得共同语言的问题，应该算是环境、生态的逐渐恶化，并引起全球气候变化问题的共识。虽然大家都认为地球是属于大家的，地球毁了，对地球上所有公民都没有好处。但是随着工业革命，生产不断地发展，各种自然资源不断衰竭，随之环境大量被污染，生态系统恶化，气候不断被恶化，通过科学家不断地共同研究，各国自己亲身的体味和实践，大家的认识不断提高。有趣的是对于对付环境污染、气候变化问题却相对地大家意见比较一致，1997年12月在日本京都召开的《联合国气候变化框架公约》第三次缔约方大会上，149个国家和地区通过了旨在减少全球温室气体排放量的《京都议定书》，承认环境问题的所在和各国应尽的义务和责任，大大小小超百个以上的国家为了达成这个共识，都自愿并逐步地参加了协议书的签订，基本上没有人出来反对，美国开始也签了，是2001年当时的美国副总统戈尔签订的，2007年10月13日戈尔为此还获得了诺贝尔奖。没想到《京都协议书》2001年被当时的美国新任总统布什否掉了。

国际上有关气候变化的讨论一直持续着，联合国仍然继努力，追求共识，2015年12月联合国出面又召开了巴黎气候变化大会，并于12月12日晚通过《巴黎协定》，为2020年后全球应对气候变化行动做出安排。可是2019年11月4日时任美国总统特朗普说："我宣布美国退出可怕的、代价高昂的、单方面达成的《巴黎协定》。"于是好不容易达成的国际共识——《巴黎协定》又被美国否定了，有意思的是美国总统大选后拜登当选美国新总统，拜登上台伊始表示愿意回到《巴黎协定》这个共识。

笔者和国内同行从2000年起开始把共识作为一个学术问题来研究，研究共识的理论、思想、方法、技术、步骤及其应用。开始断断续续做了一些基础性研究工作，也发表过一些文章，但不成体系。一直到2019年因为参加《决策学大辞典》的编写工作，才促使大家想单独成书，汇集这些年来对共识的研究成果。承蒙2020年度国家科学技术学术著作出版基金批准和资助，这本书得以出版，鼓舞了大家完成这本书的信心和勇气。也要感谢申请本书基金的推荐人王众托院士和于景元研究员，感谢他们的热心推荐。

本书除了在理论和方法等学术方面不断完善，也参加了一些新的科研项目，如科技预见、社会舆情研究等，他们使我们看到了不少新的研究素材。在2020年这一年我们亲身观测和经历了3件大事：英国脱欧、美国总统大选、新冠疫情的世界传播，这也使笔者更多看到了共识研究的重要性。其实不同的问题需要的共识的理论、方法和步骤是不同的，特别是现在处于高速发展的信息时代，各种高新计算机和信息技术的出现，可以帮助我们更快更好地沟通彼此的思想，有效分析事物的利弊，利用新的决策理论可以帮助我们寻求更好的共识。本书前2章介绍共识的基本思想，定义和计算共识的定量方法，第3章、第4章分别讨论社会系统和自然系统中具体发生的共识问题。第5章又回到介绍共识的一般程序、过程，第6章介绍一些具体有用的共识的方法、工具和技术，其中有些技术是唐锡晋和刘怡君等自己动手研制的，她们也都是笔者研究工作中的紧密合作者。第7章是介绍共识决策，第8章是讲群体智慧，开始强调的是群智，后面又指出不要忽视少数专家的意见。第9章专门介绍一些共识问题的实际案例。

前面几章为了说明一些问题用了方法的数例，往往用单编号的例子，如例 1、例 2 等。而用双编号的例 6.1 或例 7.2 等说明是某章中例子。最后第 9 章用的案例 9.1 和案例 9.3 等编号，这里案例就是实例，实际发生和碰到的，对他们的介绍往往会更细致一些。本书用到的一些资料有的取自国外文献，不少是国内同行的文献，还有一些是笔者及其同事和学生们自己的研究成果，因此这本书其实是一个集体的成果，在此我们向他们表示最诚挚的敬意和感谢。由于引用的文献资料甚多，如有不妥之处敬请批评指正。我们要感谢科学技术文献出版社的丁坤善社长及编辑部的同志们的勤恳组织、审阅和修改。还要感谢出书过程中付出很多劳动和心血的北京理工大学王京平老师，侯光明老师的博士生潘建均和中国科学院大学张玲玲老师的两位博士生赵明晖、薛博文和两位硕士研究生李其蓝、张奕林，几位研究生为本书的顺利出版做出了贡献。

顾基发　侯光明　张玲玲
2021 年 6 月 16 日

目　录

第1章　什么叫共识? ··· 1
1.1　共识的一般定义 ·· 2
1.2　《京都议定书》和《巴黎协定》与共识 ···················· 4
1.3　达成共识研究所（CBI）等为实现共识所做的研究 ·········· 8
1.4　国家重大基金项目与共识研究及几个案例 ················· 13
1.4.1　国家重大基金项目与共识研究 ······················· 13
1.4.2　重大基金项目中几个案例 ··························· 17

第2章　各种共识的数学含义 ································· 22
2.1　投票共识 ··· 22
2.1.1　简单投票 ··· 23
2.1.2　打分投票 ··· 23
2.1.3　加权投票 ··· 25
2.1.4　去掉两端的投票 ··································· 25
2.2　投票悖论 ··· 26
2.3　优化中的共识 ··· 28
2.4　多目标优化中的共识（Pareto共识） ····················· 28
2.4.1　排序共识 ··· 32
2.4.2　序号和法 ··· 33
2.4.3　优序法 ··· 34
2.5　模糊共识 ··· 38
2.6　统计共识 ··· 47

   2.6.1 Kendall 和谐系数 ·················· 47
   2.6.2 共识经济 ························ 48
 2.7 竞争共识 ····························· 53
 2.8 多属性群决策达成群体共识 ·················· 53
   2.8.1 传统共识达成算法与改进共识达成算法对比 ······· 54
   2.8.2 共识达成算例 ····················· 55
 2.9 其他共识方法 ··························· 60

第3章 社会科学中的共识 ······················ 63

 3.1 一般社会中的共识 ······················· 64
 3.2 网络舆论上的共识 ······················· 69
   网络舆论共识度评估 ······················ 70
 3.3 社会物理学与舆论动力学 ··················· 78
 3.4 几个实际生活中的共识历程 ················· 85
   3.4.1 英国脱欧中的共识（52%:48%） ············ 85
   3.4.2 美国总统大选 ····················· 88
   3.4.3 在联合国的共识 ··················· 92
   3.4.4 中国基层协商民主共识形成机制研究
      ——"温岭模式" ·················· 96

第4章 自然科学中的共识举例 ···················· 100

 4.1 技术预见中的共识 ······················· 100
 4.2 医学诊断中的共识 ······················· 108
 4.3 区块链中的共识 ························ 116
   4.3.1 主流区块链共识算法 ················· 117
   4.3.2 区块链共识算法新进展 ················ 122
   4.3.3 区块链共识应用举例 ················· 125

第5章 共识的过程 ········· 129

5.1 一般共识过程 ········· 130
5.1.1 C^3过程 ········· 130
5.1.2 Butler & Rothstien 一般共识过程 ········· 131

5.2 几个特殊的共识过程 ········· 131
5.2.1 德尔菲（Delphi）过程 ········· 131
5.2.2 智暴过程 ········· 135
5.2.3 名义小组过程 ········· 136
5.2.4 小组协同集成（Team Syntegrity） ········· 139
5.2.5 群体寻找知识 CogniScope™ ········· 141
5.2.6 综合集成共识过程 ········· 143

第6章 取得共识的若干方法和工具 ········· 144

6.1 如何开好会议 ········· 145
6.1.1 罗伯特议事规则 ········· 146
6.1.2 会议的类型 ········· 148
6.1.3 会议的准备和主持 ········· 150

6.2 会议支持工具 ········· 151
6.2.1 常用工具 ········· 151
6.2.2 中国科学院系统科学研究所开发的与共识相关的工具 GAE、iView、CorMap ········· 152

6.3 会议中有助于取得共识的常用方法 ········· 162
6.3.1 KJ法 ········· 163
6.3.2 战略假设表面化与验证（SAST） ········· 165
6.3.3 荟萃分析方法（Meta-analysis） ········· 169
6.3.4 层次分析法 ········· 173

第7章 共识决策法 ································· 181

7.1 什么是共识决策 ······························· 181
7.2 实施共识决策的基本过程 ······················ 183
7.3 共识决策的主要原则 ·························· 183
7.4 对共识决策法的批评 ·························· 184
7.4.1 共识决策适宜和不宜使用的情况 ············ 185
7.4.2 共识决策的优点和缺点 ···················· 185
7.5 共识决策的过程 ······························ 185
7.5.1 共识决策过程须知 ························ 185
7.5.2 使用彩色卡片 ···························· 186
7.6 共识决策的趋势与中国式共识型决策 ············ 187

第8章 群体智慧 ····································· 191

8.1 群体智慧的历史 ······························ 191
8.2 群智商和人工智能的智商 ······················ 197
8.3 群体智慧例子 ································ 199
8.4 群体智慧近期的发展 ·························· 203
8.5 群众的眼睛是雪亮的吗？当真相掌握在少数人手中
——"意外流行"算法 ·························· 203
8.6 网络群体智慧 ································ 211
8.6.1 网络群体智慧的环境 ······················ 211
8.6.2 网络群体智慧的概念 ······················ 211
8.6.3 网络群体智慧的类型 ······················ 213
8.6.4 网络群体智慧的应用 ······················ 213
8.7 互联网群体智慧的危机 ························ 216
8.7.1 互联网虚虚实实、真假难辨 ················ 217
8.7.2 移动互联网危机，更细碎，但质量更低 ······ 218

第9章 几个共识的案例 ····················· 220

案例 9.1　G77 项目 ································· 221
案例 9.2　编写纪念控制论家比尔 70 寿辰的论文集 ········· 223
案例 9.3　商业标准体系的制定 ······················· 224
案例 9.4　流域水资源规划 ·························· 232
案例 9.5　网上会议确定 2003 年国际系统科学学会会议
　　　　　主题 ···································· 236
案例 9.6　江西省科技发展战略重点选择 ················ 237
案例 9.7　共识的丰田模式——根回 ··················· 239

结束语 ······································· 249
参考文献 ····································· 251

第1章

什么叫共识？

当今世界一方面是纷纷扬扬的各国和各地区之间出现越来越多的冲突和矛盾，甚至诉诸武力、战争及各种宣传工具想压倒和控制对方；另一方面又希望通过各方协调、谈判达成一定共识，解决矛盾和冲突。因此，会不断出现"共识"这个名词。本书试图从理论、方法和应用多方面去描述这个"共识"。

例如，为了解决全球性气候变化带来的一系列困扰各国人民环境和生态不断恶化的人类本身的生存问题，在联合国的引导和组织下，召开各种会议，提出各种措施，企求获得国际共识，其间由于各国本身遇到的问题难度不同，大家对问题的认识不同，所追求的利益不同，如何取得国际共识实在是难上加难。所幸的是《京都议定书》及以后大大小小的协议，最后是《巴黎协定》，都在实践着各国人民试图达成共识的艰苦历程，在大多数国家都取得了共识情况下，但美国不同意，表示退出《巴黎协定》，幸好美国总统改选，新上任总统拜登表示愿意返回《巴黎协定》。

自从2013年国家主席习近平提出建设"新丝绸之路经济带"和"21世纪海上丝绸之路"的合作倡议及"一带一路"的构想后，现在已经获得越来越多的国家共识，随着各种项目的实现和成功，会取得越来越多、越来越深的共识，但是这个共识的过程也会存在一定的艰难。

英国脱欧，从2016年起直到2020年年底英国与欧盟才达成共识，但是当初英国在国内是勉强以52%投票通过，将来还能发生什么事，实在难料。

2020年年底到2021年年初的美国总统大选，第一轮选民投票拜登52%胜出，到选举人投票拜登以57%胜出，但是特朗普始终不肯公开承认失败，可见靠投票取得共识也不容易。

从 2019 年世界发生新冠疫情以来，一方面世界卫生组织（WHO）希望大家取得共识以便共同战斗；另一方面却发现从病毒起源到疫苗的有效性及如何采用有效的应对措施等很多问题没有取得共识，反而引起互相指责。那么，从理论上如何去认识共识，从方法和过程中如何去达成共识，本书也曾企图探讨其中一些问题，但因问题的复杂、认知的差异，又没有得到更多的科学数据来支撑，最后我们放弃了对这个问题进一步探索，留待以后吧！本书第 1 章第 1.1 节介绍共识的一般定义，第 1.2 节以国际上重大事件《京都议定书》作为达成共识的一个实际案例向大家进行介绍。第 1.3 节介绍了参加环境问题讨论的各国政要、政府官员及各种专家对所涉及的问题都是各持己见，那么，如何把这些意见科学、合理地综合起来是达成共识的第一步。第 1.4 节介绍国家自然科学基金委员会的一个重大基金项目，正是这项研究使我们提出和进行了共识的比较系统性研究。

1.1 共识的一般定义

共识，直接源自拉丁语 Consensus，意为同意、一致、舆论、一致同意，大多数人的意见，日本人用"合意"；共识属于"共同的认识"，也就是指一个社会不同阶层、不同利益的人所寻求的共同认识、价值、理想。国家、社会或者一个组织以至于一个小组为了做出某些决定或者弄清一些问题经常需要开会进行集体讨论或者通过通信交换意见。当问题性质比较复杂、涉及各方面利益较多时可能会直接让全体人员都来参加讨论或者全民公决。但是，更多的情况是由所推选的代表或者邀请一些专家进行小规模会议来讨论并做出共同的结论、认识，可以代表大家做出决策，也可以分成多次讨论，每次讨论的参会人员可以相同也可以不同。作为学术研究我们都把参加会议的人叫作专家。专家们在讨论中会发表各种意见，最后要综合专家的意见，由于他们的知识和实践背景、对问题看法、价值观不同，以及决策者的地位不同，使得要想他们取得一致意见或达成共识并不简单。例如，英国的脱欧决定，美国每 4 年举行一次的总统大选。但是，更多的情况是由所推选出来的代表或者邀请一些专家进行小规模会议来讨论并做出共同的结论、认识，也可能就代表大家做出共识和决策，如医学中某些病的诊断和治疗经常会请一些著名专家和有过丰富实际经验的医生进行反复认真讨论，并经有关上级组织核准而取得某些病的诊断和治疗的一些共识。作为政治问题在一些资本主义国家就由国会议会议员，在中国就由人大代表、政协委员或其他种种民意代表，在联合国就由各国驻联合国代表，有时就由各国元首直接参加共同讨论来取得共识或做出某项协议的决定。目前国际上有关取得共识的理论和方法已有不少。早期研究共识，主要是从统计学角度（DeGroot，1974）、社会科学角度来进行的（Leher et al.，1981；Loewer，1985），也有从医学角度来探索共识问题的（Fink et al.，1984）。

根据《牛津词典》，共识（Consensus）也叫意见一致。《美国百科全书》侧重从社会科学的角度来解释，其把共识看成一个政治实体对某一个议题表现出来的一致的状态。也可以用来表示某个社会的一致程度，从共识的形式来看有3种：①自发的共识（Spontaneous）；②涌现的共识（Emergent）；③运作的共识（Manipulated）。自发的共识，一般是在类似原始部落或某种变化慢的社会中出现问题时慢慢地自发达成的。涌现的共识出现在一些彼此有很多不同意见时，经过对意见的深化讨论，证据的收集，最后在权重利弊后突然形成的新的共识。例如，1978年我国关于真理标准问题有过一场大讨论，最后在"实践是检验真理的唯一标准"上全党和全国人民终于取得共识。运作的共识是指既有可能出现涌现的共识，又允许自由表达意见，再经过一些很好的信息沟通，将意见传达到广大群众中，最后取得的共识。例如，在与新冠疫情斗争中中国党和政府提出的一系列看法和措施，由于得到了广大人民群众的自觉拥护和执行就是运作的共识。

达成共识也可看成意见的综合或意见的收敛，有时也可叫作寻求一致的过程。这个过程有时很短，有时可能很长，甚至一代人或者几代人经过反复议论最后才达成共识。在科学中有些少数人提出的新学说要被大多数人接受就是这样经过漫长的不断议论、不断丰富和不断实践的结果，而有些社会和政治问题要达成共识，中间还夹杂政治斗争、使用暴力、强迫，或者通过各种舆论媒体说服、劝导甚至造谣、诈骗等手段来达成一定时期、一定范围内的共识。当然有时即使已经达成的共识，往往由于出现了新的情况又会引起新的一轮达成共识的过程，社会舆论的形成往往如此，而如今在网络越来越发达的情况下，网络舆情的形成会越来越快，传播面也会越来越大。

1.2 《京都议定书》和《巴黎协定》与共识

国际上大部分国家和地区为了解决全球气候变化问题而形成的《京都议定书》（Kyoto Protocol，也译作《京都协议书》），是达成共识的著名例子。1997年12月在日本京都召开的《联合国气候变化框架公约（United Nations Framework Convention on Climate Change）》第三次缔约方大会上，149个国家和地区通过了旨在减少全球温室气体排放量的《京都议定书》（图1.1）。到2002年10月时，全世界有96个国家和地区官方正式批准了该议定书；2002年9月2日，代表中国出席峰会的朱镕基发言，申明了对全球环境问题的五点看法，表示中国愿意积极配合和支持全球可持续性发展计划，并当场宣布中国已经核准《京都议定书》。议定书规定各国应减少温室气体的排放量，以此来减少全球共同面临的环境灾难，2008—2012年，发达国家温室气体排放量要在1990年的基础上平均削减5.2%，其中美国削减7%、欧盟8%、日本6%。

1998年，代表美国在议定书上签字的是副总统A. A. 戈尔。但2001年3月美国G. W. 布什总统以该协议"对美国不利"为由，宣布拒绝在该议定书上签字，事实上全球25%的二氧化碳是由美国排放出来的。继美国拒绝核准该议定书之后，俄罗斯也决定拖延批准该议定书。2011年12月加拿大宣布退出。由于排放量最多的美国2001年突然宣布退出该协议，致使全球温室气体减排总量未能达到《京都议定书》规定的水平。为寻求解决日益恶化的全球气候问题的途径，180多个国家和地区的代表2002年10月23日齐聚新德里，希望在11月1日会议结束之前达成共识，以推动尽快实施《京都议定书》。从后来的情况来看，由于发达国家和发展中国

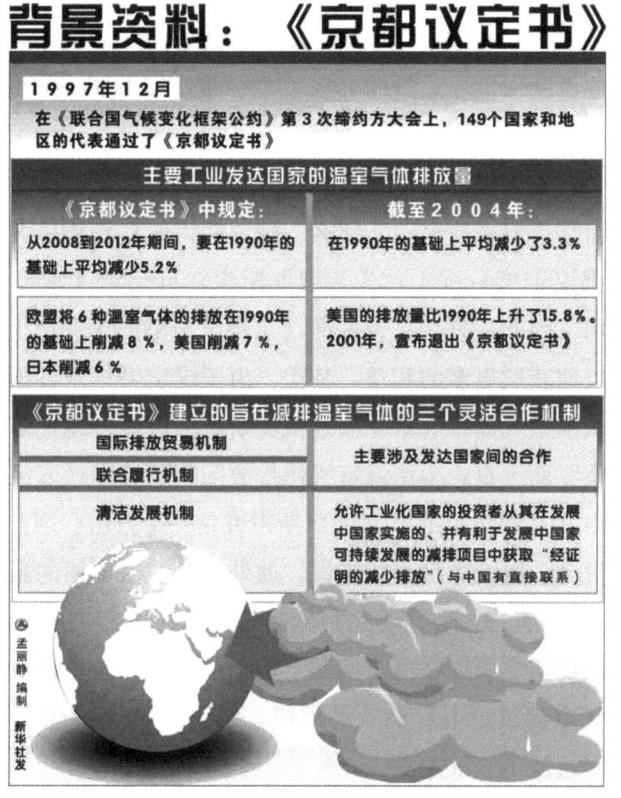

图 1.1 《京都议定书》

家在《联合国气候变化框架公约》第八次缔约方大会上各持己见,再加上对《京都议定书》起着关键作用的俄罗斯又宣布拖延批准,因此,会议难以取得实质性成果。美国环保局局长惠特曼曾对媒介说,布什政府对实施《京都议定书》并不感兴趣,除非发展中国家也采取削减排放的措施,不然美国不会采取任何行动。联合国秘书长安南称这是件不幸事件,希望华盛顿政府能改变主意。美国的行动惹来欧洲、日本、俄罗斯和中国的批评。2002年10月26日,俄罗斯外交部在印度新德里举行的《联合国气候变化框架公约》第八次缔约方大会上表示,俄罗斯将在3个月到1年的时间内就是否批准《京都议定书》做出决定。而此前,俄罗斯政府曾几次表示要在2003年内确认《京都议定书》(国际在线报道,记者马骏)。

实际上，在美国拒绝批准《京都议定书》后，全球目光便集中于另外两家废气排放大户——俄罗斯和日本。据统计，早在1990年，俄罗斯的温室气体排放量就占世界总量的17%左右，仅次于美国。如果俄罗斯批准《京都议定书》，那么即使在美国明确表示拒绝批准该协议的情况下，协议书仍可生效。而如果俄罗斯拒绝批准议定书的话，这项防止地球变暖的国际公约就将面临被封杀的命运。那么，俄罗斯为何在新德里大会上宣布拖延批准《京都议定书》呢？首先，俄罗斯深知自己对《京都议定书》实施所起的作用，因此一直在是否批准《京都议定书》的问题上持审慎和观望的态度，以期获取更多的利益。其次，由于议定书规定，国家之间本来可以互相买卖温室气体排放量配额，俄罗斯想尽可能多地把多余的排放指标卖出去。俄罗斯一直希望用温室气体排放配额从美国换取经济利益，而美国决定退出《京都议定书》对俄罗斯来说是一个打击。因此，俄罗斯需要等待其他机会，以减少自身的损失。此外，目前俄罗斯的温室气体排放量已远低于10年前的水平，要达到减排标准本来不存在太大问题。分析人士认为，俄罗斯之所以在这个问题上较以前的立场有所后退，也是对美国拒绝批准《京都议定书》的一种回应。截至2009年2月，据统计已经有183个国家通过了该议定书。

国际上有关气候变化的讨论一直在持续，到2015年12月联合国出面又召开了巴黎气候变化大会，并于12月12日晚通过《巴黎协定》，为2020年后全球应对气候变化行动做出安排。这一协定内容丰富，是全球气候治理进程中的重要里程碑。中国特使解振华在大会闭幕式上说，《巴黎协定》是一个"公平合理、全面平衡、富有雄心、持久有效、具有法律约束力"的协定，传递出全球将实现绿色低碳、气候适应型和可持续发展的强有力积极信号。同时，该协定起到了衔接2020年前提高应对气候变化力度和2020年后加强切实行动的作用。解振华说，虽然协定并不十分完美，但是中方对协定完全支持。协定凝聚着各方最广泛的共识，体现了世界各国利益和全球利益的平衡。

中国国家气候变化专家委员会副主任何建坤介绍，巴黎气候变化大会前，中国与美国、法国、印度、巴西等主要经济体分别发表了应对气候变化的多个联合声明，气候谈判中的法律约束力、资金、力度等焦点分歧在这些联合声明中都有描述，这为巴黎气候变化大会的成功召开提前凝聚了共识。遗憾的是2017年6月1日，美国总统特朗普正式宣布美国退出《巴黎协定》。2017年9月25日，第72届联合国大会一般性辩论在纽约联合国总部闭幕。在为期一周的辩论中，多数与会国家的元首、政府首脑或高级代表就积极捍卫多边主义和《巴黎协定》发出了一致声音。以联合国为代表的多边主义依然是当今世界促进全球发展、维护国际和平的最佳途径和机制。绝大多数国家已经认识到，在人类社会面临诸多"前所未有"的全球性重大威胁与挑战时，只有通过紧密的全球性合作才能有效应对。有意思的是拜登当选美国总统后即表示，会重新同意《巴黎协定》。

据新华社巴黎12月12日电（记者唐志强、张晓茹），巴黎气候变化大会12日晚通过全球气候变化新协定。协定将为2020年后全球应对气候变化行动做出安排。

当晚，《联合国气候变化框架公约》（简称《公约》）近200个缔约方一致同意通过《巴黎协定》。协定共29条，包括目标、减缓、适应、损失损害、资金、技术、能力建设、透明度、全球盘点等内容。

《巴黎协定》指出，各方将加强对气候变化威胁的全球应对，把全球平均气温较工业化前水平升高控制在2℃之内，并为把升温控制在1.5℃之内而努力。全球将尽快实现温室气体排放达峰，21世纪下半叶实现温室气体净零排放。

根据协定，各方将以"自主贡献"的方式参与全球应对气候变化行动。发达国家将继续带头减排，并加强对发展中国家资金、技术和能力建设支持，帮助后者减缓和适应气候变化。

巴黎气候变化大会当天还通过了相关决议，就《巴黎协定》的具体落实和一些细节问题做出安排。

2019年11月4日美国政府正式通知联合国，启动退出《巴黎协定》的程序。美国前国务卿蓬佩奥在一份声明中表示，《巴黎协定》给美国带来了"不公平的经济负担"。而美国总统特朗普也在一次肯塔基州的集会上对此发声。

这个《京都议定书》和《巴黎协定》，开始曾经整体达成共识，后来却又被不断破坏，说明达成共识是一个长期而艰难曲折的过程。最后决策还是要由有权的决策者最终依据他们的主观判断和自己对形势的分析，以符合他们的利益为基础来做出他们的决定。但是，作为研究共识的专家和专业研究机构来讲，他们还是从中总结出为实现共识的不少规律性的理论和有用的经验，他们尽力为各级决策者及企业和群众团体为实现共识出谋划策。就在《京都议定书》发表不久，联合国和一些重要国际组织就在为达成真正可实现的共识而努力，而且把共识本身作为一个重要的研究课题来抓，并且对各国有关人员为实现共识应有的知识和技能加以培训。

1.3 达成共识研究所（CBI）等为实现共识所做的研究

2000年6月，由美国达成共识研究所（Consensus Building Institute，CBI）、联合国训练研究所、美国弗莱彻法律与外交学院（Fletcher School of Law and Diplomacy）共同在联合国基金支持下为77国集团（G-77）讨论环境和可持续发展起草报告。这个达成共识研究所（CBI）是一个非营利组织，位于美国麻省的剑桥市。CBI成立于20世纪90年代中，其最初发起成员主要来自美国麻省理工学院和哈佛大学。他们专门从事共识的艺术和科学研究，为各级政府组织、群众团体和企业等提供达成共识的方法和理论，也可直接参与协助用户解决问题。CBI为很多国际组织［如联合国、77国集团（G-77）等］及地方组织和一些大公司在需要达成共识时提供帮助，还专门出版内部刊物——共识（Consensus），1999年还出版了一本厚达1000多页的《达成共识手册》（*The Consensus Building Handbook*）。这本书由该所所长L. 萨斯金达（Larry Susskind）、S. 麦基南（Sarah McKearnan）和J. 汤姆士-拉摩（Jennifer Thomas-Larmer）3人编辑，参加手册编写的有43个著名专家，全书共分三大部分：第一部分是共识的简短指南；第二部分是如何达成共识（内含17章）；第三部分是案例和评论（内含17个案例）。该书是一本综合性参考书，帮助各类团体决定何时和怎样使用达成共识。《达成共识手册》是1999年解决争端研究所（CPR

Institute for Dispute Resolution）作为最佳书本奖的获奖著作（图1.2）。该书中案例举例：

①史基浦空港 Mainport Schiphol：激活一个政策网络；

②北方牛津郡联盟：4个缅因镇处理一个公共健康的奥秘；

③推进科罗拉多州的 HIV/AIDS 政策和优先权；

④切尔西合同共识过程；

⑤解决科学密集型公共政策争议：反思纽约湾初始谈判；

⑥一个主公司内改革的达成共识：拉维—斯脱拉斯公司的案例。

图1.2 达成共识手册

联合国基金支持下为77国集团讨论环境和可持续发展起草报告要求在2000年6月交出报告，其间在纽约州于2000年3月、5月两次召开会议。由 CBI 提供会议的促进、建导和引导（Facilitation），为了适应这个课题需要，他们提供了会议五步法来帮助做出群决策，在技术支持方面他们提供了在线的信息和信息技术，可以帮助提供分析和解释性简要报告，他们帮助会议主持者提供开好会议的方法，如将问题及时分类，按重要性次序分成3类：①最重要的，要求77国集团有共识；②次重要的，要求引起77国集团注意和争论的；③三级重要，主要知道各个成员国关心的议题（图1.3）。他们深入了解各国的需求与能力。

首先将它们汇总；其次通过谈判在各国之间寻求妥协；最后形成更大的国际性谈判。他们促进和引导的作用是改进各方利益有矛盾时彼此对话的质量。他们本身保持中立，即本身没有利益要求，但要尽量听取多方意见，并且用可视的方法把各种意见的关键点记录下来。做到要共识先要让人把话讲出来，而且在计算机上做出可视化的表达。他们采取的会议 5 步法如下：

①搞清对所有成员国共同感兴趣的议题；

②把已有的研究成果告诉成员，以使他们了解所遇到的议题；

③帮助成员国构建他们的能力并形成他们各别的国家观点；

④帮助形成有共同观点团体的立场；提供在全球谈判和中间过程中正常的内部咨询机制；

⑤提倡由 77 国集团在全球论坛中所发起的立场，并促进形成适当的联盟支持 77 国集团的观点。

最重要：要求都有共识的议题

次重要：要求注意和辩论的议题
（需要一些分组的支持）

三级重要：要求成员们关心的议题（寻求技术帮助）

图 1.3　CBI 对讨论环境和可持续发展问题分类法

事实上国际上不止 CBI，还有其他不少研究机构和一些公司都在研究共识。

美国纽约州有一家行政决策服务公司 EDS（Executive Decision Service），也是一家管理咨询公司，专门从事促进合作解决问题和共识决策过程，公司的一个重要标头是 3C：沟通（Communication）—合作（Collaboration）—共识（Consensus）。公司总经理是 S. P. 舒曼（Sandor P Schuman)博士,他也是纽约州"冲突与共识论坛"的副主席。舒曼从研究群决策和决策会议角度提出决策会议方法,这个方法将推进群过程与结构性解析方法和电子技术集成起来(Schuman,1991)。

  EDS公司还设计了一个判断分析的软件叫作Policy PC[①],它是利用统计方法去描述人们如何做判断。据该公司1999年的一个年统计报表,公司有900多个来自32个国家的用户。他们主要帮助一些政府和团体部门开好会议,制定和评价一些战略。例如,纽约州老年办公室评价老年服务网络的规划,他们曾为美国陆军解决诸如评价防止战场中人们对付核、生化武器的进攻而设计的电子系统的"虚拟原型"重组三个化学实验室,还为解决多个组织争项目的冲突等一些问题的决策提供解析支持。波兰系统研究所提出的"Mediator"是基于专家意见群判断的计算机支持系统,提出9个处理不同意见的收敛方法,并编制出软件(Barsky et al.,2001)。还有不少美国公司,如共识技术公司提供共识技术(Consensus Technology);解决公司提供达成共识的基本概念、步骤和原则,以及如何做好协调员(Mediator),为了引导一个有效的会议,他们提出一个会议20步(后面第6章6.1.3节有专门介绍);美国电子工程时代公司(Electronic Engineering Times,EETIMES)提供建立在网上合作地址的达成共识;小组资源中心(Team Resource Center)专门提供如何组织会议及达成共识的咨询(Team,2001),并且还出了专书(Scott et al.,1996;Saint,1994)。还有关于促进群过程和有关如何使会议开得有效的书和文章(Bruce,2001)。美国Community X Inc.建立了共识网络,并有专著 *On Conflict and Consensus*,这是一本共识决策的手册(Butler,1998)。在该手册中详细介绍了会议的过程、决策和共识的流程。作为计算机化会议之父M.图罗夫(Murray Turoff)发表了一系列有关群支持系统和分布式群决策支持系统的协调研究工作(Turoff,2001;Turoff et al,1996)。除了不少大学、专门咨询公司外,国际上也有一些相关的学会和学术组织。例如,国际促进者协会IAF(International Association of Facilitators),出版了专门杂志。日本成立了合意形成研究会(Society for the Study of

---

① Policy PC 是由 Executive Decision Service LLC 在 2001 年开发的一种判断分析的软件。

Conflict and Consensus），并出了书。纽约州还设立了"冲突与共识论坛"，*Synthese* 杂志在 1985 年为讨论共识出了一本专集（Loewer, 1985）。比较有意思的是国际上一些控制论与系统界的学者为了对本学科主要概念、思想等取得共识，专门利用计算机支持的合作方法来达成共识（Joslyn et al, 1993）。

  有关共识方面的软件也有不少。例如，Pathmaker 帮助设计和主持会议，发挥创造性思维，利用一些工具帮助取得共识，如投票软件及一些数据分析工具来取得共识（SkyMark, 2001），作者曾用它在日本大学的一个研究生小型研讨会议讨论中国 GDP 增长率预测，还曾用它帮助中国科学院大学管理学院的硕士研究生班讨论当时国内房价涨价趋势等问题，达到一定的教学效果，它的 Policy PC 专门帮助专家做判断分析；前面提到的波兰的 Mediator 用 9 种不同的方法来帮助汇总专家的意见（Barsky et al., 2001）；还有一些特殊群过程的软件，如 Delphi Conferencing（Turoff, 1972; Turoff et al., 1996），层次分析法（AHP）的软件则更多。唐锡晋等设计了一种共识过程的 NG 的软件。后来为了用计算机帮助群体研讨过程，唐锡晋与刘怡君又设计了 GAE，近年来为了帮助在网络上研讨意见集聚过程又设计了软件 CorMap, iView（Tang, 2010）（参见本书第 7 章）。国内中医界还有孟庆刚等专门设计了中医药临床评价使用的共识平台（孟庆刚, 2018），本书在后面第 5 章会有进一步介绍。此外，从计算机界和决策界提供计算机协同工作（CSCW）和群决策支持系统（GDSS）及群件等的例子就更不胜枚举。在 *Decision Support and Groupware* 一书中介绍了一批日、美的群件和电子会议系统（Ui, 1995）。日本一些博士开发了以 AHP 为主的 GDSS（Kato, 1998），开发了帮助发散性讨论的场 Ba 和收敛性讨论的多关系查看器（Multi-Relationship Viewer, MRV）（Fujita, 1998）。

  从数学理论的角度看共识，则有从统计角度看的统计共识（DeGroot, 1974）、模糊共识（Kacprzyk et al., 1997; Kacprzyk et al., 1997），有从多目标决策角度来看的 Pareto 共识，也有从谈判和对策论角度来看的共识（Hu, 2001），以及从群决策角度看的共识（Dong et al., 2016）。较详细的共识方面介绍还可参考文章（唐锡晋, 2001; 顾基发, 2001）。

1.4 国家重大基金项目与共识研究及几个案例

1.4.1 国家重大基金项目与共识研究

1999年6月，国家自然科学基金委员会批准了一个重大基金项目"支持宏观经济决策的人机结合综合集成体系研究"，中国科学院数学与系统科学研究院、上海交通大学、西安交通大学、北京师范大学参加了这个项目的第三子项目组，其中大项目组要求第三子项目组提供如何综合专家意见。对于像社会系统、地理系统、人体系统和军事系统等那种开放复杂的巨系统，单靠传统的系统工程方法只使用数据、信息和模型是不够的，钱学森等提出采用从定性到定量的综合集成的方法，要求把专家、决策者的意见综合进去，但是如何综合专家的意见，并使之达成一定的共识，就成为我们子项目研究的一个重要方向（顾基发，2001；钱学森 等，1990）。意见综合的目的是为了取得某种共识，或者发现某种非共识需要人们去进一步研究。本书着重介绍取得共识的那些理论、方法和步骤。我们将讨论各种不同意义下的共识，特别是各种数学意义下的共识。例如，模糊共识、统计共识和竞争共识等，其中包括多目标优化意义下的 Pareto 共识，总结了为达成共识的3种会议类型（简单共识—科协型、研究共识—科委型和决策共识—计委型），给出基于综合集成研讨厅思想的 MDT-MC［Meeting Data Tool Method（Model）Consensus］系统（图1.4）。共识的过程一般经历沟通（Communication）、协作（Collaboration），最后达到共识（Consensus）。有许多计算机支持工具支持其中一项或多项活动，这些均有专门的研究。项目组从系统的角度来探讨共识的定义、基本概念及取得共识的过程、方法和工具。

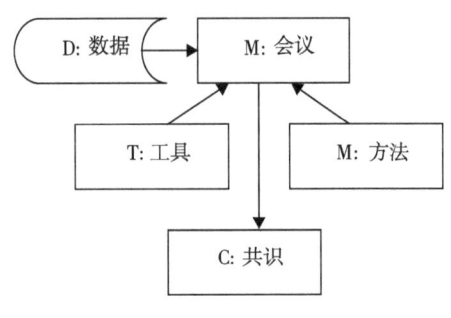

图 1.4　DMTMC

重大基金项目的研究侧重于区分群思考与群决策意义下共识的差异，并寻求提供计算机和信息支持工具对这些活动结果进行分析，期望提炼出更多有用的信息支持综合过程中的创新。为了体现课题的应用对象——支持宏观经济决策，张朋柱等专门研究了我国政府宏观决策任务的分类（张朋柱 等，2001）。张朋柱、程少川等着重研究了群决策中有关群体争议的支持模式，设计实现研讨框架，将研讨信息进行了分类，并构造了"电子公共大脑"，支持将群体决策过程中人—人之间的沟通过程，转变成人—具有群体思维关系的信息（公共大脑）—人之间的沟通过程。这样可以回避由于信息差异造成的面对面冲突，而将信息的共享与沟通作为主题，将个体信息纳入群体共有的信息结构中，供群体过程的参与者进行演化。他们的工作初步实现了一个综合集成研讨厅的雏形（孙景乐、张朋柱，2001；程少川、孙景乐 等，2001；程少川、张朋柱 等，2001）。一方面，课题组分别的研究，例如关于宏观经济模型、专家意见综合、群思考与群决策等所完成的计算机应用都是我们搭建的综合集成研讨厅的资源，它们分别是 MDTMC 所表示的"工具"和"方法"。而意见综合方法的研究基本是在基于 Web 的研讨环境下实现的，所以每个研讨室可独立存在，利用方法和工具资源；而潜在的意义是，它们将作为大项目总体研讨厅的一部分。开会有会议室，会议室不要千篇一律，所以保存各自的研讨室，不仅没有造成资源的浪费，同时也丰富了研讨厅的设计。另一方面，研讨厅的会议，是依据一定需求而组织的，例如，一个较为完整的综合集成的研讨过程可以是：先从定性讨论开始，仔细收集来自各方面的数据、信息和知识，利用"电子公共大脑"将它们条理化、结构化；如果会议目标是简单共识型，则进入智暴会议室（西安研讨室和北京研讨室都有这样的会议室），专家进行发散性思考，而研讨过程中专家的发言和关键词经过某种统计处理实时显示在一张二维图上，这样思考的结果不仅是作为一般的文本显示和保存，并且期望用图式方法描述出发言间的关系，进一步启发专家的思考。课题组初期曾借用国外相关的软件工具，如 PathMaker 来应用综合集成对一些问题进行研讨（可见本章例1）。后来课题组唐锡晋和刘怡君等就设计了群体研讨环境（GAE），利用计算机帮助研讨群体进行科学的讨论、意见的汇总。再后来大课题结束后，唐锡晋等为了帮助定性综合集成又专门开发了计算机工具 iView 和 CorMap（关于 GAE、iView、CorMap 本书后面第 6 章都有专门介绍）。如果会议是研究共识或决策共识型，则需要支持收敛型思考的工具。目前一般有 Delphi、AHP、名义小组和投票表决等方法。在任何会议室中，当需要深入考察某些论点时，如宏观经济预测、预警，专家可以直接调用连接到研讨厅的各种模型资源，以验证某些假设。这样的过程可同步或异步进行，同步会议需要有关专家一同在现场研讨（Meeting I，MI），因此，同步会议有时间压力，不能讨论太长。而有关一个主题一般要反复研讨、论证，有时分布在不同现场的专家采用或讨论或用通信联系，或需要利用计算机对有些方案利用各种模型进行试算、构模分析（Analysis，A），因此是异步的，这个阶段需要验证（Verification），即逻辑上是自洽的，不能给出错误的模型和不合用的算法。所以同步、异步间隔进行，有利于研讨的展开，集大成智慧，最后还是要有一些人直接参加会议研讨 Meeting Ⅱ（MⅡ）（不单是专家，更多是领导和将参加实施和管理的行政管理者），最后同步做出决策或者取得共识，这阶段需要验实（Validation），看模型计算结果与实际期望的结果是否相符。图 1.5 为课题组反复讨论而达成有关综合集成研讨系统的简单雏形和协同创新共识的工作流程：①同步（MⅠ）；②异步（构模分析 A）；③同步（MⅡ）。

图 1.5　综合集成研讨系统工作流程的共识

后来课题组进一步提出的针对经济系统决策用的综合集成详细步骤，如图 1.6 所示。综合集成可以进一步分成：①定性综合集成；②定性与定量相结合综合集成；③从定性到定量综合集成。其中①主要在同步 1 阶段完成。开始会用智暴型方法引导大家多出思想、多出方案，但是也需要运用共识把大家的思想引导到几个比较成熟的思想和方案。本书第 6 章中有关群体研讨环境（GAE）、iView、CorMap 等主要是为定性综合集成设计的。下一步需要对这些思想和方案通过各种模型进行细算②，由于要考虑的经济涉及各个方面，所以会用到各种经济计量模型（航天部 710 所，国家发展改革委宏观经济研究院）、预测模型（上海交通大学）、数据挖掘（清华大学）和经济演化模型（北京师范大学）等，此外由于不同学术观点和模型由不同研发单位开发，总会有不同特色，所以会涉及大量的模型，随之而来是模型的集成和模型的管理（上海交通大学）。再下一步的③主要在同步 2 阶段完成，由于是决策共识阶段因此要用到共识和决策的一些方法。

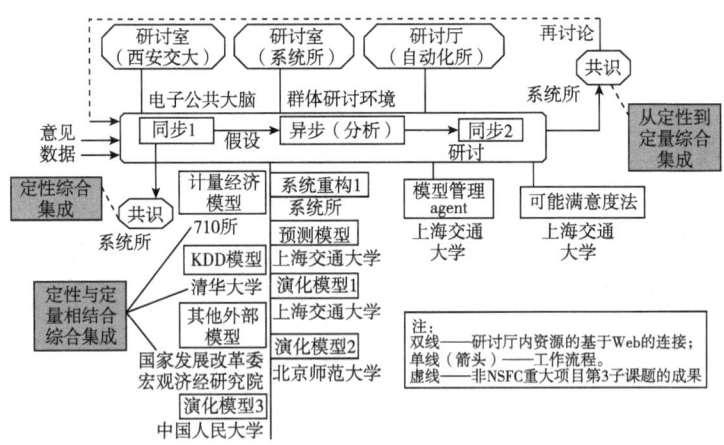

图 1.6　针对经济系统决策用的综合集成详细步骤

1.4.2 重大基金项目中几个案例

在重大基金项目进行中有过不少案例和应用项目。例如，由国务院牵头，国家计生委落实，计划建立中国的人口信息系统及建立人口问题的决策支持系统，就决定将综合集成研讨厅体系用上。2012年12月26日，"十二五"国家科技支撑计划项目"人口与发展数学模型与综合决策支持系统"启动。2012年，中国人口与发展研究中心开发了"人口与发展数学模型与综合决策支持系统"，以人口学家蒋正华为首席科学家，带领科研人员经过两年多的努力，开发了人口综合决策系统（PADIS+），其中有一项成果即建成了政策研讨厅。提出以数据库、模型库和信息库为支撑层，以专家互动为主导，完成从提出问题到给出决策意见的政策决策生成机制。该系统部分成果已为国家出台相关政策提供了有力支持（陈风，2017）。此外，大庆油田在国家科技攻关计划"大庆油田技术创新体系研究"中就建立了智慧综合集成研讨厅，利用聚度计算把专家的智慧集成起来（郭小哲 等，2009）。综合集成法还成功应用于黄河中下游水库群的联合调度问题，取得了较好的效果（戴汝为 等，2012）。这里仅举两个笔者亲自参加的应用案例。

例1：在日本JAIST研究组用综合集成和PathMaker预测我国GDP增长率的研讨过程

2002年1月14—31日在日本北陆先端科学技术大学院大学（JAIST）知识科学学院的一间合作实验室（Collaboration Room）由顾基发、解三明老师组织6名在该校就读的研究生一共8名参会者组织讨论会，主题是用综合集成方法研讨我国2003年的GDP增长率预测。利用PathMaker软件先设计好会议流程：会议分成预备会议Metting 0和粗讨论Metting Ⅰ，分析（Analysis）和精讨论会Metting Ⅱ，Metting 0旁边的功能模块是指为了相应会议要准备好的数据、知识、信息和有用方法。Metting Ⅰ旁边是指可用的各种分析方法，如各种模型、分析软件，有些是PathMaker自带的，如因果分析（Cause/Effect）、强度分析（Strength）、统计方法和投票表决方法（Voting），有的是会议组织者专门准备的（图1.7）。为讨论方便，会议主持人根据发言内容将主张GDP增长率看涨（High）、持平（Same）和看跌（Low）分成三派，他们发言内容的部分摘录如图1.8所示。强度分析是用"力"表示哪些因素有利于经济增长，哪些因素是在限制经济增长，其箭头长度表示相应力的强度（图1.9）。因果分析图用于各派讲出支持自己的理由（图1.10）。图1.11为投票表决图，这里表示有8个人投票，4个人同意看涨，3个人看低，1个人看平，最后GDP增长率平均数为7.31%。后来我们考虑有的参与者本身就是经济专家，因此我们给其加了权4，而其他人加权为1，最后得到平均GDP的增长率为7.99%。当然这数字仅仅是一个参考，参会者主要是不太熟悉经济的研究生，我们举办研讨会目的是训练研究生们如何应用综合集成方法来对一些事项进行研讨。在组织研讨中我们在经济知识方面也请专家解三明补了课，解三明老师当时是国家计划委员会宏观经济研究院的研究员，现在是工业和信息化部经济运行局副巡视员，曾任预测处处长。计算机硬件和软件调试也是一件很费力、费时的事。当时的博士生马铁驹起了很大作用，后来他去华东理工大学工作，现在是该校管理学院的院长（Gu et al., 2003）。

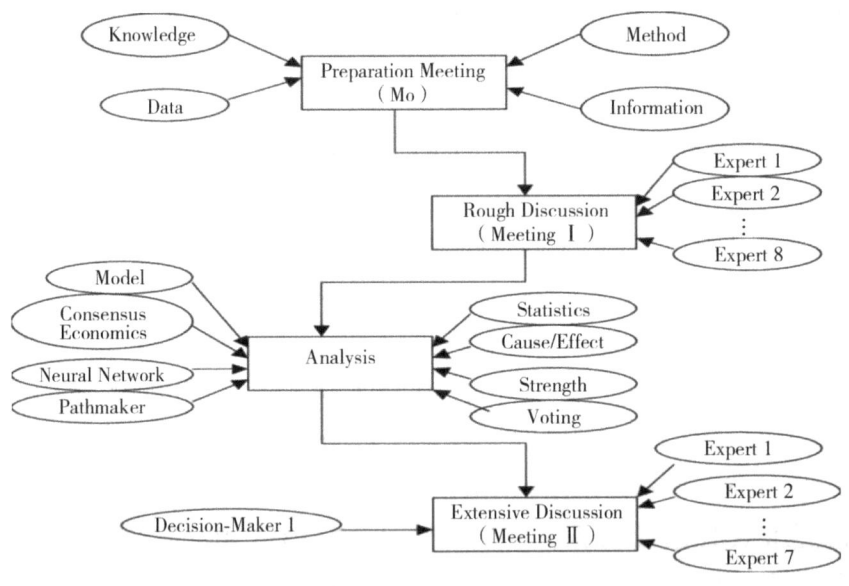

图1.7　会议流程

第 1 章 什么叫共识？

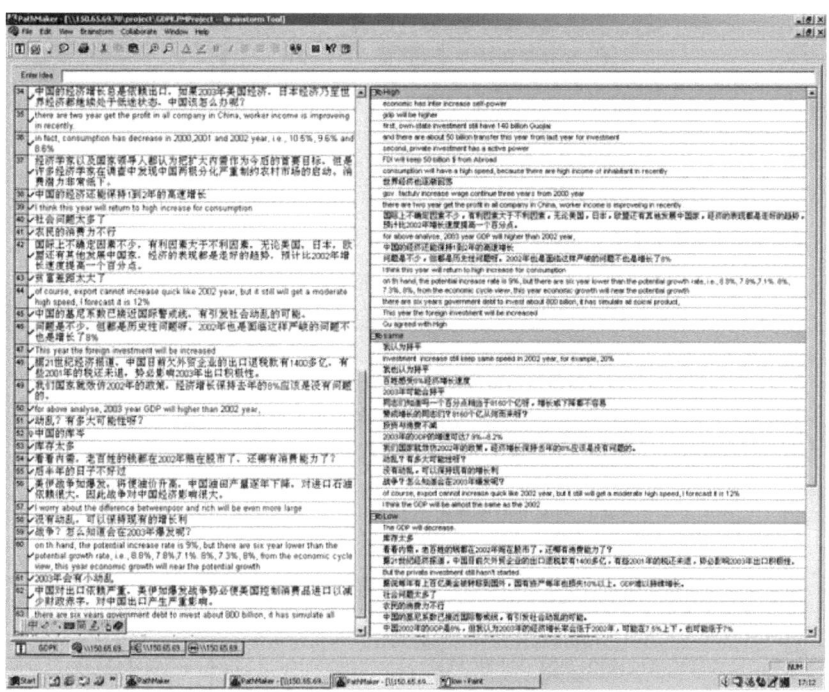

图 1.8　会议讨论中发言内容摘录

（注：左边是发言过程记录，右边是高、中、低三派发言汇总）

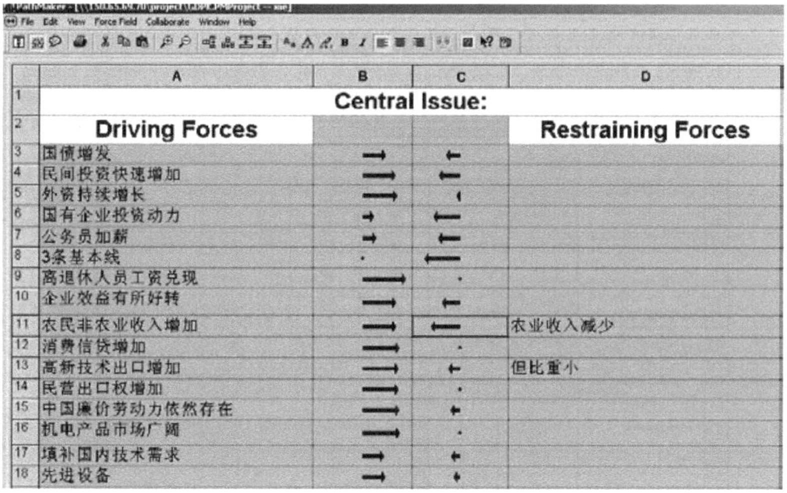

图 1.9　强弱力场图

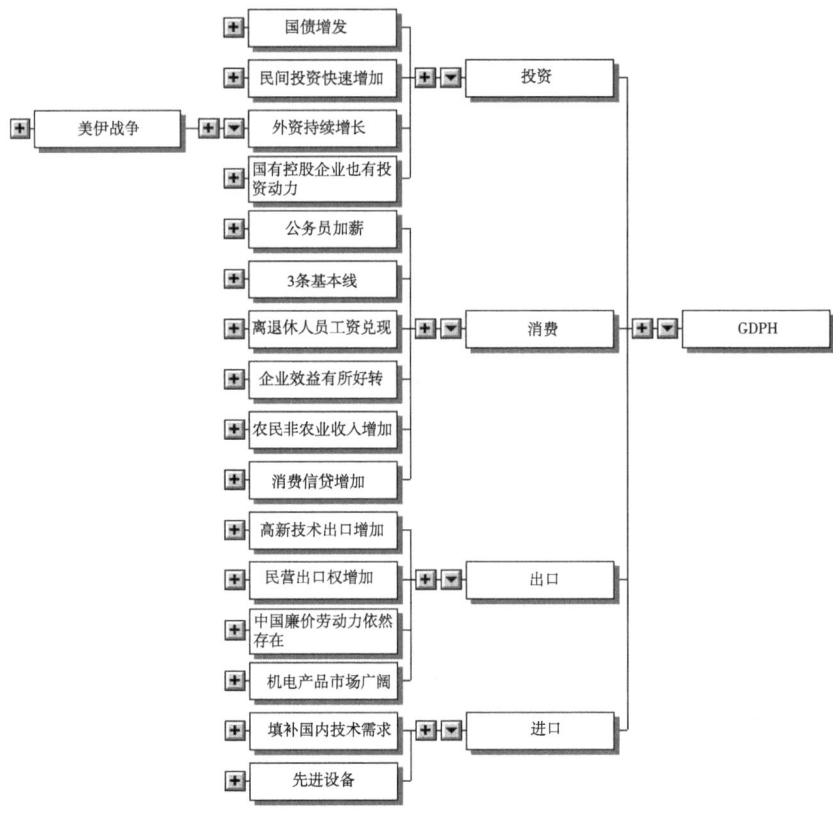

图 1.10　因果分析图

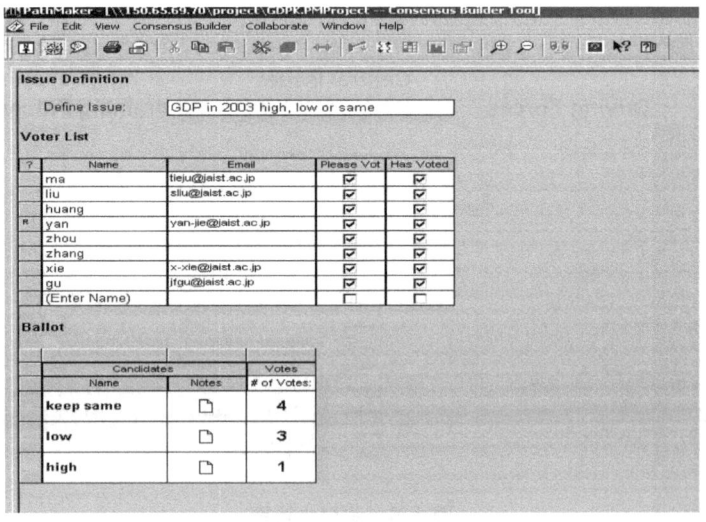

图 1.11　投票表决图

例2：IIASA综合集成专题讨论会演示试验

这一整套综合集成大课题在2003年9月11日由戴汝为院士、顾基发研究员率领来自4个子课题组的成员共7人，来到奥地利维也纳著名的国际应用系统分析所（International Institute of Applied System Analysis，IIASA），参加一次由来自5个不同国家的7个国际系统方面专家参加的专题评审讨论会，会上做了口头汇报综合集成方法在我们基金课题的应用过程和进行一组计算机上各个模块集成演示，选择具体的专题内容是"在SARS影响下利用综合集成方法对中国GDP增长率的预测"，汇报中气氛活跃，并邀请专家们共同参加研讨，其演示受到专家们的好评（顾基发 等，2007；Gu et al.，2007）（讨论会中报告和讨论情况如图1.12、图1.13所示）。

图1.12　课题组成员在汇报

图1.13　专家组组长和成员在听取和评议报告

第 2 章

各种共识的数学含义

专家共识的定义,最直观的说法是意见一致。但是实际中要求所有人意见都一样是不可能的。所以只是某些专家在某些问题或某些方面(如某些目标或某些条件)取得共识。一般我们讲的共识大多是定性地讲,下面从定量角度来刻画共识,我们给出几种共识的定义。特别对于群体多方案的模糊共识情况下由于不同专家在不同方案下都会有不同的意见下,如何考察他们的共识就显得更为复杂,除了考察所有专家在所有方案下的共识度外,还可考察个人的共识度及他们对各种方案的共识度,由于得到信息标准的模糊性,因此也可称他们为软共识。徐泽水等还对模糊集进一步拓展,提出直觉模糊集(徐泽水,2008)、犹豫模糊集(徐泽水 等,2018)等更为细致的研讨,由于涉及数学太多内容本书就不再展开介绍了。本章更多属于理论探索,所用例子大多是纯数例。

2.1 投票共识

人们最常用的共识方法是靠投票,利用投票可以对一些问题的解决取得共识,这里有简单投票、打分投票、加权投票,以及去掉一些人打分过高或过低的统计投票(去掉两端的投票共识)等。甚至对于一些极为复杂的社会问题,以至于某些科学问题人们在不能取得共识时也会用到投票共识,例见本书第 3 章、第 4 章等。

2.1.1 简单投票

人们对于一个问题 P（可以是一个意见，一个项目，一个被评价的人、地区和单位）进行表决表示同意或不同意。假设有 n 个专家 $k_1, k_2, \cdots, k_i, \cdots, k_n$，我们用 $E_i(P)$ 表示第 i 个专家 k_i 对该问题的投票表决结果：0 为不同意；1 为同意。用 $m = \sum_{i=1}^{n} E_i(P)$ 表示参加表决 n 个专家最后投票表决结果。m 表示同意者的总数，$r = m/n$ 是指同意者所占总数的比例。一般所谓简单多数即为 $r > 1/2$，严格一些的要求 $r > 2/3$ 甚至更大，在有些重要场合人们要求全票通过，即 $r = 1$。更为复杂一些要求统计弃权的人数，这时也可以规定弃权者得分为 $E_i(P) = 0.5$，并从中加以分析。

例 1：有 10 个专家分别对一个工程项目是否应该启动投票，同意为 1，不同意为 0，投票结果如表 2.1 所示。

表 2.1 简单投票

	k_1	k_2	k_3	k_4	k_5	k_6	k_7	k_8	k_9	k_{10}
投票结果 $E_i(P)$	1	1	0	0	1	1	1	1	1	0

最后结果 $m = 7$，$r = m/n = 0.7$ 按半数或 2/3 都通过，项目应该启动。

2.1.2 打分投票

例 1 的 $E_i(P)$ 为分数值，它可以是 5 分制，也可以是百分制，还可以是其他的计量值，如要求专家对 GDP 增长率的预测进行给值，最后是取平均值。

例 2：有 10 个专家分别对一个工程项目是否应该上马进行投票，但是不能用简单的通过或不通过，而是要求每个专家打分（5 分制）表示自己对该项目的评价，分值越高越好。最后投票打分结果如表 2.2 所示。

表2.2　打分投票1

	k_1	k_2	k_3	k_4	k_5	k_6	k_7	k_8	k_9	k_{10}
投票结果 $E_i(P)$	5	4	2	2	4	5	5	4	4	1

最后结果 $m = 5+4+2+2+4+5+5+4+4+1 = 36$，平均分为 m/n，即 $36/10 = 3.6$。

如果按得分5、4、3都算同意通过，而2、1算不同意通过，那么，这次简单投票结果也表明这个工程项目得到7票通过（$r=0.7$）。但是打分投票得到平均分为3.6。但我们可以看到打分法更为细致地表达出投票结果。我们试看下例。

例3：同例2一样也是7票通过，只是专家们打的分值不一样（表2.3）。

表2.3　打分投票2

	k_1	k_2	k_3	k_4	k_5	k_6	k_7	k_8	k_9	k_{10}
投票结果 $E_i(P)$	5	5	2	2	5	5	5	5	5	2

最后结果 $m = 5+5+2+2+5+5+5+5+5+2 = 41$，平均分为 $41/10 = 4.1$，显然高于例2中的平均分。但按例2中约定简单投票总数通过票也仍是7票。

例4：我们请10个专家对明年的GDP增长率做一个预测，结果这10个专家给出的预测结果如表2.4所示。

表2.4　预测投票

	k_1	k_2	k_3	k_4	k_5	k_6	k_7	k_8	k_9	k_{10}
投票结果 $E_i(P)$	7.8	7.9	8.2	8.1	7.9	7.7	7.8	7.9	8.0	8.2

最后结果 $m = 7.8+7.9+8.2+8.1+7.9+7.7+7.8+7.9+8.0+8.2 = 79.5$，平均GDP为 $79.5/10 = 7.95$。

2.1.3 加权投票

每个专家给的值 $E_i(P)$ 同上面,只是对每个专家给以不同的权值 W_i,用 $W_i \times Ei(P)$ 来代替原来的 $E_i(P)$,然后再取其平均值

$$[W_1 \times E1(P) + W_2 \times E2(P) + , \cdots, + W_n \times En(P)] / [W_1 + W_2 + , \cdots, + W_n]$$ 作为总分。

例5:同例3只是专家们的权不一样,如表2.5所示。

表2.5 不同权投票

	k_1	k_2	k_3	k_4	k_5	k_6	k_7	k_8	k_9	k_{10}
W_i	20	20	50	50	20	20	20	20	20	50
投票结果 $E_i(P)$	5	5	2	2	5	5	5	5	5	2

最后结果 $m = 20 \times 5 + 20 \times 5 + 50 \times 2 + 50 \times 2 + 20 \times 5 + 20 \times 5 + 20 \times 5 + 20 \times 5 + 20 \times 5 + 50 \times 2 = 1000$,取其平均值 $[1000] / [20 + 20 + 50 + 50 + 20 + 20 + 20 + 20 + 20 + 50] = 1000/290 = 3.4$。

这说明由于对不同意的人的权数大了使总分下降了。读者可以试想所有专家权值相同及给其中某一个专家非常高的权值(如为1000),观察它们对最终平均得分的影响。

2.1.4 去掉两端的投票

为了避免有的专家打分时过分抬高或者压低,经常采用一种去掉一个最高分和一个最低分然后去求和及求平均值。

例6:同例3,但去掉一个最高分(5),设为专家 k_9 的5分,去掉一个最低分(2)设为专家 k_{10} 的2分,结果如表2.6所示。

表 2.6　去掉高分和低分后投票结果

	k_1	k_2	k_3	k_4	k_5	k_6	k_7	k_8
投票结果 $E_i(P)$	5	5	2	2	5	5	5	5

最后结果 $m = 5+5+2+2+5+5+5+5 = 34$，平均分为 $34/8 = 4.25$。

在投票方法中还有采用多轮投票及多级投票的方法。多轮投票是同一批专家为了使意见收敛而多次投票。最常见的多级投票是两级投票，即大家先选出有进一步选举权的代表，然后由这些有进一步选举权的代表再投出他们所希望做的事或者所选的人。

2.2　投票悖论

用投票的多数票来决定一些事，是我们经常采用的，但是有时也会出现一些怪现象。18 世纪法国科学院决定谁能当选院士一直采用多数票的方法，后来法国院士 J-C. de 博达（Jean-Charles, de Borda, 1733—1799）提出了疑问。他在 1770 年 6 月 16 日院士大会上作了一个题为"选举的方法"的报告，抨击了一直沿用的投票和计票方法。他举了一个例子。假如有 3 个候选人 A、B 和 C，有 18 个院士组成的委员会对他们进行排序投票。一般每个委员都要对 3 个候选人排出"能当选""可上可下""不能当选" 3 档。最后投票选举结果如表 2.7 所示。

表 2.7　悖论投票结果

	7 个院士	6 个院士	5 个院士
能当选	A	B	C
可上可下	B	C	B
不能当选	C	A	A

按照过去投票决定惯例，因为 7 个院士认为 A（7 票）比 B（6 票）、

C（5票）都多，于是 A 应该当选。如果我们在 X 与 Y 间 X 优于 Y 用 '≫' 表示，那么就有

$$A \gg B \gg C$$

但是博达进一步分析，其实统观全局，反对 A 当院士的有 6+5 共 11 人，这显然对 B 是不公平的，虽然他得到能当选票是 6 票比 A 的 7 票少，但是他没有反对票。于是他自己提出了一个新的方法（后来人们就叫作博达法），即认为可以提供更多的信息。这个方法是这样的：他要求选举者给每个候选人排序给分，也即最差的为 1，次之为 2，最好的为 3（当然也可以反过来给，例如最差的是 3，只是最后总分应是越小越好）。然后把所有选举人给候选人 A，B，C 的分数总和起来看谁得分最多就应该当选。就按上表结果现在按博达法来计算就变成：

$$A: 7 \times 3 + 6 \times 1 + 5 \times 1 = 32$$
$$B: 7 \times 2 + 6 \times 3 + 5 \times 2 = 42,$$
$$C: 7 \times 1 + 6 \times 2 + 5 \times 3 = 34$$

那么，从得分看就有 B≫C≫A 与上面结果完全相反。除了另一个法国院士 M. J. A. N. de 康多赛（Marie Jean Antoine Nicolas de Caritat, marquis de Condorcet, 1743—1794）对博达法感兴趣，其他院士对怎样选举方法并不是太感兴趣。而且后来法国科学院有 14 年没有再进行过选举，因此这个方法也就搁置了。康多赛后来对选举方法仍然加以关注，而且还找到博达法也有缺陷。于是他另外设计了一种新的方法，后来叫作康多赛方法。康多赛是一个非常出色的学者，他在 1769 年（时仅 26 岁）就当选为法国科学院院士。他还是 3 个承认法国大革命的院士之一。他积极投身革命，是一个活跃分子，曾被委以筹备宪法的制定。在这部宪法里，他把他的选举方法放入宪法中的选举程序。可惜后来法国大革命失败，他也遭到了迫害。对我们来说重要的是博达和康多赛两人将投票表决上升到理论来研究（Вольский，1991）。

2.3 优化中的共识

当有 n 个意见 $s_i = \{i=1,2,3,\cdots,n\}$,如果每个意见通过某一共同的度量 f(也可叫目标或准则)可以得到 $f(s_i)=f_i$,希望这一个目标值如利润、产量 $f(s_i)=f_i$ 达到极大值(max)为好,则达到 $\max\limits_{1\leqslant i\leqslant n} f(s_i) = \max f_i = f_{i*}^*$ 的 s_{i*} 意见,即作为大家的共识。

也可以是要求最小,如成本、风险,则取最小值(min),也即达到 $\min\limits_{1\leqslant i\leqslant n} f(s_i)n = \min f_i = f_{i*}$ 的 s_{i*} 意见,即作为大家的共识。

例7:设有5个项目决定要投资,假设它们分别能得到的利润,如表2.8所示。

表 2.8 优化共识

	P_1	P_2	P_3	P_4	P_5
利润/万元	51.8	50.8	52.1	50.6	51.5

显然人们愿意选取利润最大的,这些项目中 P_3 利润最大,因而人们的共识,自然会决定投资项目 P_3。

2.4 多目标优化中的共识(Pareto 共识)

如果有 n 个意见 $\{s_i, i=1,2,3,\cdots,n\}$,对他们观察优劣的目标有多个,这里为方便用图形表示(图2.1),假定有两个目标 $f(s_i)$ 和 $g(s_i)$,并且都是要求越大越好(当然我们也可以考虑两个都要求越小越好,或者一个要求越大越好,另一个要求越小越好),则有3种共识:

a) 完全最优共识。即找到 s_{i*} 使 f 和 g 同时达到最优。

b) Pareto 共识。

V. 帕累托（Vilfredo Pareto，1848—1923）是意大利经济学家。他提出资源配置的最优是无论做何改变都不可能使一部分人受益而其余人不受损，也即如果我们做出的高效配置，一部分人进一步改善处境必会使另一部分人处境变坏。相反，如果提出的配置能使一部分人有所改善，而其他人也可提高或者至少并不恶化，这时就说这个配置是低效的。这个也叫作 Pareto 原则。我们在处理多目标优化时就借用他这个原则，提出 Pareto 最优解，在共识中就叫作 Pareto 共识。

在大多数情况下，我们找不到某种意见让所有目标同时最优，但会出现一大批互相难分优劣的不可比较解。而所谓 Pareto 最优解是指不存在其他可以在所有目标上都比他优的方案，或叫不可淘汰的不可比较解。例如，图 2.1 中 S_1 和 S_6、S_7，都是不可比较解。但是只有 S_7 是 Pareto 最优解。人们在图 2.1 中 S_2、S_3、S_9、S_5、S_7 所达成的共识叫 Pareto 共识。甲乙对方案的排名如图 2.2 所示。如果这样的解只有一个，那它就是完全最优解，或称达到完全最优共识。可惜一般 Pareto 解都有很多个，这时人们就必须在 f 和 g 外，再寻找另外的目标（一般叫超目标 φ），并使之达到最优，形成新的共识。如果 f 和 g 是相同量纲，常用的超目标是加权和的方法。

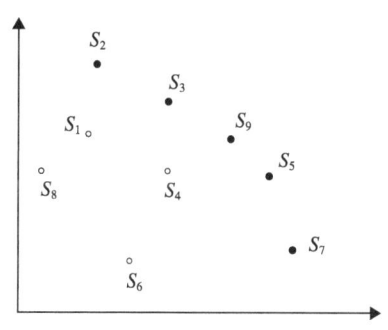

图 2.1 Pareto 解

例 8：完全最优共识

设有 5 个项目决定，从中决定选择哪一个应该上马投资，假设它们分别能得到的利润，如表 2.9 所示。

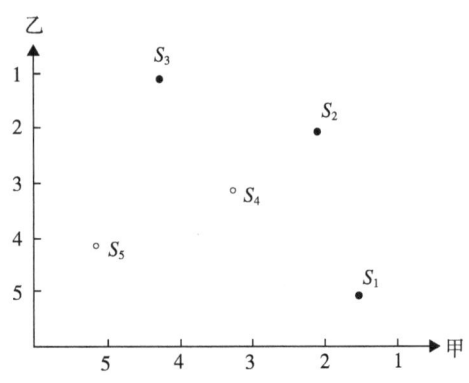

图 2.2 甲乙对方案的排名

表 2.9 完全最优共识（利润）

	P_1	P_2	P_3	P_4	P_5
利润/万元	51.8	50.8	52.1	50.6	51.5

显然人们愿意选取利润最大的，这些项目中 P_3 利润最大，因而人们的共识自然会决定投资项目 P_3。下面如果再考察项目初期投资的情况，如表 2.10 所示。

表 2.10 完全最优共识（投资）

	P_1	P_2	P_3	P_4	P_5
投资/万元	100	104	95	102	103

显然人们愿意选取投资最小的，这些项目中 P_3 投资最小，因为从投资和利润两个方面看都是项目 P_3 最好，人们的共识自然会决定投资项目 P_3。

例 9：Pareto 共识

设有 5 个项目 P_1、P_2、P_3、P_4、P_5 该上马投资，假设它们如上面例 8 一样，分别能得到的利润，如表 2.9 所示。

显然人们愿意选取利润最大的，这些项目中 P_3 利润最大，因而人们的共识自然会决定投资项目 P_3。下面再考察项目初期投资情况，但现在投资情况不同于例 8，如表 2.11 所示。

表 2.11 修改后的投资

	P_1	P_2	P_3	P_4	P_5
投资/万元	100	104	95	90	103

这时投资最小的是 P_4，也即没有一个项目在两个方面都能达到最优，也即没有完全最优解存在。但是经过进一步考察，我们发现只有 P_3、P_4 是 Pareto 解，而 P_1、P_2、P_5 都是劣解。这里有 P_3、P_4 两个解，如果一定要从中选取 1 个，就需要另外的考量。例如，如果决策者更在意利润，那么就会选 P_3，反之，更在意投资成本，那么就选 P_4。更多的是采用加权和的方法，这里两个目标都用同一量纲（万元），所以可用加和的方法（注意：如果不同目标的量纲不一样，不能随便用加和的方法）。如果给利润 f，投资成本 g 分别以权 w_1、w_2，然后用加权和，注意这里两个目标优化方向相反，我们选用 $\varphi = w_1 \times f - w_2 \times g$，作为新的选优目标（超目标），希望它越大越好。显然选择不同的权，选出的方案就会不同。

例如，$w_1 = 0.3$，$w_2 = 0.7$ 时，

$\phi(P_3) = 0.3 \times 52.1 - 0.7 \times 95 = -50.87$

$\phi(P_4) = 0.3 \times 50.6 - 0.7 \times 90 = -47.82$，因此 P_4 比 P_3 好，选 P_4。

假设 $w_1 = 0.7$，$w_2 = 0.3$，则

$\phi(P_3) = 0.7 \times 52.1 - 0.3 \times 95 = 7.97$

$\phi(P_4) = 0.7 \times 50.6 - 0.3 \times 90 = 8.42$，因此 P_4 比 P_3 好，选 P_4。

c）群决策的 Pareto 共识。

当有多个人分别对 $\{s_i\}$ 进行比较时，如果他们比出的最优意见一样，则可按优化共识。但是如果不同人排出的最优看法不一样，就不太好办。如表 2.12 所示，有甲乙两人今晚想出去好好吃一顿。现在有 5 个不同类型的饭店可供选择：S_1 湖南餐馆，S_2 山东餐馆，S_3 烤鸭店，S_4 肯德基，S_5 日本餐馆。对 5 个意见进行排序，显然两人对最优的看法不同，但是从图 2.2 中我们可以找到 S_3、S_2、S_1 是 Pareto 共识，如果对这 3 个意见再取共识，还需要用其他方法，这里只列举几种常用方法的名字：①加权和方法；②理想点法；③重排次序法；④宽容解方法。

表 2.12　甲乙对方案的排名

	甲	乙
S_1 湖南餐馆	1	5
S_2 山东餐馆	2	2
S_3 烤鸭店	3	1
S_4 肯德基	4	3
S_5 日本餐馆	5	4

假如我们采用宽容解方法，表 2.12 中对甲和乙，只要是进入第 1 和第 2 名的都算是优解（宽容的），那么我们很快可以看到山东餐馆 S_2 是宽容 Pareto 共识。

2.4.1　排序共识

对于一些方案或者意见希望决定他们那个更可取时，在单目标时且评价方案的目标是定量的，可以用上面优化共识的思想来取得共识，然而当有些评价目标是定性的时侯，我们只好采用定性比较，这时我们利用"序"来表达这些方案之间的优劣关系。例如，有 3 个方案 S_1、S_2、S_3 我们认为第 2 个方案最好，第 1 个方案次之，第 3 个最差我们可以用下面记号表示：

$$S_2 \gg S_1 \gg S_3$$

然后当有多个评价目标时，而且里面有些是定性的，如何来形成共识呢？下面我们将介绍一类利用序数比较来达成共识的方法——序数法，这是金良超、顾基发和舒光复在 1984 年提出来的（Jin et al., 1984）。先介绍最简单的一种方法叫序号和法。

2.4.2 序号和法

现在有 n 个方案或者意见 $S_1, S_2, \cdots, S_n$，评定他们的优劣有 m 个目标。$f_1, f_2, \cdots, f_m$。要求评判专家对所有方案按每一个目标分别进行排序，认为在某个目标例如目标 f_j，最好的方案给第一名 O_{1j} 即序号为1，第二名 O_{2j} 为2等。当有几个方案评价相同就给同一个序号，后面的继续排下去。$O_{1j}, O_{2j}, \cdots, O_{nj}$。同样对其他目标都给出相应的序号，然后将同一方案，例如，S_i 所有在这个方案名下在所有目标中所得的相应序号都相加起来的序号和叫 O_i（表2.13）：

$$O_i = \sum_{j=1}^{n} O_{ij} = O_{i1} + O_{i2} + , \cdots, O_{in} \circ \quad (2-1)$$

表 2.13　方案在不同目标下的结果

	$f_1(s_i)$	$f_2(s_i)$	$f_j(s_i)$	$f_m(s_i)$	O_i
S_1	O_{11}	O_{12}	O_{1j}	O_{1n}	O_1
S_2	O_{21}	O_{22}	O_{2j}	O_{2n}	O_2
S_i	O_{i1}	O_{i2}	O_{ij}	O_{in}	O_i
S_n	O_{n1}	O_{n2}	O_{nj}	O_{nn}	O_n

按照序号和法认为共识的最好方案为相应 O_i 中最小的那个，即 S_{i^*}

$$\min_{1 \leqslant i \leqslant m} O_i = O_{i^*} \circ \quad (2-2)$$

例10：假定我们要评定干部甲乙丙三人考核标准有德和能力，对他们分别排序的结果如下：德方面甲最好，乙次之，丙更次之；能力方面丙最好，甲与乙差不多，略差。按照序号和法得到表2.14。

表 2.14 序号和法

	德	能力	O_i
甲	1	2	3
乙	2	2	4
丙	3	1	4

因此认为甲最好。

2.4.3 优序法

现在有 n 个方案或者意见 $S_1, S_2, \cdots, S_n$,评定他们的优劣有 m 个目标 $f_1, f_2, \cdots, f_m$ 对某个目标 f_j,例如,我们采用两两比较的方案对每一对方案,如 s_i 和 s_k。在同一目标 f_j 进行比较,我们定义一个数叫 $a_{ik}j$:

$$a_{ik}j = \begin{cases} 1 & \text{若 } S_i \text{ 优于 } S_k,\text{即 } f_j(S_i) > f_j(S_k) \\ 0.5 & \text{若 } S_i \text{ 与 } S_k \text{ 无法比较优劣,即 } f_j(S_i) \sim f_j(S_k) \\ 0 & \text{若 } S_i \text{ 劣于 } S_k,\text{即 } f_j(S_i) < f_j(S_k);\text{或 } i = k(\text{即自己与自己比没有分}) \end{cases}$$

(2-3)

我们定义 a_{ik} 为方案 S_i 对 S_k 在所有目标比较后的优序数

$$a_{ik} = \sum_{j=1}^{m} a_{ik}j = a_{ik}1 + a_{ik}2 +, \cdots, + a_{ik}m; a_{ii} = a_{kk} = 0 。 \quad (2-4)$$

从式 (2-3)、式 (2-4) 的定义可推出有

$a_{ik}j + a_{ki}j = 1$;

$a_{ik} + a_{ki} = m$。

我们再定义一个叫方案 S_i 的总优序数 K_i:

$$K_i = \sum_{k=1}^{n} a_{ik} = ai1 + ai2 + \cdots + ain 。 \quad (2-5)$$

这时我们应选择使 K_i 最大的那个方案 s_{i^*} 为最好,也即应该作为共识的方案

$$\max_{1\leq i\leq n} K_i = K_{i*}, \qquad (2-6)$$

由式（2-5）还可得到总序数 $T = \sum_{i=1}^{n} K_i = mn(n-1)/2$。

根据以上定义我们还有以下两个定理：

定理1：在这个多目标优化问题中当求出的最优共识为完全最优解时，当且仅当找到（2-6）中的最优解 i^* 能使

$$K_{i*} = \max_{1\leq i\leq n} K_i = m(n-1)。\qquad (2-7)$$

定理2：一般能使

$$K_{i*} = \max_{1\leq i\leq n} K_i \qquad (2-8)$$

的解为非劣解或 Pareto 解。

除了达到定理2条件的解是非劣解，当然还有其他的非劣解，但不会所有解一定都是非劣解，只有满足一定条件才行，可参见定理3。

定理3：解 S_i 成为非劣解的必要条体是

$$K_i \geq n-1。\qquad (2-9)$$

例11：决策背景同例10，但用优序法来对这3个干部进行排序。

按式（2-3）先算德的（$a_{ik}1$），然后算能力的（$a_{ik}2$），$i, k = 1, 2, 3$

（德）	甲	乙	丙		（能力）	甲	乙	丙
甲	0	1	1		甲	0	0.5	0
乙	0	0	1		乙	0.5	0	0
丙	0	0	1		丙	1	1	0

然后按式（2-4）计算（a_{ik}），式（2-5）计算 K_i 有

	甲	乙	丙	K_i
甲	0	1.5	1	2.5
乙	0.5	0	1	1.5
丙	1	1	0	2

因此，甲最好（$K_1 = 2.5$），丙次之（$K_3 = 2$），乙最差（$K_2 = 1.5$）。又按

定理 1 只有当

$$K_{i*} = \max K_i = m(n-1) = 2 \times (3-1) = 4 \qquad (2-10)$$

时才是完全最优解，最大的 $K_1 = 2.5 < 4$，因此甲不是一个完全最优解，按定理 2 它只是一个非劣解。按定理 3 我们又知道丙也是一个非劣解（而乙则不是非劣解）。

对于有一群专家（设有 L 个）来评价时，我们可以把专家当成多目标一样来处理。因为每一位专家都有他自己的 a_{ik}，为区别不同专家我们记第 r 个专家的 a_{ik} 为 $a_{ik}(r)$，$r = 1, 2, \cdots, L$，然后用

$$A_{ik} = \sum_{r=1}^{L} a_{ik}(r) \qquad (2-11)$$

来代替一个专家时的 a_{ik}，同样可得到 L 个专家的优序数

$$Ki = \sum_{k=1}^{n} A_{ik} = A_{i1} + A_{i2} + \cdots + A_{in} \text{。} \qquad (2-12)$$

类似地有公式（2-13）。

$$K_i^* = \max_{1 \leq i \leq m} K_i^* \text{。} \qquad (2-13)$$

例 12：决策背景同例 11 但现在我们请了 5 位专家都按上述对干部甲、乙、丙加以考察评价，用优序法来对这 3 名干部进行排序分别得到以下结果：

专家1	甲	乙	丙	K_i
甲	0	1.5	1	2.5
乙	0.5	0	1	1.5
丙	1	1	0	2

专家2	甲	乙	丙	K_i
甲	0	1.5	1	2.5
乙	0.5	0	1	1.5
丙	1	1	0	2

专家3	甲	乙	丙	K_i
甲	0	2	1	3
乙	0	0	1	1
丙	1	1	0	2

专家4	甲	乙	丙	K_i
甲	0	1	1	2
乙	1	0	1	2
丙	1	1	0	2

专家5	甲	乙	丙	K_i
甲	0	0.5	2	2.5
乙	1.5	0	1	2.5
丙	0	1	0	1

最后得到对所有专家的 A_{ik}

$$A_{ik} = \sum_{r=1}^{5} a_{ik}(r), \qquad (2-14)$$

最后计算结果如下：

所有专家	甲	乙	丙	K_i
甲	0	6.5	6	12.5
乙	3.5	0	5	8.5
丙	4	5	0	9

最后仍然是甲最好（$K_1 = 12.5$），丙次之（$K_3 = 9$），乙最差（$K_2 = 8.5$）（Jing et al., 1984）。

2.5 模糊共识

传统的共识希望都能取得一致，而且所有人用的表述或证据是相同的。但实际上这很难做到，因此提出一种"软"的共识度，它反映了大部分"有关的"人同意几乎所有"有关的"议题的程度。J. 卡斯普鲁斯克（Janusz Kacprzyk）等提出了在模糊偏好和模糊多数的模糊环境下达成的共识，或简称模糊共识（Kacprzyk, Nunmi, 1997）。他们用模糊语言量词表达模糊多数，如大多数、几乎大多数、远超过半数等，提出了计算各种共识度的方法：

共识度记号为 $CON(S, X)$，其中 S 为要讨论的一组方案或意见，X 是专家集；

由于不可能一致同意，同样可以有一定宽容度，如 α 度（$\alpha \in (0, 1]$），则有 $CON\alpha(S, X)$；

还有在一定强度 S 下的共识 $CONs(S, X)$。

在具体计算这 3 种共识度时分别由 L. A. 扎德（Lotfi Aliasker Zadeh, 1921—2017）和 R. R. 耶格（Ronald R. Yager）等提出的 3 种方法（Kacprzyk et al., 1937）。S. 扎德罗兹尼（Slawomir Zadrozny）除了上述 3 种共识度，还提供了共识度另外 5 个指标（Zadrozny, 1997）：

其中，有 3 个是专家们感兴趣的共识度：

　　CTC（对共识的贡献）；

　　PCD（Personal Consensus Degree，个人共识度）；

　　DPCD（Detailed Personal Consensus Degree，详细的共识度）。

还有 2 个是会议协调者感兴趣的共识度：

　　CTCD（Contribution to Consensus for Options，对方案的共识的贡献）；

　　OCD（Option Consensus Degree，方案共识度）。

在群决策中有时还可以通过构造模糊效用函数来集结群体的偏好

(Seo，1997)。下面我们详细介绍一些以扎德思想为基础的计算这些有关共识的模糊量度指标。首先我们引入模糊偏好的计算方法。这里采用的是对于一组方案集 $S = \{s_1, s_2, \cdots, s_n\}$：对于任意两个方案 s_i 与 s_j 进行模糊比较时经常采用下述模糊偏好公式：

$$\mu R(s_i, s_j) = \begin{cases} 1 & s_i \text{ 远优于 } s_j \\ c \in (0.5, 1) & s_i \text{ 优于 } s_j \\ 0.5 & s_i \text{ 与 } s_j \text{ 无差别} \\ d \in (0, 0.5) & s_i \text{ 劣于 } s_j \\ 0 & s_i \text{ 远劣于 } s_j \end{cases} \quad (2-15)$$

有了这个模糊偏好我们就可对每一位专家 k 构造对所有方案的模糊偏好关系矩阵 $R_k(s_i, s_j) = \{rk:\}, i,j = 1, 2, \cdots, n$。

例 13：有专家对 3 个方案进行比较，认为 s_1 比 s_2 略微有些优势，取 $c = 0.7$，而 s_1 比 s_3 微略有些优，取 $c = 0.6$，而 s_2 比 s_3 劣取 $d = 0.3$。根据对称原理：$r_{ij}k + r_{ji}k = 1$；而自己与自己比，则 $r_{ii}k$ 取 1，于是有

$$R_k(s_i, s_j) = \begin{bmatrix} 1 & 0.7 & 0.6 \\ 0.3 & 1.0 & 0.3 \\ 0.4 & 0.7 & 1.0 \end{bmatrix}, \quad (2-16)$$

下面来计算专家的一致度矩阵，设专家 k_1 和 k_2 分别有自己的模糊偏好关系矩阵 $R_{k1}(s_i, s_j)$ 和 $R_{k2}(s_i, s_j)$，则一致度矩阵为 $v(k_1, k_2) = v_{ij}(k_1, k_2)$，其中元素 $v_{ij}(k_1, k_2)$ 按式（2-17）定义：

$$v_{ij} = (k_1, k_2) = \begin{cases} 1, & \text{若 } r_{ij}k_1 = r_{ij}k_2 \\ 0, & \text{否则} \end{cases} \quad (2-17)$$

例 14：现在专家 k_1 和 k_2 的模糊偏好关系矩阵 $R_{k_1}(s_i, s_j)$ 和 $R_{k_2}(s_i, s_j)$ 分别如下：

$$R_{k_1} = (s_i, s_j) = \begin{bmatrix} 1.0 & 0.7 & 0.6 \\ 0.3 & 1.0 & 0.3 \\ 0.4 & 0.7 & 1.0 \end{bmatrix}, \quad (2-18)$$

$$R_{k_2} = (s_i, s_j) = \begin{bmatrix} 1.0 & 0.7 & 0.6 \\ 0.3 & 1.0 & 0.5 \\ 0.4 & 0.5 & 1.0 \end{bmatrix}, \qquad (2-19)$$

则由 $v_{ij}(k_1, k_2)$ 构成的矩阵 $v(k_1, k_2)$ 计算如下：

$$v(k_1, k_2) = \begin{bmatrix} 1 & 1 & 1 \\ 1 & 1 & 0 \\ 1 & 0 & 1 \end{bmatrix}, \qquad (2-20)$$

下面计算严格的一致度 $v_c(k_1, k_2)$。在计算时由于考虑到矩阵中对角线上元素是一样的不必比，在对角线下三角形中元素与上三角是对称的，因此只关心上三角形中一致的地方，将这些元素总和起来即为严格的一致度 $v_c(k_1, k_2)$。对于一般有 n 个方案时，这个专家 k_1 和 k_2 对所有方案比较后的一致度公式应为

$$v_c(k_1, k_2) = \Big[\sum_{i=1}^{n-1}\sum_{j=i+1}^{n} v_{ij}(k_1, k_2)\Big] \{[n(n-1)/2]\}。 \qquad (2-21)$$

例 15：计算例 11 中严格的一致度 $v_c(k_1, k_2)$

这里上三角形中一共 3 个元素有 2 个相同，因此严格的一致度 $v_c(k_1, k_2)$ 为 2/3。

如果我们定义模糊多数，例如，设专家同意所占的百分数为 x，x 超过 80% 的专家同意就算同意，令为 1；x 低于 30% 的专家同意就算不通过，令为 0；其他的 x 在其中间用直线 $2x - 0.6$ 表示，这时模糊多数 μ 多数 (x) 就有可用式 (2-22) 表示：

$$\mu_{多数}(x) = \begin{cases} 1, & x > 0.8 \\ 2x - 0.6, & 0.3 \leq x \leq 0.8, \\ 0, & x < 0.3 \end{cases} \qquad (2-22)$$

这时我们就将 $\mu_{多数}(x)$，x 是专家的一致模糊共识度。对专家 k_1、k_2 而言其模糊共识度为

$$\mathrm{CON}(k_1, k_2; S) = \mu_{多数}(v_c(k_1, k_2))。 \qquad (2-23)$$

例 11 中对两个专家 k_1、k_2 的一致度 $v_c(k_1, k_2) = x = [1 + 1 + 0]/3 = 2/3 =$

0.67，他们两个的模糊共识度 $\text{CON}(k_1,k_2;S) = \mu_{多数}(x) = 2 \times 0.67 - 0.6 = 0.74$。

对于整个专家集 $X = (k_1, k_2, \cdots, k_m)$，我们分别算出它们的 $\text{CON}(k_1, k_2;S), \text{CON}(k_1,k_3;S), \cdots, \text{CON}(k_1,k_m;S), \text{CON}(k_2,k_3;S), \cdots, \text{CON}(k_2,k_m; S), \cdots, \text{CON}(k_{m-1},k_m;S)$ 等，然后总和起来再除以 $m(m-1)/2$ 即可得到所有专家的一致度 vQ_1，

$$vQ_1 = \left[\sum_{i=1}^{m-1}\sum_{j=i+1}^{m} \text{CON}(k_i,k_j;S)\right] / [(m(m-1)/2)], \quad (2-24)$$

然后也可以采用式（2-6）或采用类似式（2-6）的公式，但是参数有点变化，所以为区别起见也可以将式（2-6）写成 $\mu_{多数}Q_1(x)$，当然也可用 $\mu_{多数}Q_2(x)$ 例如：

$$\mu_{多数}Q_2(x) = \begin{cases} 1, & x > 0.9 \\ 2x - 0.8, & 0.4 < x < 0.9 \\ 0, & x < 0.4 \end{cases} \quad (2-25)$$

所以最后进行模糊化后即得到对所有专家的模糊共识度

$$\text{CON}(S,X) = \mu_{多数}Q_2(vQ_1)。 \quad (2-26)$$

在实际应用中，人们有时会对某些方案特别重视一些，另外对专家中一些专家也会更重视一些。而这些同样可以用模糊数事先要求给出来。例如，人们对主管局长的意见会比处长更看重一些，而处长意见又比科长更看重一些。再有现在有些评议书事前会要求专家对所评议的项目所需用的知识，要求从熟悉、比较熟悉和不熟悉三档中进行选取等。因此，对于方案有时可给出下述模糊数表述：

$$\frac{\mu(s_1)}{s_1} + \frac{\mu(s_2)}{s_2} + ,\cdots, + \frac{\mu(s_n)}{s_n} \quad (2-27)$$

同样对于专家也有类似的表述：

$$\frac{\mu(k_1)}{k_1} + \frac{\mu(k_2)}{k_2} + ,\cdots, + \frac{\mu(k_n)}{k_n} \quad (2-28)$$

在这种假定下我们计算共识度的公式就要进行适当改造。首先已知方案 s_i 和 s_j 分别的偏重程度后我们对这一对进行比较前，先要计算它们的联合偏重数：

$$b_{ij} = [\mu(s_i) + \mu(s_j)]/2, \qquad (2-29)$$

这时式（2-21）中 $v_c(k_1, k_2)$ 就改为 $v_B(k_1, k_2)$：

$$v_B(k_1, k_2) = \left[\sum_{i=1}^{n-1}\sum_{j=i+1}^{n} v_{ij}(k_1, k_2) \wedge b_{ij}\right] / \left[\sum_{i=1}^{n-1}\sum_{j=i+1}^{n} b_{ij}\right], \qquad (2-30)$$

这里模糊算子"$\wedge$"是指 $a \wedge b$ 两个数中取小，即 $\min(a, b)$ 的运算。显然如果对所有方案都一视同仁，则所有 b_{ij} 都为 1，式（2-30）即退还成式（2-21）。类似地，我们可对所有其他对专家的相似公式进行类似的改造。

于是我们可以按式（2-23）计算 $\text{CON}(k_1, k_2; S)_{多数} = \mu_{多数}(v_c(k_1, k_2))$，下面如果我们考虑专家的重要性就应该计算

$$c_{ij} = [\mu(k_i) + \mu(k_j)]/2, \qquad (2-31)$$

类似地，我们对式（2-24）加以改造：

$$vQ_1c = \left[\sum_{i=1}^{m-1}\sum_{j=i+1}^{m} \text{CON}(k_i, k_j; S) \wedge c_{ij}\right] / \left[\sum_{i=1}^{m-1}\sum_{j=i+1}^{m} c_{ij}\right] \qquad (2-32)$$

只是这里的 $\text{CON}(k_i, k_j; S) = \mu_{多数}(v_B(k_1, k_2))$。同样如果对所有专家一视同仁，则所有 c_{ij} 都为 1，式（2-32）即退还成式（2-24），下面我们可以用类似式（2-26）的式（2-33）来计算所有专家对所有方案的共识度

$$\text{CON}(Q_1, Q_2; S; X) = \mu_{多数}Q_2(vQ_1c)。 \qquad (2-33)$$

例 16：现在有 3 个专家 $\{k_1, k_2, k_3\}$，对 3 个方案 $\{s_1, s_2, s_3\}$ 进行模糊比较，已知对方案的偏重为

$$\frac{\mu(s_1)}{s_1} + \frac{\mu(s_2)}{s_2} + \frac{\mu(s_3)}{s_3},$$

其中 $\mu(s_1) = 1, \mu(s_2) = 0.6, \mu(s_3) = 0.8$，对专家的偏重为

$$\frac{\mu(k_1)}{k_1} + \frac{\mu(k_2)}{k_2} + \frac{\mu(k_3)}{k_3}$$

其中 $\mu(k_1)=0.9, \mu(k_2)=0.7, \mu(k_3)=0.5$。已知专家 k_1、k_2、k_3 对所有方案 s_1、s_2、s_3 的模糊偏好关系矩阵分别为，

$$R_{k_1}(s_i,s_j) = \begin{bmatrix} 1 & 0.7 & 0.6 \\ 0.3 & 1 & 0.3 \\ 0.4 & 0.7 & 1.0 \end{bmatrix}, \quad (2-34)$$

$$R_{k_2}(s_i,s_j) = \begin{bmatrix} 1 & 0.7 & 0.6 \\ 0.3 & 1 & 0.5 \\ 0.4 & 0.5 & 1.0 \end{bmatrix}, \quad (2-35)$$

$$R_{k_3}(s_i,s_j) = \begin{bmatrix} 1 & 0.9 & 0.6 \\ 0.1 & 1 & 0.4 \\ 0.4 & 0.6 & 1.0 \end{bmatrix}, \quad (2-36)$$

试求出所有专家对所有方案的共识度 $\mathrm{CON}(Q_1,Q_2,S;X)$。

解：

第一步：先计算专家们的一致度矩阵 $v(k_i,k_j)$

$$v(k_1,k_2) = \begin{bmatrix} 1 & 1 & 1 \\ 1 & 1 & 0 \\ 1 & 0 & 1 \end{bmatrix}$$

$$v(k_1,k_3) = \begin{bmatrix} 1 & 0 & 1 \\ 0 & 1 & 0 \\ 1 & 0 & 1 \end{bmatrix}$$

$$v(k_2,k_3) = \begin{bmatrix} 1 & 0 & 1 \\ 0 & 1 & 0 \\ 1 & 0 & 1 \end{bmatrix}。$$

第二步：计算在考虑到方案本身的偏重度后专家们的 $v_B(k_i,k_j)$ 一致度矩阵

根据本题中已知 $\mu(s_1)=1, \mu(s_2)=0.6, \mu(s_3)=0.8$ 故可算出

$b_{12}=[1+0.6]/2=0.8; b_{13}=[1+0.8]/2=0.9; b_{23}=[0.6+0.8]/2=0.7$

下面按式（2-30）即可算得

$$v_B(k_1,k_2) = [v_{12}(k_1,k_2) \wedge b_{12} + v_{13}(k_1,k_2) \wedge b_{13} + v_{23}(k_1,k_2) \wedge b_{23}]/$$
$$[b_{12}+b_{13}+b_{23}] = [1\wedge 0.8+1\wedge 0.9+0\wedge 0.7]/[0.8+0.9+0.7]$$
$$= [0.8+0.9+0]/2.4 = 1.7/2.4 = 0.71$$

类似地，可以算出

$$v_B(k_1,k_3) = [0\wedge 0.8+1\wedge 0.9+0\wedge 0.7]/[0.8+0.9+0.7]$$
$$= [0+0.9+0]/2.4 = 0.9/2.4 = 0.38$$
$$v_B(k_2,k_3) = [0\wedge 0.8+1\wedge 0.9+0\wedge 0.7]/[0.8+0.9+0.7] = 0.38$$

第三步：计算模糊多数 $CON(k_i,k_j;S) = \mu_{多数}(v_B(k_i,k_j))$

利用式（2-6）我们可算出

$$CON(k_1,k_2;S) = \mu_{多数}(v_B(k_1,k_2)) = 2\times 0.71 - 0.6 = 0.82;$$
$$CON(k_1,k_3;S) = \mu_{多数}(v_B(k_1,k_3)) = 2\times 0.38 - 0.6 = 0.16;$$
$$CON(k_2,k_3;S) = \mu_{多数}(v_B(k_2,k_3)) = 2\times 0.38 - 0.6 = 0.16。$$

第四步：计算在考虑到专家们本身的偏重度后 vQ_1c

首先根据 $\mu(k_1) = 0.9, \mu(k_2) = 0.7, \mu(k_3) = 0.5$ 我们可以算出 c_{ij}：

$$c_{12} = [\mu(k_1)+\mu(k_2)]/2 = 0.8;$$
$$c_{13} = [\mu(k_1)+\mu(k_3)]/2 = 0.7; c_{23} = [\mu(k_2)+\mu(k_3)]/2 = 0.6。$$

下面按式（2-32）可以计算

$$vQ_1c = [\sum_{i=1}^{2}\sum_{j=i+1}^{3} CON(k_i,k_j;S)\wedge c_{ij}]/[\sum_{i=1}^{2}\sum_{j=i+1}^{3} c_{ij}]$$
$$= [0.82\wedge 0.8+0.16\wedge 0.7+0.16\wedge 0.6]/[0.8+0.7+0.6]$$
$$= [0.8+0.16+0.16]/[2.1]$$
$$= 1.12/2.1$$
$$= 0.53。$$

第五步：计算所有专家对所有方案比较后得到的模糊共识度 $CON(Q_1,Q_2,S;X)$

利用式（2-33）和式（2-6）我们有

$$CON(Q_1,Q_2,S;X) = \mu_{多数}Q_1(vQ1c) = 2\times 0.53 - 0.6 = 0.46$$

如果利用式（2-33）和式（2-25）我们有

$$\mathrm{CON}(Q_1,Q_2,S;X) = \mu_{多数}Q_2(vQ_1c) = 2 \times 0.53 - 0.8 = 0.26, \quad (2-37)$$

在不做其他声明时我们就用 $\mathrm{CON}_\alpha(S,X)$ 代替 $\mathrm{CON}(Q_1,Q_2,S;X)$。

下面再介绍可以有一定宽容度，例如 α 度（$\alpha \in (0,1]$），则有 $\mathrm{CON}_\alpha(S,X)$。这里宽容度是指在计算式（2-17）时，不一定要求严格的 $r_{ij}k1 = r_{ij}k2$，而是只要在一定的宽容度内就可以认为他们意见是相同的，也即满足 $|r_{ij}k1 - r_{ij}k2| \leq 1 - \alpha$，我们就认为 $v_{ij}(k_1,k_2)$ 为1。

例17：在例13中取 $\alpha = 0.8$ 时重新计算 $v(k_1,k_2), v(k_1,k_3), v(k_2,k_3)$。显然新的矩阵中元素1大大增加了。

$$v(k_1,k_2) = \begin{bmatrix} 1 & 1 & 1 \\ 1 & 1 & 1 \\ 1 & 1 & 1 \end{bmatrix},$$

$$v(k_1,k_3) = \begin{bmatrix} 1 & 1 & 1 \\ 1 & 1 & 1 \\ 1 & 1 & 1 \end{bmatrix},$$

$$v(k_2,k_3) = \begin{bmatrix} 1 & 1 & 1 \\ 1 & 1 & 1 \\ 1 & 1 & 1 \end{bmatrix}。$$

接着我们可以套用其他所有类似公式最终算 $\mathrm{CON}_\alpha(S,X)$，显然因为上面算出的 $v_B(k_1,k_2) = [v_{12}(k_1,k_2)\Lambda b_{12} + v_{13}(k_1,k_2)\Lambda b_{13} + v_{23}(k_1,k_2)\Lambda b_{23}]/[b_{12} + b_{13} + b_{23}] = [1\Lambda 0.8 + 1\Lambda 0.9 + 1\Lambda 0.7]/[0.8 + 0.9 + 0.7] = [0.8 + 0.9 + 0.7]/2.4 = 2.4/2.4 = 1$。
同理可得 $v_B(k_1,k_3) = 1$，$v_B(k_2,k_3) = 1$，进而有

$$\mathrm{CON}(k_1,k_2;S) = \mu_{多数}(v_B(k_1,k_2)) = 1;$$
$$\mathrm{CON}(k_1,k_3;S) = \mu_{多数}(v_B(k_1,k_3)) = 1;$$
$$\mathrm{CON}(k_2,k_3;S) = \mu_{多数}(v_B(k_2,k_3)) = 1。$$

而

$$vQ_1c = \left[\sum_{i=1}^{3}\sum_{j=i+1}^{2}\text{CON}(k_i,k_j;S)\Lambda c_{ij}\right]/\left[\sum_{i=1}^{3}\sum_{j=i+1}^{2}c_{ij}\right] = [1\Lambda 0.8 + 1\Lambda 0.7 + 1\Lambda 0.6]/[0.8 + 0.7 + 0.6] = [0.8 + 0.7 + 0.6]/[2.1] = 2.1/2.1 = 1$$，进而 $\text{CON}(Q_1,Q_2,S;X) = \mu_{多数}Q_1(vQ_1c) = 1$，也就是认为达成全部共识（当然是在宽容度取 $\alpha = 0.8$ 时的情况下）。读者可以试算一下 $\alpha = 0.9$ 时的情况，还有在一定强度 S 下的共识 $\text{CON}_s(S,X)$。也即在式（2-2）中取 $v_{ij}(k_1,k_2) = s(|r_{ij}k_1 - r_{ij}k_2|)$，其中 $s(x)$ 为

$$s(x) = \begin{cases} 1, & x \leq 0.05 \\ -10x + 1.5, & 0.05 < x < 0.15 \\ 0, & x \geq 0.15 \end{cases} \quad (2-38)$$

其他按原来公式计算，最后可得 $\text{CON}_s(S,X)$。

例 18：在例 13 中考虑在一定强度，按式（2-38）时重新计算 $v(k_1,k_2)$。

$$R_{k_1}(s_i,s_j) = \begin{bmatrix} 1 & 0.7 & 0.6 \\ 0.3 & 1 & 0.3 \\ 0.4 & 0.7 & 1 \end{bmatrix},$$

$$R_{k_2}(s_i,s_j) = \begin{bmatrix} 1 & 0.7 & 0.6 \\ 0.3 & 1 & 0.5 \\ 0.4 & 0.5 & 1 \end{bmatrix},$$

这时

$v_{11}(k_1,k_2) = s(|r_{11}k_1 - r_{11}k_2|) = s(|1-1|) = s(0) = 1, v_{12}(k_1,k_2) = s(|r_{12}k_1 - r_{12}k_2|) = s(|0.7-0.7|) = s(0) = 1$

$v_{13}(k_1,k_2) = s(|r_{13}k_1 - r_{13}k_2|) = s(|0.7-0.7|) = s(0) = 1, v_{21}(k_1,k_2) = s(|r_{21}k_1 - r_{21}k_2|) = s(|0.3-0.3|) = s(0) = 1$

$v_{22}(k_1,k_2) = s(|r_{22}k_1 - r_{22}k_2|) = s(|1-1|) = s(0) = 1, v_{23}(k_1,k_2) = s(|r_{23}k_1 - r_{23}k_2|) = s(|0.3-0.5|) = s(0.2) = 0$

$v_{31}(k_1,k_2) = s(|r_{31}k_1 - r_{31}k_2|) = s(|0.4-0.4|) = s(0) = 1, v_{32}(k_1,k_2) = s(|r_{32}k_1 - r_{32}k_2|) = s(|0.7-0.5|) = s(0.2) = 0$

$v_{33}(k_1,k_2) = s(|r_{33}k_1 - r_{33}k_2|) = s(|1-1|) = s(0) = 1$。

这样

$$v(k_1,k_2) = \begin{bmatrix} 1 & 1 & 1 \\ 1 & 1 & 0 \\ 1 & 0 & 1 \end{bmatrix}。$$

2.6 统计共识

2.6.1 Kendall 和谐系数

在数理统计中我们经常通过假设检验,帮助弄清两个或多个专家意见之间是否有共识,由于是社会系统的问题,一般会用到非参数检验,如 K-S 检验等。另外,也可用聚类分析的方法来区分不同专家是否属于同类或不同类,然后看出不同类型专家的共识情况。

当有多个专家要确定他们的共识时,常用 Kendall 和谐系数来刻画。我们经常发现 K 个专家对 N 个事物进行评定等级时,如何考察他们意见一致性,就可以用 Kendall 和谐系数来计量。同一专家对 N 个事物无相同等级评定时,Kendall 和谐系数公式如下:

$$W = \left[\sum R_i^2 - \left(\sum R_i\right)^2/N\right]/[1/12(K^2(N^3-N))], \quad (2-39)$$

其中 R_i 是对 N 个事物所有专家评出等级之和。

例 19:某次演唱会,请了 4 个专家评委对 6 个歌手($N=6$)分别打出等级分 $1\sim 6$,最后结果如表 2.15 所示。

表 2.15 4 个专家对 6 个歌手打分结果

	P_1	P_2	P_3	P_4	P_5	P_6
K_1	4	3	1	2	5	6
K_2	5	3	2	1	4	6
K_3	4	1	2	3	5	6
K_4	6	4	1	2	3	5

经计算有 $R_1=19$，$R_2=11$，$R_3=6$，$R_4=8$，$R_5=17$，$R_6=23$，最后算得 $W=0.8$，作为统计检验这里要用到式（2-39）计算

$$r = [KW-1]/[K-1] \qquad (2-40)$$

本例中 $K=4$，$W=0.8$，因此 $r=0.73$ 可以断定在 4 个专家之间有一定的共识（甘怡群 等，2005）。

2.6.2 共识经济

英国有一家共识经济（Consensus Economics）公司成立于 1989 年，专门研究共识经济（Consensus Economics），它是利用不同的咨询公司和 600 多个经济专家对 G-7 工业化国家、亚太地区、东欧和拉美地区几十个国家和地区的 GDP 增长率、通货膨胀率、利率、汇率及其他各种经济指标分别给出下个月的月预报值加以统计汇总，然后用其共识（统计平均数、上个月的平均数、最高值、最低值、标准方差及最近 3 个月前的数据等）作为对下个月统计共识的预报。国际货币基金组织（IMF）、经合组织（OECD）、亚洲开发银行和中国社会科学院等也向他们提供了相应的各种预测值。由于这种预报方法的公正性、及时性而使国际上很多单位经常参考他们的预测值。下面例 20 中原始数据都出自该共识经济公司在送我们的电子邮件广告中得到的，如要更多更完整的有关种种经济方面项目的预测请与该公司直接联系。本书仅起演示和适当解释和进一步加工作用，用以说明利用数据进行适当的数理统计方法加工，也可以表达人们的共识。

例 20：2002 年、2003 年中国 GDP 预测结果

利用由 ABN 等 18 家咨询公司等（用 E1,E2,…,E18 表示）向该公司提供的数据：在 2002 年 11 月时对中国在 2002 年及 2003 年的 GDP 的预测结果进行汇总，我们用统计共识的方法最后得到表 2.3。从表中可看出对中国 GDP 平均共识（Mean），在 2002 年和 2003 年分别为 7.8 和 7.4，而上个月（即 10 月）的 GDP 平均共识分别为 7.7 和 7.5。3 个月前曾做过预测 GDP 平均共识则为 7.7 和 7.7。在 2002 年 11 月的预报中 GDP 最高值

为 8.0、最低值为 7.5，而标准偏差 σ 为 0.2。相对在 2003 年这些值分别为 8.0、7.0 和 0.3。表中最后还列出了一些官方机构，如亚洲开发银行、中国社会科学院、国际货币基金组织等在 2002 年及 2003 年分别做出的中国 GDP 预报值作为对比。我们可以用 σ/μ 作为统计共识的量度，这里 σ/μ 越小表示共识度越高。为了对表中预测值和计算相关共识值看得更清楚，我们列举 2002 年和 2003 年这 18 家公司对中国的 GDP 预测结果（表 2.16）。

表 2.16　18 家公司对中国的 GDP 预测

中国	GDP 2002 年	GDP 2003 年
E1	8.0	7.0
E2	8.0	8.0
E3	8.0	7.9
E4	8.0	7.5
E5	8.0	7.3
E6	7.9	7.5
E7	7.9	7.2
E8	7.9	7.5
E9	7.8	7.6
E10	7.8	7.4
E11	7.8	7.7
E12	7.8	7.6
E13	7.8	7.2
E14	7.8	7.2
E15	7.7	7.5
E16	7.7	7.3
E17	7.5	7.0

续表

中国	GDP 2002年	GDP 2003年
E18	7.5	7.4
平均共识 μ	7.8	7.4
上月平均共识	7.7	7.5
3个月平均共识	7.7	7.7
最高值	8.0	8.0
最低值	7.5	7.0
标准差 σ	0.2	0.3
σ/μ	0.026	0.041

我们可以计算出统计共识的量度（统计上也称变异系数）σ/μ，这里2002年为 $0.2/7.8=0.026$。而相应的在2003年统计共识的量度为 $0.3/7.4=0.041$，显然2002年的预测共识比2003年要好。

从统计角度讲，落入区间$(\mu-\sigma,\mu+\sigma)$的应占68%，例如对2002年中国GDP预测落入区间$(\mu-\sigma=7.8-0.2=7.6,\mu+\sigma=7.8+0.2=8.0)$的18个专家中有16个专家算是有统计共识；如果放宽一些落入区间$(\mu-2\sigma=7.8-0.4=7.3,\mu+2\sigma=7.8+0.4=8.2)$的应占95%，则有18个专家都算是统计共识，如果再放宽，落入区间$(\mu-3\sigma=7.8-0.6=7.2,\mu+3\sigma=7.8+0.6=8.4)$的应占99%，这里就是18个专家的预测都可认为有统计共识。类似地，对于2003年讨论中国GDP的预测落入区间$(\mu-\sigma=7.4-0.3=7.1,\mu+\sigma=7.4+0.3=7.7)$，18个专家中有15个专家算是统计共识，落入区间$(\mu-2\sigma=7.4-0.6=6.8,\mu+2\sigma=7.4+0.6=8.0)$，18个专家中有18个专家算是统计共识，这里不再多说了。

顺便指出该公司对2002年和2003年中国GDP的预测也列出当时中国社会科学院统计的结果为7.7和7.8。那么，按照上面分析的观点，2002年中国社会科学院的预测值7.7是落入区间$(\mu-2\sigma=7.4-0.6=6.8,\mu+2\sigma=7.4+0.6=8.0)$中，但2003年7.8没有落入区间$(\mu-\sigma=7.4-0.3=$

7.1, $\mu+\sigma=7.4+0.3=7.7$),而是落入区间($\mu-2\sigma=7.4-0.6=6.8$,$\mu+2\sigma=7.4+0.6=8.0$)中。

例21:美国2018和2019年GDP和CPI的预测结果。

美国2018和2019年GDP和CPI的预测结果,详细如表2.17所示。这里有28个部门{E1,E2,…,E28}参加做出的预测,美国2018年和2019年GDP分别为2.7与2.4,CPI的预测结果平均共识分别为2.1,2.1用我们定义的2018年和2019平共识度σ/μ对应GDP分别为0.074与0.125,对应CPI分别为0.095和0.095(注:这里用σ/μ作为共识度是越小越好,因此2018年GDP的预测共识好于2019年GDP的预测,而CPI是持平)(Consensus economics,2017)。

表2.17 美国2018年和2019年GDP和CPI的预测结果

对美国的预测	2018年GDP	2019年GDP	2018年消费物价膨胀(CPI)	2019年消费物价膨胀(CPI)
E1	3.3	3.1	2.0	2.2
E2	3.1	2.5	2.2	2.5
E3	3.0	3.1	2.5	2.6
E4	2.9	2.2	2.4	2.7
E5	2.9	2.5	2.2	2.3
E6	2.9	2.6	2.3	2.2
E7	2.8	2.0	2.1	1.8
E8	2.8	2.2	2.2	1.9
E9	2.8	2.5	2.0	2.0
E10	2.7	2.2	2.1	1.9
E11	2.7	2.1	1.9	2.0
E12	2.7	2.3	2.2	2.0
E13	2.7	2.1	2.3	1.9
E14	2.7	2.2	2.4	2.5
E15	2.7	2.6	2.4	2.1
E16	2.7	2.3	2.2	2.3

续表

对美国的预测	2018年 GDP	2019年 GDP	2018年 消费物价膨胀（CPI）	2019年 消费物价膨胀（CPI）
E17	2.7	2.4	2.0	2.3
E18	2.7	2.5	1.7	1.9
E19	2.7	2.5	1.7	1.9
E20	2.6	2.6	2.2	2.2
E21	2.6	2.3	2.2	1.9
F22	2.6	2.2	2.1	2.3
E23	2.5	2.2	2.1	2.0
E24	2.5	2.0	2.3	2.2
E25	2.4	1.8	2.3	2.3
E26	2.4	2.3	2.1	1.9
E27	2.3	2.3	1.8	1.8
E28	2.3	2.4	2.2	2.3
平均共识 μ	2.7	2.4	2.1	2.1
上月平均共识	2.5	2.2	2.1	2.2
3个月前共识	2.4	2.1	2.0	2.2
最高	3.3	3.1	2.5	2.7
最低	2.3	1.8	1.7	1.8
标准差 σ	0.2	0.3	0.2	0.2
σ/μ	0.074	0.125	0.095	0.095

从统计角度讲，落入区间$(\mu-\sigma,\mu+\sigma)$的应占68%，例如对2018年美国GDP的预测落入区间$(\mu-\sigma=2.7-0.2=2.5,\mu+\sigma=2.7+0.2=2.9)$的28个专家中有21个专家算是统计共识；如果放宽一些，落入区间$(\mu-2\sigma=2.7-0.4=2.3,\mu+2\sigma=2.7+0.4=3.1)$的应占95%，则有27个专家算是统计共识；如果再放宽，落入区间$(\mu-3\sigma=2.7-0.6=2.1,\mu+3\sigma=2.7+0.6=3.3)$的应占99%，这里就是28个专家的预测都可认为是有着统计共识的。类似地对于其他情况的讨论这里不再多说。

2.7 竞争共识

不同专家来自不同利益集团，它们之间必然会存在竞争现象，但是在某些场合下，也自然会找到他们的共识。例如，在两人零和对策中有时就以 min. max 解作为共识。但是在纯策略中如果找不到 min. max 解，那么可以用混合意义策略下的 min. max 解。处理定性方案时，在冲突分析中往往会停止在稳定解。对于多人对策情况就会更复杂，这里会存在有些专家会合作起来，对于这种合作对策是否存在核（Core）是共识的一个重要方面。此外，还有在非合作对策时寻求平衡点解。另外还有对策论中常用的利于共识的概念，如纳什（Nash）解、夏普雷（Shapley）值等。还有些对策是可以通过谈判，讨价还价最后取得共识的，这里就不做深入讨论了（徐玖平 等，2009）。

2.8 多属性群决策达成群体共识

在多属性群决策过程中，会发生意见不一致情况，为降低决策群体的不一致程度，达成群体共识是多属性群决策需要研究的重要内容。聂起超等研究了一种改进的共识达成决策算法，通过调整与群体决策相识度大的决策团体权重，再经过迭代运算最终达成群体共识（聂起超 等，2015）。通过实际算例表明，改进的群体共识达成决策算法更简便，效率更高。

目前对多属性群决策共识达成的研究有 Enrique、徐玖平、董玉成、徐泽水、徐选华、邢玉红、徐迎军等（Enrique et al.，2002；Dong & Xu，2016；徐泽水，2004；徐选华 等，2008；邢玉红，2011；徐迎军 等，2010）。上述论文中方法大多是研究语言环境的群体一致性，把与群体意见相似程度低的决策重新让决策者进行调整，直至所有的决策群体一致性较高，这种方法固然有效，但是计算复杂，成本较高，实用性不强。聂文根据个体决策者的数字矩阵和决策群体权重构建群体决策矩阵，比较个体决策者的数字矩阵和群体决策矩阵的相似程度，对传统共识达成算法进行改进，通过调整相似度低的决策群体权重来提高相似程度，迭代计算简单有效，使决策者达成共识，提高群体的一致性。

2.8.1 传统共识达成算法与改进共识达成算法对比

传统的趋同迭代群体共识方法：针对某决策问题，方案集为 $X = \{x_1, x_2, \cdots, x_n\}(n \geq 2)$，决策群体为 $E = \{e_1, e_2, \cdots, e_t\}(t \geq 10)$，决策群体权重向量为 $\lambda = (\lambda_1, \lambda_2, \cdots, \lambda_t)T$，其中 $\lambda_k \geq 0$，$k = 1, 2, \cdots, t$。$U = \{u_1, u_2, \cdots, u_m\}$ 为有限问题评价属性集，$W = \{w_1, w_2, \cdots, w_m\}$ 为属性集权重向量，$w_i \geq 0$，$i = 1, 2, \cdots, m$。$R_k = (r_{ij}k)m \times n$ 为数字决策矩阵，$rijk$ 为专家 $e_k \in E$ 对方案 $xj \in X$ 的属性 $ui \in U$ 的评价决策值。$R = (rij)m \times n$ 为群体决策矩阵

$$rij = \sum_{k=1}^{t} \lambda k rijk (i = 1,2,\cdots,m; j = 1,2,\cdots n)(i = 1,2,\cdots,m; j = 1,2,\cdots,n),\qquad(2-41)$$

$d(Rk, R) = (1/mn) \sum_{i=1}^{m} \sum_{j=1}^{n} |rijk - rij|$，表示个体决策矩阵与群体决策矩阵的相似程度。$d(Rk, R)$ 越小说明两个矩阵的相似程度越大，$d(Rk, R)$ 越大说明两个矩阵的相似程度越小。α 为可接受的相似程度阈值，如果 $d(Rk, R) > \alpha$ 则说明两矩阵处于不可接受的相似程度范围内，必须对 Rk 进行调整。整个群体程序化自动共识达成步骤如下（其中 I 为迭代数）：

步骤1：构建个体决策矩阵 $R(I)k = (r(I)ijk)m \times n$。
步骤2：计算群体决策矩阵 $R(I)k = (r(I)ij)m \times n$。
步骤3：设定可接受的相似程度阈值 α 与共识参数 η 的值，令 $I = 0$。
步骤4：计算个体决策矩阵与群体决策矩阵的相似度 $d(R(I)k, R(I))$。
如果所有的 $d(R(I)k, R(I)) \leq \alpha, k = 1, 2, \cdots, t$，转到步骤6；否则转到步骤5。
步骤5：令 $R(I+1)k = (r(I+1)ijk)m \times n, R(I+1) = (rI+1ij)m \times n$，其中 $r(I+1)ijk = \eta r(I)ijk + (1 - \eta r(I)ij), r(I)ij = \sum_{k=1}^{t} \lambda k r(I+1)ijk$，$i =$

$1,2,\cdots,m;j=1,2,\cdots,n;k=1,2,\cdots,t$，并 $I=I+1$ 返回到步骤 4。

步骤 6：输出 $R(I)k(k=1,2,\cdots,t)$，$R(I)$，其中 $R(I)$ 即为群体共识矩阵。

步骤 7：利用 AWA 算子计算

$$r(I)j = \sum_{i=1}^{m} wir(I)ijr(I)j \ (j=1,2,\cdots,n) \qquad (2-42)$$

来汇总 $R(I)=(r(I)ij)m\times n$ 中第 j 列的所有元素，得到方案 $xj(j=1,2,\cdots,n)$ 的所有属性 $r(I)j(j=1,2,\cdots,n)$ 的属性评价值。

步骤 8：根据属性评价值 $r(I)j(j=1,2,\cdots,n)$ 对所有的方案 $xj(j=1,2,\cdots,n)$ 进行排序，然后选择最优的一个方案。

步骤 9：结束。

传统的趋同迭代群体共识方法在步骤 5 中引入共识参数 η，引入后重新计算个体决策矩阵 $R(I+1)k$ 和群体决策矩阵 $R(I+1)$ 计算量大，聂文阐述的改进的趋同迭代群体共识方法无须引入共识参数 η，而是引入了一个权重调整系数 Zk，把 $d(R(I)k,R(I))\geqslant\alpha$ 的 $R(I)k$ 对应的权重 λk 乘以权重调整系数 Zk，$Zk=1+k\cdot|\alpha-d(R(I)k,R(I))|/\alpha$ 得到新的权重 $\lambda(I)k$，其余不需要调整 Rk 的权重 λk 按原有的比例进行调整，返回到步骤 3 进行迭代，这种改进的趋同迭代群体共识方法不用重复计算个体决策矩阵 $R(I+1)k$，通过权重 $\lambda(I)k$ 直接计算出群体决策矩阵 $R(I+1)$，减少了计算量，提高了迭代效率（聂起超 等，2015）。

2.8.2 共识达成算例

例 22：假设某段铁路线路发生事故，有一机车脱轨，需要紧急救援处理，根据现场信息的采集，铁路应急救援中心选定了 5 个备选救援方案 P_j（$j=1,2,3,4,5$），并在相应的救援部门确定了 10 人组成决策团队。决策团队在应对损失和处置效果 2 个主要影响因素下对方案进行评价，如表 2.18 所示（注：决策团队 R_2 和 R_3 的表从略）。3 个主要因素又细分为人员伤亡（u_1）、直接经济损失（u_2）、间接经济损失（u_3）、救援人员调度（u_4）、救援物资调度（u_5）、救援时间（u_6）、线路修复情况（u_7）、社会影响（u_8）等8个决策属性，其对应的属性权重为 $W = (0.25, 0.09, 0.12, 0.10, 0.11, 0.14, 0.10, 0.09)$。对3人决策团队 $R_k (k=1,2,3)$ 的权重分别为0.5、0.2、0.3，结合各决策成员的权重，利用AWA算子合并各矩阵形成的群体方案评价矩阵如表2.19所示。

表2.18 方案评价矩阵决策团队 R1

	P_1	P_2	P_3	P_4	P_5
u_1	0.500	1.000	0.500	0.750	0.650
u_2	0.250	0.125	0.333	0.500	0.333
u_3	0.125	0.000	0.125	0.100	0.000
u_4	0.000	0.175	0.125	0.100	0.000
u_5	0.000	0.000	0.100	0.000	0.250
u_6	0.375	0.333	0.225	0.125	0.175
u_7	0.225	0.120	0.300	0.500	0.465
u_8	0.100	0.200	0.225	0.000	0.10

表2.19 群体方案评价矩阵（3个团队加权后）

	P_1	P_2	P_3	P_4	P_5
u_1	0.6750	0.9000	0.5420	0.6666	0.8250
u_2	0.2300	0.1975	0.2599	0.5500	0.3831
u_3	0.0875	0.0300	0.1103	0.1899	0.1175
u_4	0.1566	0.08750	0.05630	0.2250	0.0500
u_5	0.0000	0.1200	0.3200	0.1125	0.1916
u_6	0.2125	0.3456	0.2113	0.0625	0.2125
u_7	0.1800	0.1300	0.3182	0.2850	0.3824
u_8	0.1250	0.2840	0.2600	0.1000	0.1125

计算各决策成员方案评价矩阵与群体方案评价矩阵的相似度。$d(R(0)1, R(0)) = 0.0751$，$d(R(0)2, R(0)) = 0.1094$，$d(R(0)3, R(0)) = 0.0897$。$\alpha = 0.1$ 为可接受的相似程度阈值，$d(R(0)2, R(0)) > \alpha$。传统算法：设定 $\eta = 0.5$，对群体方案评价矩阵进行调整如表2.20所示（注：决策团队 R_2 和 R_3 的表从略），表2.21为3个团队加权后的综合结果。

表2.20　调整后的群体方案评价矩阵（决策团队 **R1**）

	P_1	P_2	P_3	P_4	P_5
u_1	0.5875	0.9500	0.5210	0.7083	0.7375
u_2	0.2400	0.1613	0.2965	0.5250	0.3581
u_3	0.1063	0.0150	0.1177	0.1450	0.0588
u_4	0.0783	0.1313	0.0907	0.1625	0.0250
u_5	0.0000	0.0600	0.2100	0.0563	0.2208
u_6	0.2938	0.3393	0.2182	0.0938	0.1938
u_7	0.2025	0.1250	0.3091	0.3925	0.4237
u_8	0.1125	0.2420	0.2425	0.0500	0.1063

表2.21　调整后的群体方案评价矩阵（3个团队加权后）

	P_1	P_2	P_3	P_4	P_5
u_1	0.3375	0.9000	0.5360	0.6666	0.8250
u_2	0.2300	0.1975	0.2632	0.5500	0.3831
u_3	0.0875	0.0300	0.1164	0.1899	0.1175
u_4	0.1566	0.0875	0.0594	0.2250	0.0500
u_5	0.0000	0.1200	0.3100	0.1125	0.1916
u_6	0.2125	0.3456	0.2119	0.0625	0.2125
u_7	0.1800	0.1300	0.3176	0.2850	0.3825
u_8	0.1250	0.2720	0.2813	0.1000	0.0563

$d(R(0)1, R(0)) = 0.0376$，$d(R(0)2, R(0)) = 0.0547$，$d(R(0)3, R(0)) = 0.0449$。由于所有的 $d(R(l)k, R(l)) < \alpha = 0.1$，所以在一定的相似度范围

内，所有的决策人员方案评价矩阵和群体方案评价矩阵达到可接受区域，则 $R(l)$ 即为群体决策共识矩阵。对群体决策共识矩阵中的每一方案 P_j 中的决策属性 u_i 结合决策属性权重进行 AWA 算子运算，得到各个方案的加权属性评价值 $r(l)_j(j=1,2,\cdots,5)$：$r(l)1=0.1902,r(l)2=0.3442,r(l)3=0.2984,r(l)4=0.3201,r(l)5=0.3539$。根据 $r(l)_j$ 值对方案 $P_j(j=1,2,3,4,5)$ 进行排序：

$$P_5 > P_2 > P_4 > P_3 > P_1,$$

则最优方案为 P_5。

改进算法：前 4 步与常规算法一致，在此不做描述，$\lambda(l)1=0.45,\lambda(l)2=0.28,\lambda(l)3=0.27$。通过使用 AWA 算子合并法对各矩阵排序形成的群体方案进行评价（表 2.22）。

表 2.22 群体方案评价矩阵

	P_1	P_2	P_3	P_4	P_5
u_1	0.7075	0.8600	0.5420	0.6332	0.8425
u_2	0.2220	0.2153	0.2599	0.5700	0.3781
u_3	0.0913	0.0270	0.1103	0.1909	0.1233
u_4	0.1742	0.0788	0.0563	0.2375	0.0550
u_5	0.0000	0.1305	0.3200	0.1238	0.2057
u_6	0.2038	0.3443	0.2113	0.0563	0.2163
u_7	0.1620	0.1370	0.3182	0.2740	0.3743
u_8	0.1245	0.2840	0.2923	0.1100	0.1138

$d(R(l)1,R(0))=0.0841,d(R(0)2,R(0))=0.0985,d(R(0)3,R(0))=0.0901$。由于所有的 $d(R(l)k,R(0))<\alpha=0.1$，所以所有的决策人员方案评价矩阵与群体方案评价矩阵都在可接受的相似度范围内，则 $R(l)$ 即为群体决策共识矩阵。对群体决策共识矩阵中的每个方案 P_j 中的决策属性 u_i 结合决策属性权重进行 AWA 算子运算，得到各个方案的加权属性评价值 $r(l)j(j=1,2,\cdots,5)$：$r(l)1=0.2635,r(l)2=0.3065,r(l)3=$

$0.2922, r(l)4 = 0.3324, r(l)5 = 0.3543$。根据 $r(l)_j$ 值对方案 $P_j(j=1,2,3,4,5)$ 进行排序：

$$P_5 > P_4 > P_2 > P_3 > P_1,$$

则最优方案为 P_5。

通过算例可知改进的群体共识达成方法相对于传统共识达成方法的复杂程度低、运算简便，有效地提高了群决策效率（聂起超 等，2015）。

程发新、李怀祖专门就群决策中共识过程的研究进行了较全面回顾及展望，认为群体决策一般由选择过程与共识过程组成。选择过程研究包括决策者偏好表述及转换、个体偏好集结为群体偏好及方案选择；共识过程研究包括共识度度量、意见分歧识别及意见收敛调控3个方面。群体决策过程的最终目的是群体对其选择方案的评价意见达成共识，因此，对共识过程的研究已经成为国内外学者关注的热点问题。从数学集结共识的角度出发，相关研究成果将达成共识的方法划分为两类：一是改变相关决策者权重达成共识；二是决策者改变选择方案的评价意见形成共识（程发新 等，2007）。最近吴志彬还专门为群体共识决策理论与方法出版了专作（吴志彬，2017）。国家自然科学基金在2016年还设立了重点课题——面向复杂大群体的群决策与支持平台支持这方面的研究（国家自然科学基金，2016）。

为了计算群决策问题的共识，国外有人提出5种距离公式表示两人之间的距离：曼哈顿（Manhattan）、欧氏（Eucliden）、余弦（Cosine）、骰子（Dice）和杰卡特（Jaccard）。设有A，B两人对问题的 n 个属性分别用

$$A = (a_1, a_2, \cdots, a_i, \cdots, a_n)$$
$$B = (b_1, b_2, \cdots, b_i, \cdots, b_n)$$

表示其取值，那么这5个距离公式表示如下：

$$\text{Manhattan } d_1(A,B) = \sum |a_i - b_i|, \qquad (2-43)$$

$$\text{Eucliden } d_2(A,B) = \left[\sum |a_i - b_i|^2\right]^{1/2}, \qquad (2-44)$$

$$\text{Cosine } d_3(A,B) = \left[\sum a_i b_i\right] / \left[\sum a_i^2\right]^{1/2} \cdot \left[\sum b_i^2\right]^{1/2}, \qquad (2-45)$$

$$\text{Dice } d_4(A,B) = 2\left[\sum a_i b_i\right]/\left[\sum a_i^2\right] + \left[\sum b_i^2\right], \quad (2-46)$$

$$\text{Jaccard } d_5(A,B) = \left[\sum a_i b_i\right]/\left[\left[\sum a_i^2\right] + \left[\sum b_i^2\right] - \sum a_i b_i\right]。 \quad (2-47)$$

例 23：$A=(1,2,3), B=(2,1,3)$，试计算 5 种距离？

按不同距离公式分别有 $d_1=2, d_2=1.414, d_3=\cos(0.928)=0.99987, d_4=0.93, d_5=0.57$。

例 24：$A=(1,1,3), B=(1,2,3)$ 试计算 5 种距离？

按不同距离公式分别有 $d_1=1, d_2=1, d_3=\cos(0.97)=0.99986, d_4=0.96, d_5=0.92$。

例 25：$A=(1,1,3), B=(1,1,3)$ 试计算 5 种距离？

按不同距离公式分别有 $d_1=1, d_2=1, d_3=\cos(0.97)=0.99985, d_4=1, d_5=1$，

其中任意一个距离函数经过适当变换后可以用作两组偏好值的相似度（或叫共识度）。对于有多组偏好值的情况，可以类似地构造相似矩阵。

2.9 其他共识方法

波兰系统研究所（Polish Systems Research Institute）的 A. 巴斯基（Aleksy Barsky）、B. 沙洛兹（Bartlomiez Solarz）和 P. 斯坦尼夫斯基（Piotr Staniewski）专门开发了一个有着 9 种不同定义群判断的方法来汇集专家们意见的软件叫 *Mediator*。它是用于在有 n 个对象由 r 个专家对这些对象分别加以排序，然后用各种不同方法将专家们排序的信息加以集结，最后给出这些对象的总次序。他们设计了这个由一群专家对一些事进行讨论时如何集结他们意见的计算机系统。这个系统分成几个分系统：创建、专家意见登录、分析和结果溜览。在分析分系统中要解决如何从专家意见中选出认为是好的意见或者"解"。该系统提供了 9 种不同方法：①Borda 法；②Condorcet 法；③Coombs 法；④Copeland 法；⑤French Election type 法；⑥Hare 法；⑦Minimax 法；⑧Nanson 法；⑨Plurality 法。下面对这些

方法做一个简单介绍。首先假定请了 r 个专家对 n 个对象（或问题、项目等）进行评价。由于专家评价意见不一定相同，于是采用各种不同方法就是如何去综合他们评价的结果。

9 种不同方法如下：

（1）Borda 法

每个专家对所有对象排序打分。认为是最好的对象给 $r-1$ 分，次最好的给 $r-2$ 分等。然后同一对象将所有专家打的分加起来的分作为该对象所获总分。最后认为获得最高总分的对象作为所有专家认为最好的对象。

（2）Condorcet 法

将所有对象进行成对的比较。如果大多数专家认为好的对象就是好的。如果有些对象专家意见互相持平了，这时可以认为这些对象一样好。这个方法主要是给这组对象排序。

（3）Coombs 法

将所有对象由专家的最大多数给出最好的和最差的。如果有一半以上的专家认为某对象是最好的，就认为这个对象就是最好的。否则，就将最差的对象从对象集中去掉。在缩小了的对象集中继续进行这种选新的最好和最差的活动，如此反复进行直至找到最好的对象为止。

（4）Copeland 法

最开始每个对象都给零分，然后进行成对的比较。如果大多数专家对一特定的对象认为比其他的一个对象好，就给此对象加一分。完成所有比较后，如果某对象的分最高就认为它是最好的对象。

（5）French Election type 法

如果大多数专家认为好的对象，而且是过半的专家认为是好的就是好的。如果有二个这样的对象，平分秋色，那么就认为这两个对象一样好。

（6）Hare 法

如果大多数专家认为好的对象，而且是过半的专家认为是好的就是好的。如若不是，就将那个得到专家赞成数最小的那个对象从对象集中去掉，然后在缩小的对象集中继续进行这个运作，直至找到最好的为止。

(7) Minimax 法

设 $m(i,j)$ 是对象 i 好于对象 j 的专家个数。$m(i)$ 是 $m(i,j)$ 中相对对象 j 中最小的数。我们称 $m(i)$ 是对象 i 的分数。具有最高分的对象认为是最好的。

(8) Nanson 法

对象记分的方法如 Borda 法。先将最低分的对象去掉。然后在缩小的对象集中再对最好的打分。如此反复直到在缩小的对象集中找到认为是最好的为止。

(9) Plurality 法

一个对象拥有最多数专家认为是好的就算作这个对象集中最好的。

相关内容见诸波兰系统研究所（Polish Systems Research Institute）A. 巴斯基（Aleksy Barsky），B. 沙洛兹（Bartlomiez Solarz）和 P. 斯坦尼夫斯基（Piotr Staniewski）三人合写的内部报告"Mediator Service Page-About program"（Barsky etal，2001）

第 3 章

社会科学中的共识

　　社会系统中首先要考虑的是人的因素，由于人都具有自己的思想、感情、心理和行为，他们事事处处希望将他们表达出来（我们也可称为个人的行为），特别是在一些集体场合，除了主动表达外，还有很多是受到他人的影响，更重要的是我们要关心社会心理或群体心理、社会感情和社会行为。随之而来的我们会关心社会共识，有了它才能使社会做出一些大家都能接受的行动，按规范约束自己的行为，从理论上提高大家的社会认知。现在的社会系统是一个开放复杂巨系统，人们能从外界接收各种信息，特别是现在互联网的发展，使它提供的信息无处不在，而且传播速度极快，但传播的信息却真真假假，因此使人们在这种真假难分的信息环境下要使自己保持清醒的头脑更为不易，但是我们仍然希望从中对共识应遵守的规律进行研究，本章先介绍一般社会中应有的共识。接着特别对网络中产生的舆情共识做了专门介绍。社会科学虽然不像自然科学那样，相对讲自然科学更要求有精确的描述，但是现在出现了"社会物理学"这个交叉学科，还是希望用物理学研究方法去帮助人们在研究复杂社会现象中去寻求一些类似物理学中的社会活动规律，特别是舆论动力学总希望从复杂的舆论中寻找一些内在的趋势规律。最后本章探讨了几个实际生活中的共识历程，它们基本上属于描述性而难以化为科学的、实际的决策行动，特别是对别人的认识过多地说东道西也是无益的，但是作为参照的现象和经验还是值得一阅的。

3.1 一般社会中的共识

在社会科学界有不少人研究共识和如何达成共识,日本有人将这两者的研究合起来称为"合意学",并且给出合意学的构成(表3.1)(Society for the study of conflict and consensus,1994)。

表3.1 合意学的构成

媒介	调整作用	社会行为	例子
实力	限制行动	使用暴力权力	政治
金钱	诱导行动	买卖交换	市场
语言	调整舆论	劝说一致	会议

社会共识是指社会成员对社会事物及其相互关系的大体一致或接近的看法。

达成社会共识,有3种方法:①靠实力或用武力强迫,经济制裁或签订不平等条约来达成社会共识。②靠金钱利诱或谎言欺骗。靠欺骗对方签订的合同即属此类,或者用诱导,如做宣传、做广告,也可能用答应支付对方较丰厚的报酬来诱使大家达成社会共识。③靠政治语言促使双方真诚平等相待,挑明利害、责任义务,共同承担,或平等承担,或按比例承担自己的义务来达成社会共识,如《京都议定书》《巴黎协定》等。

政治共识的达成对于社会进步起着关键作用。现代社会政治共识的达成是一个艰难的博弈过程。

政治共识包括:

①基本价值上的共识,指人们共同认同、认可的基本理想信念和价值观念;

②程序上的共识,人们共同认同、认可的活动规则或运作程序。

政治共识的达成包括:

①妥协让步,缓和矛盾;

②诉诸讲理、运用常识，利用真、善、美等普遍承认的价值观念；

③求同存异、搁置争议、自由兼容、合作协商、畅通沟通渠道等。

④排除异己和不同意见者，用强力手段，采用强迫和压制、封锁、戒严、经济制裁等。

为了取得共识，其实从社会科学角度讲是有不少工作可做的。大到社会、国家可以从国家制度来看形成共识的过程，在比较主张集中的国家和主张民主的国家，他们取得共识的方法和过程都有所不同。在经济和市场中取得共识往往更多从金钱角度来考虑，但是有时政治手段也是可以干预的。小到一个会议同样会看到种种不利于正确共识形成的现象。例如，有些领导和会议主持者过早将自己意志强加于所有参加会议者，或者有人靠打棍子、抓辫子压制反对自己意见的来取得虚假一时的共识，或者另一种过分民主的会议，会上辩论不休，每方都不肯让步，使得共识无法形成。一个科学和民主的会议除了规定议题、议程，提供各种先进工具外，作为参加者，尤其是主持者应该能保持会议在发生争论时让各方停止争论，并引导达成新的各方比较能接受的共识，或者有的会议死气沉沉，提不出不同见解，也不是一件好事。所以现在在西方出现了新的职业叫促进者或引导者（Facilitator）和调解员（Mediator），国际上一些重要会议都曾请他们参加，便于大家达成共识。日本野中郁次郎提出叫"Ba"的概念，也可以译为"场"。场既包括有形的，如好的会场使参会者在会场坐着很舒服及有利于相互沟通的各种电子设备，更包括无形的场，一种良好的会议气氛。在一个既能让与会者充分发表意见显出民主与智暴的特性，又能在意见很不一致时，寻求合适的集中方法，里面不乏该用权时用权、该妥协的妥协，经常需要人们采用动之以情晓之以理的说服的艺术。这里既有科学又有艺术，既有民主又有集中。

复旦大学政治学教授桑玉成认为社会共识问题是政治学、社会学及其他诸多社会科学关注的一个重大问题。现代国家有效治理的一个非常重要的条件是社会各界对其主要的或者重要的公共性议题具有良好的共识基础。

社会共识问题之所以存在，基于两个主要原因：一是马克思主义认为，经济基础决定上层建筑，人的物质生活方式决定其精神及意识的一般状况。因此，在一个社会里，多层次、多样性的角色分化导致了千差万别丰富多彩的成员结构。在众多的社会成员之间，不仅其社会地位、经济条件有着不同，而且其主观世界也呈现出多元化的特征。另外，由于主观世界本身的特殊性，即使是同一社会地位、同一经济条件下的不同社会成员，也有可能产生完全不同的思想观点和社会主张。二是所谓的社会，恰是一个综合性的、组织性的、公共性的概念，即，社会其本身既包括了不同物质生活方式的人，同时也包括了不同观念和不同思想的人。因此，要使那么多千差万别的社会成员能够共同生活在同一个社会体系当中，能够各得其所、各安本分、相得益彰、共存共荣，就起码得有一些基本的社会共识。从思想的生产和传播规律来看，社会共识的达成，首先需要有各种不同思想和观点的交流、碰撞、斗争与互补，在这个基础上，人们才会在各种不同的思想和观点中获取"最大公约数"。另外，一种思想和观点也会在众多社会成员中找到"最大多数的认同群体"，并进而为社会共识奠定主观与客观的基石。致力于推进广泛的社会共识，需要建构以下4个方面的社会机制：

一是表达机制。具有不同利益诉求及思想主张的社会成员，希望通过正当途径能表达他们的需求和愿望，以争取这种需求和愿望在公共议题中得到反映。如果没有来自社会广泛的利益和意见表达，其决策者也就失去了做出科学决策的必要基础。

二是容纳机制。既然有不同诉求和思想主张的表达，那么能够容纳各种表达也就成为必需。只有在能够容纳各种利益和意见表达的社会条件下，决策者才能获取更为真切和更为有用的思想素材。为了能够有效吸纳有用的素材，首先必须有一种容纳机制的存在。

三是协调机制。增进社会共识的过程，实际上就是一种求得"最大公约数"的过程，是一种协调的过程。"共识"的基本要义是具有广泛社会基础的认识，或者说是多数人倾向于认同和支持的认识。这就要求：在公共性议题方面，我们需要舍弃一定的个人利益和意见，并以此作为我们建立共同利益和意见的基础。而这个过程，也就是协调的过程。现代社会强调公共决策的多数意志原则，而这个所谓的多数意志，正是多数人的协调意志。协调是一种积极的概念，即作为社会需要致力于做出的积极作为。

协调的另一方面，就是某种意义上的妥协和让步，即任何公权力主体及社会成员，为了通过协调以达成社会共识，需要有一种妥协和让步的意识与精神。而唯有这种意识和精神，才能使协调成为可能。

四是整合机制。按照恩格斯的说法，国家是一种公共权力，这种公共权力"凌驾于"社会之上，其主要的功能，正是通过这种公共权力，将社会种种不可避免的矛盾控制在"秩序的范围之内"。可见，作为公共权力的基本功能，正是在于将不同的利益、不同的意见等整合起来，以形成公共的利益和公共的意见，进而获得社会的普遍共识。需要指出的是，公共权力整合社会不同利益和不同意见的过程，应该不是抹杀不同利益和不同意见的过程，而是尊重个性、允许差异、求同存异的过程（桑玉成，2017）。

全国政协主席汪洋在全国政协常委会工作报告中，有一段非常精彩的话：

"凝聚共识不是无区别的强求一律，而是有方向的启发引领；不是单向度的灌输说教，而是互动式的协商讨论；不是表面的附和敷衍，而是内心的深刻认同；不是快餐式的立竿见影，而是长期性的润物无声。要不断通过加强学习明共识、协商交流聚共识、团结—批评—团结增共识"。

品味这段话，有三层收获。凝聚共识很重要。

有共识，才有动力；有共识，才能形成合力；有共识，才能减少阻力。

都需要形成共识、凝聚共识、增进共识，用共识来引导行动。

随着改革走入深水区，人们对我国经济社会发展将向何处去，也会有过种种不同想法。目标的不确定性带来思想上的混乱，也反映为行动上的迟疑。

以习近平同志为核心的党中央斩钉截铁地指出我们就是要建设社会主义。确定了从全面建成小康社会到基本实现现代化，再到全面建成社会主义现代化强国的战略安排。

廓清了迷雾，摆正了航向，坚定了意志，凝聚了共识，我们就更能够万众一心地向既定目标前进。在2019年抗击新冠疫情中，在党中央正确领导下，中国人民达成了生命至上、人民至上的共识，在采取诸如隔离、封城、戴口罩、勤洗手、核酸检测、打疫苗等必要措施方面大家积极响应，疫情防控很快取得了重要阶段性胜利。凝聚共识的重要性可见一斑。

凝聚共识的方法很重要。凝聚共识并不是一件容易的事。每个人的阅历、见识、思维、立场都是有所不同的，相互之间要理解、说服、认可、接纳，谈何容易！所以共识的凝聚，是需要耐心、智慧和方法的。

凝聚共识硬不得，强加于人不可能心悦诚服；凝聚共识纯不得，纯之又纯的事物不可能存在，纯之又纯的状态不可能持久；凝聚共识假不得，自己坚信不疑的东西别人才会受感染而坚信，诚恳交流的态度才能赢得真心和信任；凝聚共识急不得，要有春风化雨的细致，要有润物无声的精神。

政协的凝聚共识，不是漫谈，不是无目的的沟通，而是有方向的引领，是要把党的正确主张转化为社会各界的共识。但即便是做引领，也要虚怀若谷，不可全然抱"先入之见"，这既是因为凝聚共识本身就是一个相互交流、彼此倾听、共同进步的过程，更是因为我们的主张也需要有一个不断充实和完善的过程。

凝聚共识的智慧很重要。古人讲，极高明而道中庸。凝聚共识就很能体现中国人中庸之道的高超智慧。中庸，我们一般理解为不偏不倚，是一条宽广大道。这条大道，有前进的方向，也有宽阔的边界。边界之间的区域既足以容纳千万人行走，又始终不偏离中道方向。越靠近中线的位置，行走的人越多。如此政教，才能达到致中和的理想。

凝聚共识，就是在保持一致性的同时，尽可能容纳多样性，在有所主导的同时，又有丰富的多元，在引领方向的同时，使同行者更众，汇聚成一支浩浩荡荡的队伍，为实现中华民族伟大复兴的中国梦而共同奋斗。相较于西方国家普遍存在的社会分裂、种族分裂、族群分裂及党争现象和问题，我们凝聚共识就愈能体现出中国优秀传统政治文化在治国理政方面的智慧（宿正伯，2020）。

搞物理的学者们总想将社会问题物理化，近年来一股新的研究"社会物理学"的学派出现，他们将很多社会现象用物理学的角度去研究，这就需要定量化、定理化，需要合适的时空化去表达。他们追求像物理那样严谨的定律来研究社会现象、社会行为、社会结构和社会功效。舆论动力学是社会物理学中一个重要的研究课题，形成一个社会舆论需要共识，人们达成共识可以利用简单统计学的角度，去看目前舆论的关注点等，但是从时间角度看，人们不单看现状，更关注于随着时间变化的动力学研究，也许现在还是稳定态，但超过某一个阈值，就成一团乱麻，出现分歧和混沌的现象，本章 3.2 节如果可以说是静力学研究，用到数学工具不深，3.3 节则是动态（动力学）的研究，更多也是理论的研究。由于用到的数学工具较多，无法涉足太深，同时有些研究离开实际情况可能较远，但是作为基础研究也是值得引起我们注意的。而 3.4 节则是几个在现实社会中发生的活生生的共识实例，它们太需要一些理论总结，但是难度却是很大。有人对美国过去总统的大选进行过一些研究（Galam, 2016），这次呢，还未找到一些理论研究？联合国为了训练人们如何达成共识，下过一些力气开设过专门的如何开好会议取得共识的训练班，特别对于年青人还办有专门的训练实习学校，让他们早早接受开好联合国会议的培训。

3.2 网络舆论上的共识

社会上的共识一般是指一批群众或他们的代表和专家对一些专门议题通过各种媒体或会议直接进行交换意见或者私下直接讨论中取得的。但是近年来由于网络的发达，人们就社会上发生的各种议题在网络中直接、自由发表意见形成各种大大小小的舆论，我们称为网络舆论，由于网络的普及，表达的民意广泛和深入，意见传输速度又快，引起网民极大兴趣，进而使各级政府也不得不关注他们，特别是关注那些人们共同关注的话题。因此，网络舆论共识及其度量方法越来越受到重视，连带产生相关的网络舆论共识度、政府认同度、网络舆论场正负能量和理性程度等新的共识概念和计量手段也就应运而生。下面专门介绍人民网舆情监测室所从事的网络舆论共识度相关研究，其实他们早在 2007—2014 年就在试算网络舆论共识度（图 3.1），到 2015 年正式对外公布，以后逐渐走向正规，至今仍在不断发布网络舆论共识度相关公告（祝华新 等，2015）。

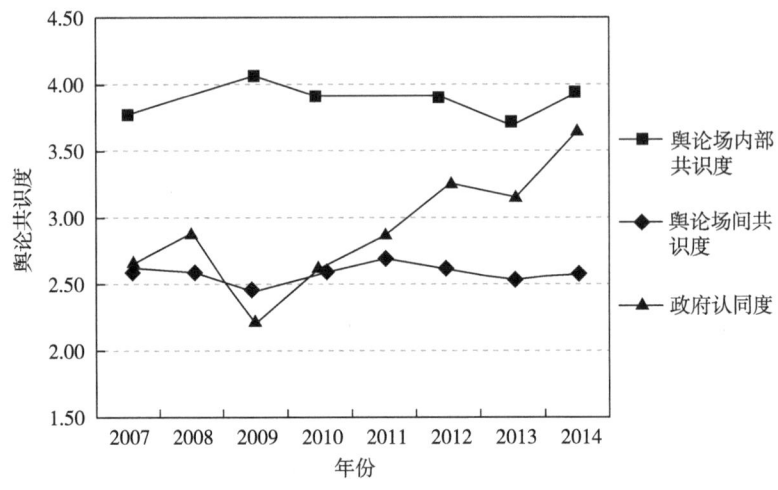

图 3.1　2007—2014 年人民网的舆论共识度

网络舆论共识度评估

下面对 2015 年第一季度网络舆论共识度评估做更详细的介绍。网络舆论共识度是网民社会心态的真实反映,也是衡量网络舆论场正负能量和理性程度的重要指标。为此,人民网舆情监测室、中山大学传播与设计学院联合推出国内首个"网络舆论共识度"指标体系和季度报告,旨在为中国网络舆论场的研究和社会舆论的理性引导提供新的观察视角和决策依据。首期报告表明:网民正能量指数逐渐提高,舆论共识度在波动中有所提升,反腐倡廉类事件位列网民对舆论共识度的首位。

(1) 2015 年第一季度舆论共识度研究概述报告

报告指出,2015 年第一季度,中国网络舆论共识度呈现出波动中提升的状态,3 月的舆论共识度达到 3.84(共识度最大值为 5),为季度最高水平。与此同时,网民正能量指数也渐趋提升,位居前三甲的舆情热点事件分别是中国也门撤员、足球改革方案和亚洲基础设施投资银行筹备创立(祝华新 等,2015)。

(2) 2015 年第一季度网络舆论共识度评估方法

通过建立舆论共识度指标,运用德菲尔法对每月排名前 50 位的热点事件进行专家评估,从以下 3 个方面进行研判打分:

①舆论场内部共识度,下分主流媒体、网民、意见领袖三大舆论场,分别考察各舆论场内部针对热点事件倾向于达成共识,抑或是倾向于激进表达和分裂。

②舆论场之间的共识度,考察各舆论场之间针对热点事件倾向于达成共识和观点差异情况,并计算出三大舆论场之间的共识度。

③政府认同度,以政府在热点事件中立场为标杆,分别考察主流媒体、网民、意见领袖三者对政府的认同度和信任度,从而得到三大舆论场之间的观点差异情况,并计算出三大舆论场之间的共识度。

通过综合考察舆情事件在主流媒体、网民和意见领袖三大舆论场内部的共识度,得到各热点事件的舆论场内部共识度;通过综合考察主流媒体、网民和意见领袖三大舆论场的政府认同度,得到各热点事件的政府认同度;通过比较主流媒体、网民和意见领袖三大舆论场政府认同度的差异,得到各热点事件的舆论场间共识度;将热点事件的舆论场内部共识度和舆论场间共识度求平均值,得到该热点事件的舆论共识度;对每个月热度排名前 50 位的热点事件的舆论共识度和政府认同度求平均值,得到整个月的舆论共识度和政府认同度。

他们首先提出国内"网络舆论共识度"指标体系,分成舆论场内部共识度与政府认同度两类,并进一步分成一级指标和二级指标及其评分方法,详细如表 3.2 所示。针对 2015 年 1—3 月七大类事件舆论共识度与政府认同度分别打分,具体计分结果如图 3.2、图 3.3 所示。

表 3.2 舆论共识度指标介绍

舆论共识度指标	一级指标	二级指标	赋值区间
舆论场内部共识度	主流媒体	针对各热点事件,主流媒体评论是否倾向于达成共识(5 分),抑或是倾向于激进表达、互相批判和分裂(1 分)	1~5 分

续表

舆论共识度指标	一级指标	二级指标	赋值区间
舆论场内部共识度	网民	针对各热点事件，网民言论是否倾向于达成共识（5分），抑或是倾向于激进表达、互相批判和分裂（1分）	1~5分
	意见领袖	针对各热点事件，意见领袖是否倾向于达成共识（5分），抑或是倾向于激进表达、互相批判和分裂（1分）	1~5分
政府认同度	主流媒体	针对政府在各热点事件中的立场和处置表现是否倾向于认同（5分），抑或是倾向于批判（1分）	1~5分
	网民	针对政府在各热点事件中的立场和处置表现是否倾向于认同（5分），抑或是倾向于批判（1分）	1~5分
	意见领袖	针对各热点事件，意见领袖是否倾向于达成共识（5分），抑或是倾向于激进表达、互相批判和分裂（1分）	1~5分

由图3.2、图3.3可知，2015年第一季度舆论共识度呈现出"U"形走势，3月达到季度最大值。值得注意的是，舆论场内部共识度和舆论场间共识度在3月趋于接近，反映在政府认同度上，即为3月的意见领袖政府认同度和网民政府认同度数值近似。综合判断，在舆情热点事件中，受主流媒体、意见领袖、网民的意见趋同势态影响，舆论共识度获得提升。

由图3.4和图3.5可以得知，各个分类舆情事件的舆论共识度和政府认同度中，反腐倡廉类舆情事件、港澳台国际涉华类舆情事件舆论共识度较高，且舆论共识十分稳定。而突发危机类舆情事件的舆论共识度较为波动，政府认同度虽然有所提升，但是仍在各类事件中处于垫底位置。由此可见，舆论对政府突发危机事件处置的表现有较多不满，政府危机舆情处置仍有提升和改善的空间。

监测室曾分别就3个表格列出了2015年1—3月，每月十大舆情热点

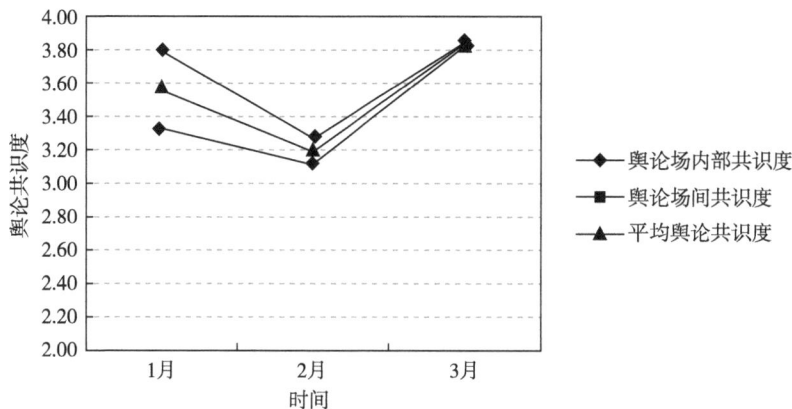

图3.2 2015年第一季度舆论共识度

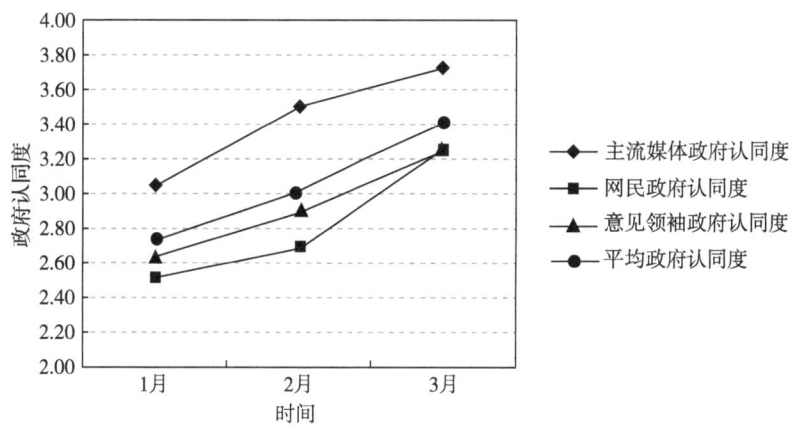

图3.3 2015年第一季度政府认同度

事件的舆论共识度得分。由表格结果可知,虽然2月的平均共识度与1月平均共识度相差不大,但1月的十大热点舆情事件的共识度分布差异性较大,既有"布鞋院士李小文逝世"的高度共识性事件,也有"公务员工资调整""阿里公司与工商总局"等极具争议性的事件。1月热点舆情事件中,低于共识度中间值3分的事件有4件,而2月有3件,至3月则只有2件。热点舆情事件的舆论共识度普遍上升,使3月出现了舆论共识度的季度最大值。

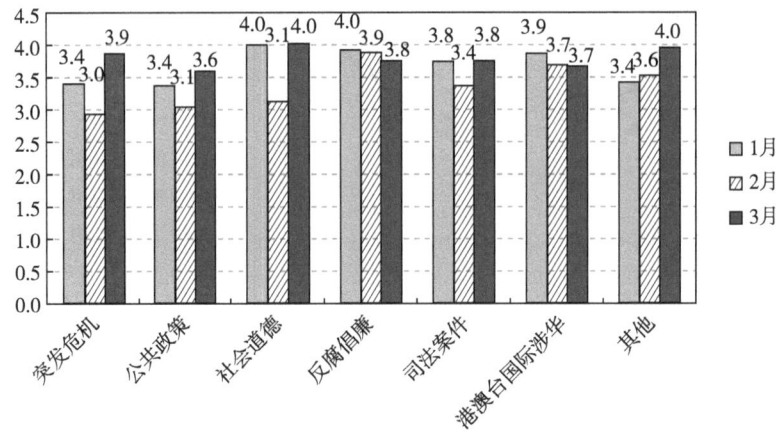

图 3.4　2015 年第一季度各类舆情事件舆论共识度

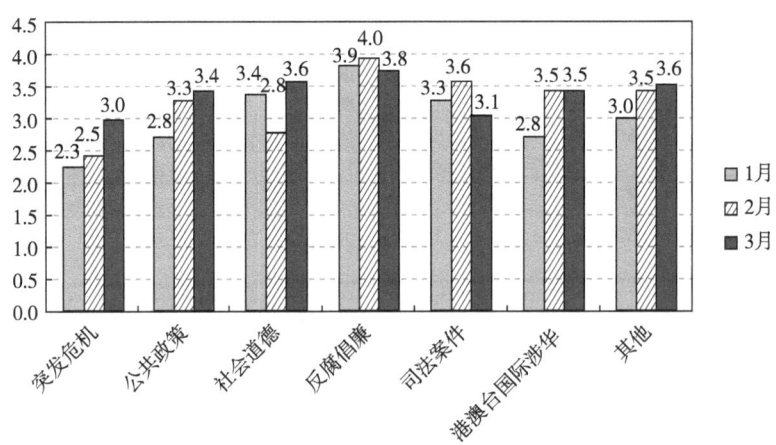

图 3.5　2015 年第一季度各类舆情事件政府认同度

例 3.1：2015 年 2 月十大舆情热点事件的舆论共识度和政府认同度

这里详细列举人民网舆情监测室 2015 年 2 月十大舆情热点事件的舆论共识度和政府认同度数据，按得分从大到小分别排列于表 3.3 和表 3.4 中。

第3章 社会科学中的共识

表3.3 2015年2月十大舆情热点事件舆论共识度

排名	热点事件	舆论场内部共识度	舆论场间共识度	舆论共识度
1	台湾航班坠河事件32人遇难事件	3.63	4.39	4.01
2	网络红包传递新春祝福	3.77	3.94	3.85
3	快的滴滴宣布战略合并引发垄断质疑	3.23	3.49	3.36
4	羊年春晚推出3个反腐类相声小品	3.43	3.17	3.30
5	58岁环卫工雪天烤火被辞退	3.37	3.17	3.27
6	新疆牧民捡到8公斤狗头金	3.23	3.03	3.13
7	中国游客春节境外"血拼",日本马桶盖几乎断货	2.63	3.49	3.06
8	大衣哥成名后为村修路,村民让他给每人买轿车	2.50	3.49	2.99
9	卫计委公开征求意见拟批准金箔用于白酒	2.57	3.17	2.87
10	湖南青年疑遭"官二代"打死引热议	2.57	2.40	2.48
	平均	3.09	3.37	3.23

表3.4 2015年2月十大舆情热点事件政府认同度

排名	热点事件	主流媒体认同度	网民认同度	意见领袖认同度	政府认同度
1	台湾航班坠河事件32人遇难事件	3.9	3.6	3.7	3.73
2	网络红包传递新春祝福	3.9	3.4	3.5	3.60
3	羊年春晚推出3个反腐类相声小品	4.1	3.2	3.5	3.60
4	快的滴滴宣布战略合并引发垄断质疑	3.7	3.0	3.1	3.27
5	中国游客春节境外"血拼",日本马桶盖几乎断货	3.5	2.8	2.9	3.07
6	卫计委公开征求意见拟批准金箔用于白酒	3.5	2.6	2.9	3.00

续表

排名	热点事件	主流媒体认同度	网民认同度	意见领袖认同度	政府认同度
7	新疆牧民捡到8公斤狗头金	3.5	2.6	2.7	2.93
8	大衣哥成名后为村修路,村民让他给每人买轿车	3.3	2.6	2.7	2.87
9	湖南青年疑遭"官二代"打死引热议	3.1	1.8	2.5	2.47
10	58岁环卫工雪天烤火被辞退	2.5	1.6	1.9	2.00
	平均	3.5	2.7	2.9	3.05

人民网舆情监测室还曾分别算出了2015年1—3月十大舆情热点事件的政府认同度得分。1月舆情热点事件的平均政府认同度仅有2.72,低于指标中间值3,说明政府形象在舆论认知中偏于负面。2月,政府认同度低于中间值的舆情热点事件减少,政府认同度有所提升。3月,政府认同度达到了季度最大值3.47。政协发言人吕新华"反腐没有铁帽子王"的经典表述、彰显中国经济实力的亚投行、明星官员仇和落马、中国海军也门撤员的国威远播,4个舆情热点事件政府认同度均超4分,推高了3月均值。与此同时,"广州区伯"嫖娼被抓一事,引起舆论喧嚣影响政府认同,事件仍在持续发酵,相关情况将在4月的研究中予以体现。

根据研究报告情况,2015年第一季度舆论共识主要呈现出以下特点:①舆论共识度在波动中有所提升。通过研究2015年第一季度舆情热点事件,舆论共识度呈现出波动中提升的状态,官方舆论和民间舆论就热点舆情事件意见趋于一致。②网民正能量指数走高。2015年第一季度的网民正能量指数,由1月的0.38、2月的0.35增至3月的0.67。③反腐倡廉长期占据政府认同度首位。检视2015年第一季度舆情热点事件,反腐倡廉类事件众多且处于舆论关注高位,更以政府认同度3.9、4.0、3.8的高分分别占据各月榜首,成为政府认同度最高的一类舆情事件。④政府舆情危机处置仍待改善。相比反腐倡廉的高度政府认同度,突发危机类事件的政府认同度处于低位。

例3.2：2015年1—8月政府认同度和舆论共识度的趋势图

下面是人民网舆情监测室公布的2015年1—8月政府认同度走势（图3.6）和舆论共识度走势（图3.7）。

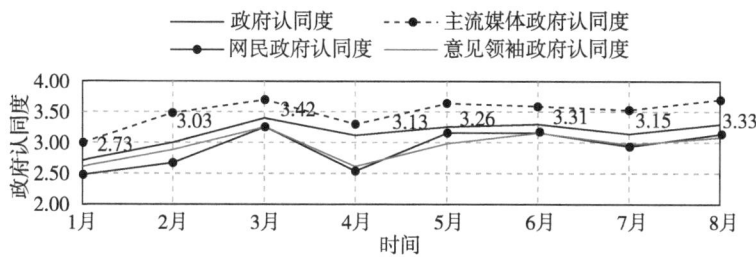

图3.6　2015年1—8月政府认同度走势

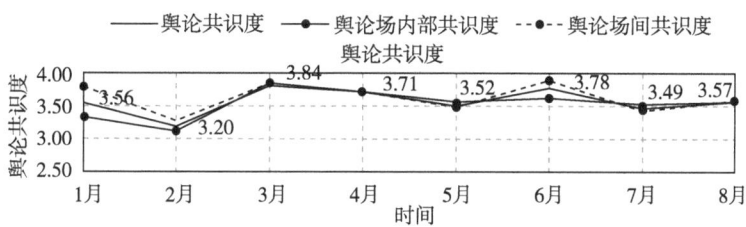

图3.7　2015年1—8月舆论共识度走势

例3.3：2015年1—12月的舆情共识度列表

人民网舆情监测室公布的从网上收集到2015年1—12月舆情共识度，如表3.5所示。

表3.5　2015年1—12月的舆情共识度

2015年	1月	2月	3月	4月	5月	6月	7月	8月	9月	10月	11月	12月
舆情共识度	3.56	3.20	3.84	3.71	3.52	3.78	3.49	3.57	3.59	3.63	3.75	3.57

3.3 社会物理学与舆论动力学

社会现象其实比物理现象远为复杂，社会科学就是专门研究社会现象，由于社会现象太过复杂所以大多采用定性研究，它难以像物理现象那样用比较精确的语言去描述。实际上很久以来就有人想把社会当作物理来研究，从古希腊到古罗马都有人论述过社会现象中出现的物理学规则。到了17世纪威廉·配第提出"政治算术"，后来拉普拉斯用人口出生时性别误差曲线引导人们去追求像物理学那样有严谨的定律来研究社会现象、社会行为、社会结构和社会功效。法国社会学家奥古斯特·孔德在1830年左右，最早使用了"社会物理学（Social Physics）"这个学术术语，建立起研究社会的科学体系和科学方法。他一直企图把"社会秩序"看成是"自然秩序"的延伸，并研究社会结构中静力学和社会演化中的动力学问题。自从奥古斯特·孔德提出社会物理近200年以来，国际上社会物理学已经历了3个阶段：古典社会物理学、近代社会物理学和现代社会物理学。我们不想追溯得太远，就提一下第二次世界大战后几个重要的学者如薛定锷（生命是什么，1946）、基夫（人类最小努力原则，1947）、西蒙斯（国家生存理论，1965）、威尔逊（城市和区域中的熵，1970）、普里高津（耗散结构理论，1982）等人的一系列重要进展，他们已经用物理学解释了不少社会现象。现代社会物理学首先面临现代社会出现了几大变化：全球化、环境和可持续发展、社会信息网络化。从物理学的特点来说那就是量子化的社会和社会量子化（牛文元，2002）。现代社会物理学主要关注以下4个方面：①经济学；②行人动力学；③社会网络；④舆论动力学（牛文元，2007）。

除了用于描述社会物理中各种各样的数学模型出现外，在研究工具上也有了很多新的发展。例如，复杂网络（Complex Network）的出现，特别是社会网络分析（Social Network Analysis），能有效地描述社会中各种结构和相互关系，其次多主体仿真模型（Multi-agent Simulation Model）能用于描述千万个微小主体的自主运动现象在一定规则引导下可以出现宏观的突发现象。本书着重介绍舆论动力学，因为它与社会共识密切相关，为什么会形成舆论，使意见走向一致，或者走向相反，甚至对立的状态。其他3个方面可参考牛文元主编的《社会物理学：国际前沿研究透视》一书。

舆论动力学（Opinion Dynamics）旨在探讨舆论生成与演变的内外动因，挖掘观点转变与共识形成的普遍规律。舆论（Public Opinion）作为一个独立的合成术语最早出现于18世纪，通常指公众普遍持有的观念、看法、判断或情绪，它建立在事实基础上且与公众事件相关，是社会群体关于自我、他人、自身需求、目标和社会关系的认知图景及行动指南。从狭义层面而言，舆论是指在消除个体意见差异的情况下，多数人对于社会问题形成的共同意见，也即大部分群众针对特定重要公众问题的共有态度、感觉和观点，强调的是意见一致性（共识）；广义上的舆论则是社会上众多意见集合而来的特定合量，强调的是意见的加总。无论是狭义还是广义层面的舆论，都包含个人意见和公众意见之间的交互影响。从舆论学的研究角度出发，研究者更多关注狭义层面的舆论，也即更加关注共识的形成而非意见的纷争。在舆论形成过程中，个体会综合评估群体中其他人的初始观点及其观点的迭代变化情况，并据此调整个人观点，最终群体内就特定议题达成共识，也即由个体意见转化为公众意见（DeGroot，1974）。所以舆论的形成是一个动态的、连续的、融合的过程，个体根据群体间意见的相近性不断调整自己的意见，众多意见相互碰撞、影响，使得舆论处于持续演变的状态。这些研究认为舆论演变包括混沌、众意分化、意见组合与主流民意形成等阶段，演变进程受到"社会变迁动力"和"共同利益动力"的影响。限于相关因素的模糊性、不可控性和测量难度，人文社会学科对舆论演变的探讨多停留在理论定性的层面，较少涉及对演变过程的量化推演。目前传播学领域对舆论的研究主要集中在传统媒体的批评报道与舆论监督、网络媒体与网络舆论、公共领域与舆论场、突发事件中的网络舆情等方面，侧重于从宏观层面和外部视角探讨舆论与媒介之间的交互关系与社会影响，从而忽视了从内部视角去探讨舆论本身的演化规律、趋势和内外动因。通过多维影响因子和量化推演去反映舆论形成和变化的动态过程，对于探索拟态环境与真实环境交织影响下的舆论演化趋势而言具备重要作用。

从20世纪50年代开始，包括物理学、数学、计算机等在内的理工学科就开始关注舆论的形成和演变模型，学者们通过大量数学模型构建和仿真测算去描述、解释和分析舆论演变过程，并结合实际现象去挖掘规律、预测走势，逐步发展形成舆论动力学。舆论动力学的概念由美国学者芬克豪瑟（G. Ray Funkhouser）于1973年正式提出，认为舆论演变是在社会各种力量交互作用下的结果，通过动力学模型可揭示舆论演变的内外动因。与传统动力学不同的是，舆论动力学的研究对象是在大众社会普遍无序条件下的信息传播和观点演化规律，旨在探讨一个初始无序的舆论分布如何通过大量具有内在联系的个体互动和外部信息干预最终形成有序分布，也即揭示舆论生成与演变的内外动因。国内外传播学学者对舆论动力学的探讨和应用较少，在量化模型应用上也存在较大局限性。而自然科学研究者对舆论的探讨往往缺乏对其概念内涵和社会学机制的深入挖掘，导致相关动力学模型在一定程度上与社会现实脱节，模型在实践层面的指导价值较弱。通过对舆论动力学相关经典模型进行回顾，结合传播学相关理论，对影响舆论生成和演变的相关因素进行梳理，一方面为舆论动力学量化建模提供指标依据；另一方面为传播学领域的舆论研究提供方法参考，基于交叉学科视角促进舆论动力学的发展和应用。

1956年，French引入多主体模型（Agent-Based Model，ABM）来研究个体在社会网络交互中如何应用社会权力去对他人施加影响，该模型也是舆论动力学后续模型的基础。French模型假设群体中每个人的意见$[x_i(t)]$都会随着时间的推移而演变，个体会在一定程度上考虑其他人的意见来形成自己的观点，而且群体中不同人对个体观点的影响程度都不同（用权重w_{ij}表示），通过加权汇总的简单离散数学模型可描述对个体观点的形成过程。1974年，DeGroot在French模型的基础上进一步对共识的形成机制展开了探讨，他采用德尔菲（Delphi）法，促成专家意见达成一致。在French提出的式（3-1）基础上，

$$x_i(t) = w_{i1}x_1(t-1) + w_{i2}x_2(t-1) + \cdots w_{in}x_n(t-1), \quad (3-1)$$

DeGroot指出随着时间的变化除了个体的观点$x_i(t)$会发生变化，观点之间的相互影响程度w_{ij}也会发生变化，即$w_{ij}(t+1)$与前一时刻t的$x_i(t)$和

$x_j(t)$ 相关。French 和 DeGroot 两人的模型被合称为 French-DeGroot 模型，该模型奠定了舆论动力学的核心思想，即社会网络中所有个体的意见在相互影响下经动态调整达成一致、形成共识，也即形成前文提及的狭义层面的舆论。后续无论是基于社会物理学还是基于复杂网络的舆论动力学研究大多以 French-DeGroot 模型中的社会网络关系作为基础，还有其他的模型都表明，针对不同议题，舆论形成受个体因素和环境因素的影响程度呈现出差异性，而要了解这种内外因素的深层结构，则需要从传播学、社会心理学、人类学等视角来加以探索。

French-DeGroot 模型等奠定了舆论动力学研究的基础框架。但限于数学模型的抽象性，往往这类模型只能用于小规模群体分析，国外相关应用也主要集中在陪审团、政府内阁和公司董事会中的小规模舆论共识和群体决策研究中。随着互联网和社交媒体的发展，网络舆论规模越来越大、交互关系越来越复杂，French-DeGroot 模型不再适用，于是面向大规模网络的舆论动力学模型成为新的研究方向。

但舆论动力学毕竟不同于自然科学领域的动力学研究，包含了大量不可测量的心理、情绪、意识形态要素。研究需要通过人文社科来挖掘舆论形成和演化的要素，通过数学模型构建因素间的逻辑关联，再通过物理学领域的复杂网络理论来进行仿真和推演，最后再回归到社会科学领域对推演结果进行解读。舆论形成和演变本质上是一个社会科学问题，应用自然科学领域的动力学去探索舆论演化内外因素为社会科学研究提供了一些新视角。

（1）物理学视角

物理学视角下的舆论动力学侧重于广义层面的舆论。个体意见在相互影响下不断演进，最终可能达成共识、极化、多元分散等多种状态，这也更符合当下舆论场的真实生态。在社会物理学驱动下舆论动力学的发展进入新阶段，包括一维媒介模型、二维媒介模型、小世界模型、无标度网络模型等分析模型相继诞生。

一维媒介模型主要以 Sznajd 模型为主。Sznajd 模型假定：①群体中的个体在讨论某一个议题时只能选择同意或拒绝两种观点。②个体观点只受到与其相邻的个体的影响。③个体间的交互呈线性模式，且当两个相邻个体（S_i 和 S_{i+1}）观点一致时，才能说服其邻近个体（S_{i-1} 和 S_{i+2}）也持有相同观点；反之，如果两个相邻个体观点不一致，则其邻近个体（S_{i-1} 和 S_{i+2}）保持原有观点。这种"邻近效应"放在人际传播领域也同样具备研究价值。

Stauffer 等（2000）将一维 Sznajd 模型拓展为多维媒介研究，认为个体会征询所有邻居的意见并取其算术平均值来决定自己的观点。Krause-Hegselmann 模型认为个体会基于有界自信（Bounded Confidence）选择和自己意见相似的人交互，而且每一次交互后他们的观点会更加接近，随着时间推移和交互的深入，舆论场会逐步聚集成不同的小群体，群体内的人具备相似观点，群体之间则存在差异性。根据意见群体的分布，可以把最终形成的舆论状态分为 3 种：共识状态、两极化状态、多元化状态。

Elgazzar（2001）应用小世界网络模型来探讨舆论演进动力，认为舆论网络中的每个节点以一定概率与其他节点进行随机连接，通过调整网络中的传播节点数量、连接概率和传播半径，可以实现小世界舆论网络模型的构建。

在小世界模型基础上，Albert 和 Barabási（2002）进一步采用无标度网络模型（scale-free network）对包括舆论演化在内的社会现象进行分析，通过控制节点增长速度（传播速度）和优先连接的数量来实现舆论演化仿真。不同于小世界网络，无标度网络中只有少数节点（叫 Hub）拥有大量连接对网络运行起着主导作用；而大多数节点只有少量连接，其无标度性实际上体现的是复杂网络内在的分布不均匀特质。在舆论传播中，少数起着关键驱动作用节点（Hub）的参与对舆论演化起着关键作用。

近年来基于复杂网络理论和复杂适应系统理论（Complex adaptive System）的舆论演化仿真成为舆论动力学研究的热点，包括元胞自动机模型、投票者模型、多数决定模型、有界自信模型、CODA 模型等都被应用到舆论演化分析中。但相比于统计物理学模型的相对简单性和可控性，现实社会网络的复杂性和不可控性往往很难通过建模仿真来进行分析和预测。在这种背景下，更加抽象和复杂的社会物理学成为舆论动力学的研究路径之一。

（2）社会物理学视角

社会物理学指出社会秩序是自然秩序的延伸，提出通过社会静力学去研究社会结构和通过社会动力学去研究社会发展的创新思路,为舆论动力学研究开辟了新视角(牛文元,2010)。

牛文元提出舆论研究的三大理论,即社会燃烧理论、社会激波理论、社会行为熵理论。社会燃烧理论判定社会舆论形成的临界阈值,确定社会舆论形成过程的定量水平。以社会燃烧理论为例,包括"燃烧物质"、"助燃剂"和"点火温度"3个因子,具体对应舆论形成的研究,则有:把公众对某一现象的各种各样的议论、见解和诉求作为燃烧物质的集合,舆论"场"中开始出现的等级分布,将会催生向一致意见靠拢的机会,这可以理解为社会"助燃剂"在起作用,最终引发舆论形成的是一个突发事件或权威人士的言论,这就是"点火温度"。社会激波理论研究社会舆论的演化过程,初步建立了"从众"、"从上"、"从理"和"从利"的意见转移规则并利用多主体仿真(Multi-agent Simulation,MAS)技术进行舆论演化模拟。社会行为熵理论上看重把握舆论场中的奇异个体,利用社会网络分析判定意见领袖,或所谓大V的行为特征。舆论系统是一个典型的复杂系统,舆论动力学模型应以社会科学和自然科学交叉为指导,以系统方法论为基础,用社会物理学为指导,以解析建模和数字仿真为手段,以舆论可视化为平台,将舆论的微观内在机制和宏观的外在表现相结合,定性描述与定量演化相结合描述好社会舆论形成、演化,最终能为社会和政府部门把控好社会舆论,特别对一些不良舆情能起到预警和控制的作用。牛文元及其学生们用这些理论为国务院应急办和维稳办等有关政府部门服务(刘怡君 等,2013;刘怡君 等,2009;Liu et al.,2008)。

此外,还有从心理学视角和传播学视角进行研究,这里就从略了,更详细可参考白安玲、沈阳和何静的相关文章(向安玲 等,2020)。

例3.4:用社会物理学及仿真技术演示社会舆论演变的变化

这个例子利用多主体仿真模型来演示社会舆论演变的变化,其仿真规则则采用社会物理学中3个模型:Sznajd模型(S)、Krause-Hegselmann模型(K)、Deffuant模型(D)为基础。其中(S)模型:是指当两个比邻的个体持有相同意见时,在意见距离范围内,可以说服所有的邻居;(K)模型:在意见距离范围内,询问所有邻居们的意见,然后取其算术平均;(D)模型:指一个时间步长内,每个个体随机选择一个对话的伙伴。当他们的意见 Oi 和 Oj 相差不超过意见距离时，他们相互的意见会按照一定的比例更接近一些，但无需意见完全一致。

以上 3 种模型同时也表征了意见主体在意见转移过程中的心理变化规则，其中（S）模型的含义是意见主体采用了"从上""从权"等的服从制；从（K）模型的意义上看，最易表露的"从众"心理，诺依曼在《沉默的螺旋：舆论——我们的社会皮肤》中也提到："劣势意见的沉默"和"优势意见的大声疾呼"的螺旋式扩展，导致社会生活中占压倒优势的"多数意见"；（D）模型带有"从利"的利益相关者，他们是对利益有所图而改变自己的意见。

利用上述方法和模型（S）、模型（K）、模型（D），刘怡君等在对舆论的形成和演化用多主体仿真进行建模仿真，并用自主设计的仿真平台看其演化。原作者设计了两种情景：①从两种意见开始；②从 5 种意见开始。这里只介绍第①种情景而且只截取其中 $t=10$ 和 $t=100$ 时的图像。主体数设为 $N=10\,000$，其中意见 1 用深色、意见 2 用浅色，在 3 种模型（S）、（K）、（D）下随机设定初始结果（图 3.8）的演化结果，在 $t=10$ 时和在 $t=100$ 时相应的演化结果（图 3.9、图 3.10）。从中可以看到在模型（S）下意见 1（深色）是占上风的，而在模型（K）下演化较慢。在（D）模型下由于利益所诱很快被第②种意见（浅色）所统治（刘怡君等，2008）。

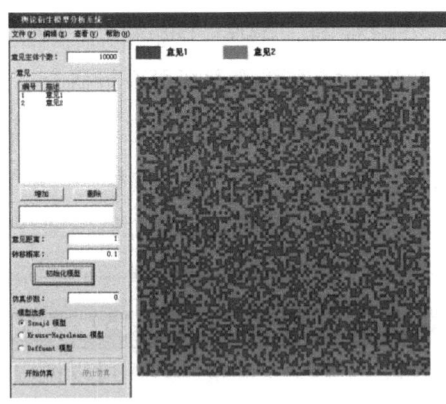

图 3.8　$t=0$，随机布点开始

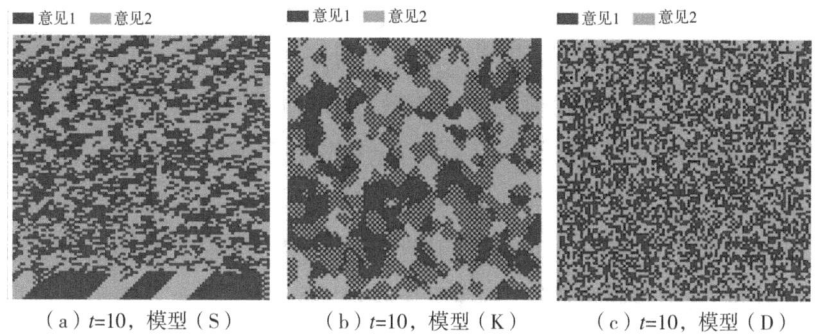

图 3.9　$t=10$，3 种模型的演化结果

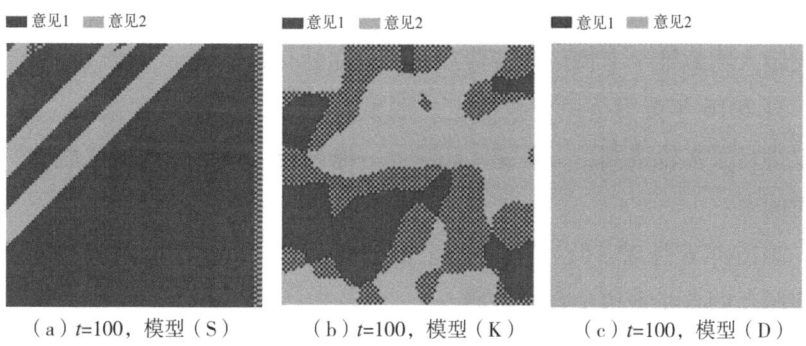

图 3.10　$t=100$，3 种模型的演化结果

3.4　几个实际生活中的共识历程

3.4.1　英国脱欧中的共识（52%∶48%）

2020 年 12 月 24 日，欧盟委员会主席冯德莱恩在布鲁塞尔召开新闻发布会，表示欧英双方现已就欧英贸易协议达成共识。冯德莱恩表示，该协议是"公平和平衡的"，它将保护欧盟利益，确保公平竞争并为渔业提供可预见性。

此次文本协议内容超过 2000 页，双方已经基本达成了一个框架协议，具体细节并没有确定。英国脱欧过渡期将于 2020 年 12 月 31 日结束，届时英国将退出欧洲单一市场和关税同盟。

1957年3月25日，欧共体（欧盟前身）宣告成立，创始国为法国、意大利、德国、比利时、荷兰和卢森堡六国。英国于1973年正式加入欧共体。随着脱欧过渡期的结束，英国47年的欧盟成员国身份也随即宣告结束。

2020年12月24日，英国首相鲍里斯·约翰逊在社交媒体发布了庆祝照片，并配文"协议达成"。约翰逊还在当日新闻发布会上表示，他拒绝在新冠大流行期间延长过渡期，因为他不想增加不确定性。他表示，"我们完成了迄今规模最大的贸易协议"。当晚，约翰逊发表圣诞致辞，表示达成这一历史性贸易协议是令人愉悦的"喜讯"。英国另外两位脱欧进程的关键人物戴维·卡梅伦和特蕾莎·梅也在社交媒体表示祝贺。

自2016年英国全民公投决定"脱欧"以来，英国与欧盟就"分手"协议进行了多轮谈判，"分手"日期也一拖再拖。以下是英国"脱欧"重要时间点：

2016年6月23日，英国举行全民公投，52%的投票者选择"脱欧"。不想脱欧的首相卡梅伦宣布辞职。

2017年3月29日，"脱欧"程序正式启动。英国将在2019年3月29日正式"脱欧"。

2017年12月15日，欧盟宣布与英国在"分手费"等核心议题上取得足够进展。

2018年11月25日，欧盟正式通过此前与英国达成的"脱欧"协议和"英欧未来关系宣言"两份政治文件，统称"脱欧"协议。

2019年1月15日，英国议会下院投票否决了"脱欧"协议。

2019年3月12日，英国议会下院再次投票否决"脱欧"协议。

2019年3月13日，英国议会下院投票决定，反对英国在任何情况下"无协议脱欧"。

2019年3月21日，欧盟同意英国提出的推迟"脱欧"申请。

2019年4月8日，英国议会正式通过一项法案，要求首相特雷莎·梅再度向欧盟寻求推迟"脱欧"，以防止出现"无协议脱欧"局面。

2019年4月10日，欧盟成员举行特别峰会讨论英国"脱欧"问题，最终同意将"脱欧"期限延至同年10月31日。

2019年5月24日,由于"脱欧"僵局难破,英国议会投票325票(51.5%)对306票(48.5%),"脱欧"未获通过,特雷莎·梅宣布辞职。

2019年7月24日,保守党新党首鲍里斯·约翰逊就任首相。他强调,英国一定会在10月31日前完成"脱欧",相信英国能与欧盟达成一份新的、更好的"脱欧"协议。

2019年10月2日,英国政府向欧盟递交新的"脱欧"方案。

2019年10月17日,欧盟委员会与英国政府就英国"脱欧"达成新协议。

2019年10月19日,英国议会下院投票通过一项关键修正案,迫使首相鲍里斯·约翰逊致信欧盟,寻求再度推迟"脱欧"。

2020年1月23日,英国女王伊丽莎白二世签署批准英国议会此前通过的"脱欧"协议相关法案,这标志着该法案正式生效成为英国法律,为英国在1月31日实现"脱欧"铺平道路。

2020年1月24日,欧洲理事会主席米歇尔和欧盟委员会主席冯德莱恩签署英国"脱欧"协议。

2020年1月29日,欧洲议会全体会议投票通过"脱欧"协议。按照既定程序,在欧洲议会表决后,欧盟理事会需批准该协议,从而完成英国"脱欧"问题在欧盟一方所有程序。

2020年1月31日,英国正式退出欧盟,双方随即将围绕未来关系展开谈判。

"脱欧"到底有没有让各方能真正达到共识?

其实早在"脱欧"投票结束不久就有200万英国人表示反悔投票"脱欧",要求重新投票,但当局不予理会,由此两种意见一直此起彼落。

崔洪建就脱欧问题发表下面几个主要观点:

①"政治胜利"之下的尴尬现实;②协议"暗藏玄机";③"攘外"之后双方还得"安内"。英国将面临"分崩离析"?在内部会制造出最大麻烦的还是英国这边的苏格兰独立问题。苏格兰地方领导人斯特金在第一时间批评协议,宣称"英国脱欧违背了苏格兰的意愿,而且没有任何交易

能够弥补这一损失",因此,苏格兰"该认真考虑独立了"。在 2014 年英国独立公投失败后,苏格兰想要脱离英国、留在欧盟的情绪在英国"脱欧"的背景下变得更加尖锐,现在斯特金和其民族党等待的就是一个时机:如果在 2021 年 5 月的苏格兰地方议会选举中获胜,苏格兰将把英国政府拖入第二次独立公投的漩涡(崔洪建,2020)。

除了苏格兰问题,一旦在英欧协议的实施过程中也会引发北爱尔兰的不满,这个地区的分离主义势力也会抬头。如果英国"脱欧"换来的除了"从欧盟夺回主权"外,还有国家统一的近忧远虑甚至分崩离析,那么这条路的路况就远不是"颠簸"可以形容了。此外,英国群众已经表示了不满,认为"脱欧"对英国是不合算的(图 3.11)。

图 3.11 "脱欧"不合算,最好还是留在欧盟

3.4.2 美国总统大选

根据美国正式公布的最后选举结果,美国总统大选选民票:80 010 929 票(52%):73 884 415 票(48%)。

选举人票:民主党拜登 306 票(57%),共和党特朗普 232 票(43%)。

2021 年 1 月 6 日拜登被确认为美国下任总统!

美国总统大选历来先走一般选民投票,投票结果拜登得到 8000 多万票,而特朗普得到 7000 多万票。然后关键的还要等选举人票。这次的选举人投票涉及全美 50 个州,根据最终结果显示拜登赢得 306 张选举人票,而特朗普仅有 232 张选票。这意味着拜登的胜利,而且拜登的竞选搭档哈里斯也顺利成为下一任美国副总统。这样的结果自然让特朗普无比"心碎",他憧憬的选举人"翻盘"状况并没有出现。

- 美国总统选举制度

(1) 政党初选

大选年的2—6月,各政党在各州进行政党初选,产生出席全国代表大会的政党代表。

(2) 政党全国代表大会/政党提名

两党通常在7、8月各自举行全国代表大会,由各州选出参加全国代表大会的党代表,将在此推选本党的总统、副总统候选人。

(3) 竞选造势

9—11月,各政党推出总统、副总统候选人,随即展开全美竞选造势活动,候选人和选民会面,同时也有在电视上发表演说、进行电视辩论等,竞选造势期间长达8～9周,耗费相当可观。

(4) 投票

总统大选的投票分为两个进程:①全民投票;②选举人团投票。

①全民投票:大选年11月第一周之后的第一个星期二,明定为投票日(2020年11月3日即为投票日)。这一天的全民投票,实际上并非选举总统,而是选举出代表选民的选举人团。选举人团将在稍后的投票中选出总统,因此可以说美国总统选举并非直接选举,而是间接选举。

②选举人团投票:大选年12月第二个星期三之后的第一个星期一(2020年12月14日),选举人团成员将在各州首府分别投票,选举总统和副总统。正式的选举结果,其实在全民投票当天即已确定,因此,选举人团的投票只是一种形式,并不具实质意义。

(5) 当选/宣誓就职

各州总统选举的投票结果,将在选举后隔年(即2021年)的一月六日美东时间下午一时,由参议院主席在参众两院联席会议上公布。总统、副总统当选人,将于同年一月二十日中午宣誓就职。

- 选举人团制度

全美各州选举人(Electors)的组合,被称为选举人团(Electoral College)。依据美国宪法规定,总统并非由国会或选民选举,而是由选民推派的选举人选举。

各州的选举人名额，和该州在国会参、众两院的议员总数相同。联邦政府所在的哥伦比亚特区，没有国会代表，1961 年的宪法修正案中给予该区 3 个选举人名额。所以，相当于 100 名参议员（每州 2 名）的选举人，加上等同 435 名众议员的人数，连同 3 名哥伦比亚特区选举人，就可得出 538 张的选举人票总数。总统候选人获得的选举人票数如达到 270 票，即超过全国选举人的一半，即可宣布当选。

- 选举人计票制度

目前除了缅因州和内布拉斯加州，其余 48 州均采取胜者全拿（Winner-take-all）的选举制度。如果某一政党候选人在该州获得的票数高于对手，即可获得该州所有的选举人票。此制度的正式名称 General Ticket System。

缅因州和内布拉斯加州采取区域计票制（District System），在各选区获得单纯多数选票的候选人，即获得该选区的一张选举人票，在全州获得多数选票者，可再拿下两张（代表两名参议员）选举人票。胜者全拿制度，通常在大州投票结果公布之后，将扩大领先者差距或急速缩小落后差距。区域计票制为 19 世纪多数州采取的计票制，强调兼具地域与全州的公平性。

2020 年 11 月 3 日，美国大选选举日投票正式开始，过去投票都在投票站选民亲自投票，这次允许选民用邮寄选票的方式，由于邮件到达投票站时间不一，因此，最后正式开票时间各地有所不同，最后开票后计票结果如下：

选民票：拜登 80010929 票（52%），特朗普 73884415 票（48%）。

但是特朗普不认输，不肯承认这一结果，认为是拜登团队在选举中作弊了。于是组织人不断去申诉，结果法院判决选举没有大问题。

根据美国的总统选举法，选民投票后，还要等选举人投票。同年 12 月 14 日，等来选举人票投票结果：

拜登民主党 306 票（57%），共和党特朗普 232 票（43%）。

拜登仍然取胜。但特朗普仍不服输，并想通过军队等要求重选。

让我们回顾一下 2000 年布什与戈尔总统选举结果，当时选民票布什得了 50456002 票（49.7%），戈尔得了 50999897 票（50.3%），戈尔胜，但到选举人投票时发生逆转，布什得 271 票（50.5%），而戈尔得 266 票（49.5%），当时华盛顿区投了一个弃权票（因此选举人的总票数仍为 538 票）。本来布什这个微弱多数（271）还比拜登少（306）。但是那次 2000 年的选举后戈尔很快承认了失败，并对布什表示了祝贺。

其实美国社会物理学家加拉姆（Galam S）在 2007 年就曾写文指出接近 50:50 是一种民主的边际效应，从社会物理学的模型看，这会引起混乱。但是戈尔当时克制了自己，没有引起混乱。而特朗普的表现按加拉姆观点看，这就是会引起一种逆势行为（Contrarian Effect）。加拉姆还分析了在意大利、德国等几次选举都曾发生他研究后所揭示的现象。由于文中数学模型推导较为冗繁，有兴趣进一步研究的读者可以去查阅（图 3.12、图 3.13）（Galam，2007）。

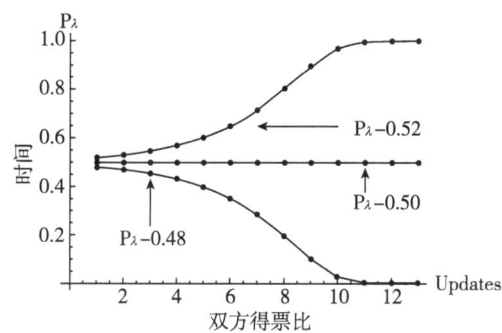

图 3.12　处于 0、52，0.50 和 0.48 三种状态的分叉

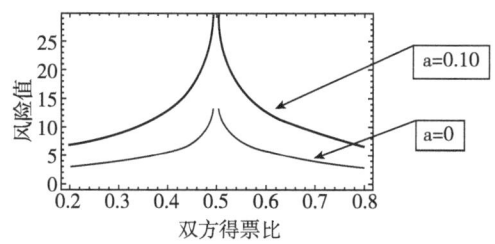

图 3.13　处于 0.50 时尖锋状态随着时间的变化状态

3.4.3 在联合国的共识

联合国是国际上代表最大多数国家的组织,《联合国宪章》是其基本大法,联合国的宗旨是维护国际和平与安全。发展各国间的友好关系,促进国际合作,协调各国行动。联合国设有6个主要机关:联合国大会(大会主席)、联合国安全理事会(安理会轮值主席)、联合国经济及社会理事会(经济及社会理事会主席)、联合国托管理事会、国际法院和联合国秘书处(秘书长)。

联合国大会的召开,会向各国代表提供发表代表各国的意见和提案,经过多轮发言后,为了求得最后共识,主要靠投票。每一个会员国有一个投票权。重要问题的决议以到会及投票之会员国2/3多数决定。其他问题的决议过半数决定。为保证联合国行动迅速有效,各会员国将维持国际和平及安全之主要责任,授予安全理事会,并同意安全理事会于履行此项责任下之职务时,即系代表各会员国。

安全理事会由15个国家组成,分常任理事(五国:中国、法国、俄国、英国、美国)和非常任理事(十国),后者任期二年,因此不断更新。安理会通过决议须获9个赞成票,但常任理事国可一票否决。图3.14是某议案通过联合国大会投票的情况,图3.15是联合国安全理事会开会时场景。

图3.14 联合国就某议案投票(189票赞成;2票反对;0票弃权)

图 3.15 联合国安全理事会会议

• 国际组织表决机制

①加权表决制,按责任、贡献、利害关系等为标准赋予各成员国不同票数或不同权数的投票权。②平权表决制,分一国一票多数表决制与一协商一致表决制,WTO 即采用这种表决机制。③集团投票制。将国际组织成员国分成几个利益集团,各方拥有相等的表决权。

例 3.5:联合国关于恢复中华人民共和国席位的投票共识(76:35)

1971 年 10 月 25 日,在这具有历史意义的一天,联合国大会第 1976 次会议以 76 票赞成、35 票反对、17 票弃权的压倒多数,通过了阿尔巴尼亚、阿尔及利亚等 23 个国家提出的要求"恢复中华人民共和国在联合国的一切合法权利,立即把蒋介石集团的代表从联合国一切机构中驱逐出去"的提案。26 日,中国代理外交部部长姬鹏飞收到联合国秘书长吴丹发来的正式通知,中华人民共和国在联合国和安理会中被非法剥夺了 20 多年的席位得到恢复(图 3.16、图 3.17)。

128 国投票情况如下:

赞成票(76):其中,非洲 26 国(阿尔及利亚等)、欧洲 23 国(苏联等)、亚洲 19 国(阿富汗等)、美洲 8 国(加拿大等);

反对票(35):其中,非洲 15 国(中非等)、美洲 13 国(美国等)、亚洲 4 国(日本等)、大洋洲 2 国(澳大利亚等)、欧洲 1 国(马耳他);

弃权票(17):其中,美洲 5 国(阿根廷等)、欧洲 3 国(西班牙等)、大洋洲1国(斐济)、亚洲7国(印尼等)、非洲1国(毛里求斯)。

图3.16 中国代表团在联合国大会通过恢复中华人民共和国席位时高兴大笑

图3.17 中国代表团在联合国大会通过恢复中华人民共和国席位

例3.6 决定耶路撒冷地位的投票共识（128∶9）

2017年12月21日，联合国大会以128票赞成、9票反对、35票弃权的结果通过决议。决议要求以色列和巴勒斯坦通过谈判决定耶路撒冷的地位。包括除美国以外其他4个安理会常任理事国在内的128个国家投了赞成票，美国、以色列等9个国家投了反对票。投票之前，美国对"反对者"发出警告。

例3.7：叙利亚跨境人道救援机制的决议草案进行了表决，被否决

2019年12月20日，联合国安理会就两份涉及叙利亚跨境人道救援机制的决议草案进行了表决，这两份草案最终因为救援方式、救援地点等问题存在争议未获得通过，中国代表与俄罗斯代表都在表决中都投下了否决票。

例3.8：印度率150国在联大发难，反对常任理事国的一票否决权，

中美俄罕见联手

联合国自成立以来就设有五大常任理事国，但这 5 个国家的意见基本没有统一过，常常是俄罗斯提出一个意见被美国一票否决，或美国提出一个意见被其他国家一票否决，不过在面对这次问题时五常国家却罕见统一阵线，甚至有不少网友称中美俄这次联手史无前例。

作为五常国家最令人羡慕的就是手中所拥有的一票否决权，所谓一票否决权，顾名思义就是可以一票否决联大上的任何提案。

因为这项权力十分特殊，再加上有很多国家不愿受到五常国家的限制，因此在印度的率领下有 150 多个国家向联合国提出申请，要求增加常任理事国 5 个席位，并表示就算有常任理事国，也应该由世界各国轮流担任。不过这项议案遭到了五常国家的一致反对，甚至连美俄都罕见地统一了意见，其实五常对于该提案的否决非常合理，如果五常席位轮流担任，这个世界将会变得一团糟。五常国家都是为第二次世界大战胜利做出杰出贡献的国家，因此五常的席位绝对不可能随意变动，而印度率 150 国在联大发难，最终被五常一票否决的结局可谓是大快人心。

例 3.9：《变革我们的世界：2030 年可持续发展议程》正式通过，可持续发展是全球治理的重要共识

2015 年 9 月 25 日，联合国可持续发展峰会正式通过了由联合国 193 个国家共同签署的《变革我们的世界：2030 年可持续发展议程》（简称《2030 议程》）。习近平主席在第 75 届联合国大会等重要场合多次强调，可持续发展是破解当前全球性问题的金钥匙，中国将与世界各国共同努力推动《2030 议程》，一道携手开辟崭新的可持续发展之路。

例 3.10：联合国教科文组织正式发布《北京共识——人工智能与教育》

2019 年 8 月 28 日，澎湃新闻获悉，联合国教科文组织近日正式发布《北京共识——人工智能与教育》。这是联合国教科文组织首个为利用人工智能技术实现 2030 年教育议程提供指导和建议的重要文件。

2021 年 5 月，中国政府与联合国教科文组织合作在北京举办国际人工智能与教育大会。来自全球 100 多个国家、10 余个国际组织的约 500 位代表共同探讨智能时代教育发展大计，审议并通过成果文件《北京共识》，形成了国际社会对智能时代教育发展的共同愿景。

例 3.11：贸发会议的达成共识职能受到挑战

这是贸发会议的达成共识职能第二次在该委员会受到挑战。这样一次国际会议也将是一个建立共识的措施。这类分析的结果将会支持并加强贸发会议在建立共识和技术合作方面的活动。专家工作组是逐步达成协商一致意见最恰当的论坛。

联合国训练研究所（The United Nations Institute for Training and Research，UNITAR）通过共识研究所（CBI）等机构共同举办的关于建立共识和多边谈判的系列讲习班，促进关于政治过渡过程的全面对话并建立共识，这些活动的目的是帮助达成共识。

3.4.4 中国基层协商民主共识形成机制研究——"温岭模式"

转型时期中国基层治理面临的共识困局，"温岭模式"为中国基层协商民主共识的形成提供了借鉴。中国基层协商民主共识形成机制应包括多元参与机制以保证多元偏好充分表达，信息共享机制以塑造理性的协商主体，议程控制机制以保障意见的充分交换，心理机制以营造公共思考的文化环境，偏好反思机制以推动公共理性的生成，它们的相互作用使多元偏好转化为有质量的共识。这构成了研究中国基层协商民主共识的一个初步的本土化框架，为中国特色的基层协商民主的推广提供了借鉴。

（1）共识困局——基层社会治理的挑战：基层一直都是我国社会治理的重心

随着经济和社会的迅猛发展，转型时期的中国出现了社会阶层分化、利益和价值观的多元化，这导致了基层社会矛盾的复杂化，由此产生了各种非理性冲突，使传统的基层社会治理模式迫切要向治理现代化转型。尽管协商民主以共同商讨、达成共识为目标，但基于现实的复杂性，达成共识面临诸多困境，急需理论层面的创新来做回应。一方面，基层协商民主在程序上不够完善。例如，协商程序不具体，难以保证规范地协商；较重视实体性制度建构而忽视程序性建构；重视协商形式而忽视多元主体利益的充分表达等。甚至在协商过程中基于利益的驱动而扭曲协商，出现了诸如象征性协商、控制协商、诱致协商、投机协商等，以特殊利益取代集体利益和长远利益,致使公共理性流失。另一方面,就协商主体而言,在城市化过程中,农村出现了大量流动人口,导致基层参与不足;加上基层民主传统的缺失,出现了博曼所谓的"政治贫困",如不少群众即使参与协商,但因其整体素质不高,对公共利益的认识不到位,参与技巧与能力有限,导致其不能有效地参与协商。更为严重的是,因基层社会阶层的分化,还出现了参与权、知情权、话语权上的不平等。当这种"政治贫困"影响到协商基于"温岭模式"实践的分析过程时,就可能出现虚假共识,"使得部分公民团体在协商决策中特别容易受到伤害"(徐敏宁 等,2013)。共识作为共同体成员间共享的基本价值,是基层治理的重要合法性基础。在社会变革的背景下,基层治理过程中尤其是在涉及邻避设施的建设、集体资源的分配等问题上出现了较为突出的共识困局。一些基层政府往往在公众参与不足、沟通不够充分的情况下就做出决策,或许这种决策并非没有科学依据,但缺乏公众的一致意见作为基础,甚至可能会引发基层民众的抗议,从而激化了社会矛盾,影响了基层社会的和谐。社会主义协商民主就是要找到"全社会意愿和要求的最大公约数",从而有效克服各利益主体相互竞争甚至相互倾轧、维护和争取自己的利益固执己见、排斥异己的弊端,这是人民民主的真谛所在。因此,共识困局并不意味着中国基层社会达成某种程度的一致完全不可能,共识的呈现需要所有利益相关方通过平等、理性的意见和理由的交换为前提。通过公众与政府间、不同利益主体间的良性互动,在所有利益主体的偏好都被充分考虑的情况下,通过公正、合适的协商程序来反思并修正个体偏好,是完全有可能实现某种程度的共识的,"温岭模式"就是生动的例子。因此,通过考察"温岭模式"的经验以探索基层协商民主共识达成的逻辑和运作机制,能对基层共识困局的化解、中国基层协商民主制度的优化和基层的和谐提供智力支持。

(2) 研究现状——对于如何通过协商来修正个体偏好以达成共识

国内外学者主要从规范和实证两个层面进行研究。①从规范层面探索协商形成共识的内在机制,国外三代协商民主理论家的努力奠定了协商共识的理论基础。第一代协商民主理论家进行了开创性研究,罗尔斯的"重叠共识"和"公共理性"概念、哈贝马斯基于"交往行为"的商谈民主理论确立了理性共识达成的基本逻辑。②第二代协商民主理论家则认为现实的复杂性使理性共识过于理想化，退而追求更弱的共识。古特曼和汤普森认为道德分歧是共识的最大障碍，只能达成彼此可接受的政策、提供解决分歧方案的可能性。③博曼注意到了多元公共理性，认为应形成"多元共识"，并诉诸道德妥协以求共识。④第三代协商民主理论家如巴伯和巴特莱、帕金森、欧佛林等人更强调偏好转变受到的诸多限制，致力于制度设计实现某种共识，如通过微观协商与宏观协商结合、协商民主（王卫，2017）。

从本质来说，治理就是解决知识背景、行动旨趣各异的个体如何形成共识和达成一种集体行动的问题。因此，治理过程实际上就是共识生产的过程。从现有共识生产过程来看，民主毫无疑问是过去两个世纪中最为成功的社会治理概念。但是，民主是个大标签，即使一些完全不符合民主标准的政治实践也时常被一些规制者称为民主。以民主为基础性机制，产生了以规则为媒介生产共识的科层治理、以价格为中介生产共识的市场治理和以协作为介质生产共识的网络治理等治理形式。如果说，任何治理形式都需要民主政治、专家知识和民众认同的话，实际上，现有的治理形式都偏向于在民主政治和民众认同的基础上进行政策质量和执行品质改进，试图达到经济学意义上的帕累托最优，从而将科技知识作为一个常量，认为科技知识是无争议的、专家内部是不存在分歧的。然而，随着公共议程中科学技术议题的增多，科技知识作为决策依据及公共治理中专家的功能均成为一个富有争议的话题。因此，如何在专家间、专家与民众间形成共识，成为公共政策制定的关键所在。这里以公共治理中分化出来的"公共决策中知识的共识生产"为分析对象，研究公共决策中知识如何生产、传播，媒体与专家及民主政治之间复杂的互动关系。分离治理中的共意：代议制民主与知识独断。根据学术界对人们行为导向规则的划分，大体可以分为社会规范和技术规则两类。技术规则自古希腊时期由号称"哲学王"的哲学家生产，尽管后续科学技术及知识学科产生分化，但信奉由专家（科学家）生产技术规则的传统一直延续下来。因此，技术规则的产生基本遵循专业主义逻辑，即专业人才统治着科学技术生产、传播和使用的规则制定。而社会规范的制定则经历了从专制主义到民主主义的发展历程，并最终以代议民主制的确立和运行而开创了社会规范由公民代表制定的典范。代议民主制度的建立，确立了公共事务治理的二元分离结构。分离治理结构包括政治与行政二分，社会规范与技术规则的二分，作为行为导向的规则与政策的合理性、合法性二分。政治与行政分开，政治系统与过程把握着收集民意进行决策，同时也是政策合法化的关键环节；行政系统与过程是政治决策的执行系统，以专业化分工为逻辑，强调广纳专家意见，结合行政人员专业素养判断政策内容合理性。然而，行政过程也有大量的决策行为，因此，在分离治理结构中就形成了技术主义和决策主义两种模式。行政决策由技术主义模式所主导，确定技术规则；政治决策则呈现决策主义特征，制定社会规范，科学技术是决策的主要依据。公共决策结构包括决策主体、决策过程和决策对象。从决策过程来看，主要是代议民主程序；从决策对象来看，传统治理对象是能根据现有知识体系进行认知和排定的事务。根据决策主体是由专家还是政治家来主导，可以分为技术主义（Technocratic）模型和决策主义（Decisionist）模型两类。技术主义模型意味着由专家治理，希望科技使政治更为理性和有效率，着重考虑科学知识和技术发展速度比决策制定的政治过程变化更快；政治家不可能理解这些复杂议题，只有专家才有能力评估这些潜在议题，因此，专家应该做出决策。在这种治理模式中，专家顺理成章地成为主要决策者。在技术主义者看来，科学和专家知识具有优先性，并假定非理性、偏见和负荷价值的决定将被有良好科学基础的政治决策所替代，政治家变得完全依赖专家并最终被他们所替代。因为一个技术王国是不需要政治家的，尤其不需要政党或政治利益相关者，科学专家的产品中也无须公众参与；政治家和外行进入科学的知识生产过程，既无效率亦无效益；政治家只需要按照民主规则签署那些专家已经决定的东西，或政治家用一个更"复杂的"方法去全面完成专家决定的方案（李瑞昌，2010）。

第 4 章

自然科学中的共识举例

如果说社会系统中由于涉及人的主观世界,因而要取得共识很难,而客观自然系统由于涉及客观世界,相对于主观系统的真实性与稳定性要大得多,但是即使面对同一个物理现象,由于所接收到的信息和数据不同,人们接受的教育不同、认知不同,人们要取得共识也并非简单。例如,历史上不同学者对地球本身是什么形状的认知就有千差万别,更不谈地球内部的真实构造应该是怎样的共识。对于人体系统本身的认识就有更多差异,特别是人们对各种疾病的起源、诊断和治疗方法很难取一致,因此,本章选择医学行业,看他们在某些特定医学问题上如何去达成共识。对于科学技术本身很多问题如何取得共识也是经历了很多曲折的过程。正好笔者参加一个技术预见的课题,希望人们去预见 5 年、10 年、20 年以至于 50 年后科学技术会发展得怎么样?这个科学技术预见共识的取得更值得研究。最后本章对金融信息处理的区块链中人们如何取得共识加以探讨。诚然在自然科学中应该如何取得共识的例子不胜枚举,这里仅在技术预见、医学和区块链 3 个领域中去探讨他们取得共识的经历。

4.1 技术预见中的共识

由于全球竞争,科学技术高速发展,要想发展经济,必然会依赖科学技术的发展,各国政府不单关注当前科学技术发展水平,更关注未来科学技术能发展到什么水平,因此十分关注 5 年、10 年以至 30 年、50 年能达到什么水平,以便做出长远规划。由此各国十分重视科学技术的预见,特别是技术预见本身理论、方法和技术的研究。但是由于毕竟是对未来的预测,因此在预测时会带来很多的随机性、不确定性以至于风险。为了做好技术预见,各国不仅关心对技术的短期预测,更关心于长期的科学技术如何做出科学的预见,国内外都已经开展了大量的科技预见的研究工作。日本科技政策研究所最早在1971年就开展了"技术预见调查"项目。至今已经在日本开展了11次大规模的全国性全面技术预见的工作,日本技术预见遵循需求性、全面性、可预见性和可评价性4条基本原则,并逐渐形成一整套严格的调查体系,其成果为日本科技政策的制定和"科学技术基本计划"的实施等提供了决策参考与支持。2019年2—6月,日本科技政策研究所通过对专家问卷调查结果进行总结,听取了5352名专家意见,从研究开发特性、国际竞争力、实现前景和重点措施策略角度进行了详细的分析(日本科技政策研究所,2005、2019)。

首先,研究开发项目方面。日本第11次技术预见选择了7个最主要的技术方向,重要性较高的五大领域分布在:①健康·医疗·生命科学领域(0.89);②信息通信技术(ICT)·分析·服务领域(0.86);③材料·设备·工艺领域(0.90);④城市·土木·建筑·交通领域(0.94);⑤宇宙·地球·海洋·基础科学领域(0.87)。国际竞争力方面,经过调查,日本在信息通信技术(ICT)·分析·服务领域(0.11)及健康·医疗·生命科学领域(0.27)都属于缺乏国际竞争力,最具国际竞争力的关键技术主要分布在宇宙·地球·海洋·基础科学领域(0.58),如表4.1所示。其次,实现前景方面。在技术的实现时间方面,大多专家认为可以实现,但是这些课题的社会实际使用时间大概在2030 – 2035年。从实现时间的预测来看,到2035年,约有90%的科学技术主题将实际应用于社会。健康·医疗·生命科学领域、环境·资源·能源领域及材料·设备·工艺领域相对实现得较晚。更详细的日本科学技术预见调查的历史可见图4.1(王达,2020)。

表 4.1　按领域划分的重要性和国际竞争力

领域	重要度指数	国际竞争力指数
健康·医疗·生命科学	0.89	0.27
农林水产·食品·生物技术	0.74	0.33
环境·资源·能源	0.73	0.38
信息通信技术（ICT）·分析·服务	0.86	0.11
材料·设备·工艺	0.90	0.50
城市·土木·建筑·交通	<u>0.94</u>	0.49
宇宙·地球·海洋·基础科学	0.87	<u>0.58</u>

来源：根据日本政策研究所发布的技术预见报告整理。

"＿"表示重要和国际竞争力指数较高的领域。

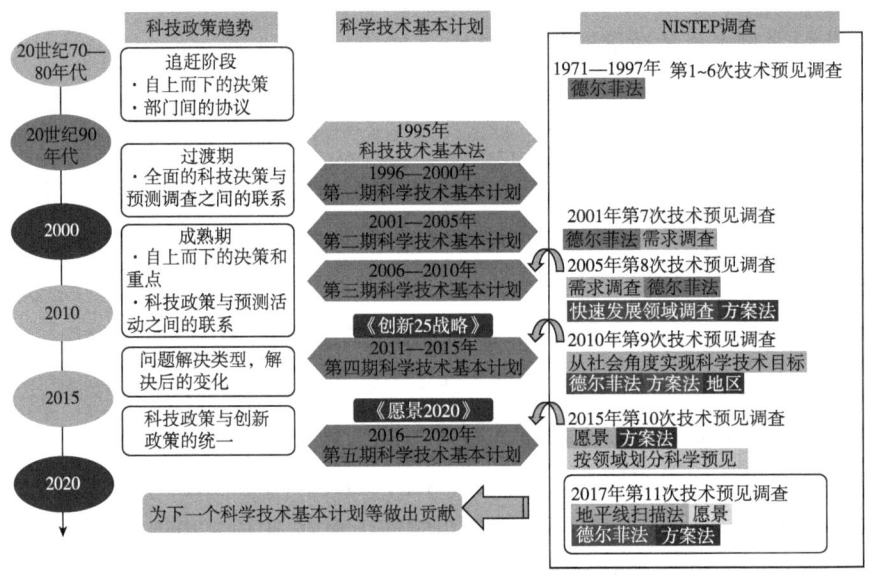

图 4.1　日本科学技术预见调查综合报告

我国最早在 1993 年和 1997 年由国家计委开展了确定我国经济发展的关键技术的研究，国家科委（后来的科技部）从 1992 年开始到 2019 年已做了 5 次国家技术预测的项目，其他如中国工程院、国家自然科学基金委员会、中国科学院等也分别开展过相关工作，如表 4.2 所示（穆荣平 等，2020）。

表 4.2　中国国家层面技术预见实践一览

项目名称	项目实施时间	主要承担机构	预见时长
国家关键技术选择	1992—1995 年	国家科委、中国科学技术促进发展研究中心/中国科学技术信息研究所	未来 10 年
中国经济发展的关键技术	1993—1997 年	国家计委、国家科委、国家经济贸易委员会	未来 10 年
国家重点领域技术预测	1997—1999 年	科技部	—
我国高新技术领域技术预测与关键技术选择研究	2003—2005 年	科技部	未来 10 年
中国未来 20 年技术预见研究	2003—2005 年	中国科学院高技术研究与发展局、科技政策与管理科学研究所	未来 20 年
中国至 2050 年重要领域科技发展路线图战略研究	2007—2009 年	中国科学院	至 2050 年
"十三五"科技规划研究	2013—2014 年	科技部、中国科学技术发展战略研究院	未来 5~10 年
中国工程科技 2035 发展战略研究	2015 年启动	中国工程院、国家自然科学基金委员会	未来 20 年
新时代"中国未来 20 年技术预见研究"	2015 年启动	中国科学院科技战略咨询研究院	至 2035 年
第六次国家技术预测	2019 年启动	科技部、中国科技发展战略研究院	至 2035 年

此外，对于我国最新的技术预见的研究还可参见穆荣平及其合作者由科学出版社出版的下列专辑：

《中国信息领域 2030 技术预见》（2021 年 1 月）、《中国先进能源 2035 技术预见》（2020 年 1 月）、《中国生命健康 2035 技术预见》（2021 年 1

月）、《中国生态环境 2035 技术预见》（2020 年 12 月）、《中国空间领域 2035 技术预见》（2020 年 7 月）、《中国海洋领域 2035 技术预见》（2020 年 7 月）。

《中国信息领域 2030 技术预见》一书面向 2030 年，对信息领域中人工智能与智能社会、信息材料与器件、网络与通信、计算系统与软件、虚拟现实与交互、信息安全、控制与无人系统、微纳电子技术 8 个子领域进行技术预见分析。邀请国内外专家对 8 个子领域共计 80 项技术课题的发展趋势和前景进行研判和分析，对遴选出的 11 项关键技术课题进行了详细的述评。

在进行各种技术预见项目中形成各种技术预见的理论和方法。由于很难去找到一种精确定量的统一的数学模型，可以预见某种技术什么时候就一定能达到什么样的水平，实际上技术的发展一方面有其内在物化的客观发展规律（取得对物的认识共识），同时也取决于外在的人和社会主观干预的因素。例如，各国制定的科技发展规划和政策，投入科技开发资金、设备、人力等（取得对事的认识的共识），还取决于科技工作者内在素质和外在的鼓励，还有来自国际上的合作和竞争（取得对人、社会和国际认识的共识）。这些人和社会因素都很难简单地用定量表达。因此，大多数技术预见方法需要采用定性和定量结合的方法，需要采用各种专家调查和召开专家会议的方法，更好地运用钱学森提倡的综合集成的方法。这里特别提到这个学界较常用的几个方法：德尔菲法、情景分析法、路线图方法、科学计量学方法，或者是他们组合使用的方法（曹学伟 等，2020）。但是近年来由于大数据和人工智能的应用也产生了一批更新的算法和方法，而网络化、智能化和可视化的特征也逐渐显现。与此同时不可避免仍然会用到大量的专家咨询和调查，而专家发表的意见会五花八门，因此如何去取得他们的共识就成为一个需要加以关注的问题。所以这个领域的有些学者强调应用共识的思想（Yuan et al，2007），还有学者专门介绍技术预见共识形成机制（简兆权 等，2014）。为了更好地进行技术预见，国外还有人提出 5C 步骤：①交流（Communication）；②集中于长期（Concentration）；③协调（Coordination）；④共识（Consensus）；⑤任务委托（Commitment）（Öner et al.，2007）。

经历半个世纪的发展，日本成为迄今从事技术预见工作较系统、较成功的国家。总结日本技术预见经验如下。

①重视预见方法的多样性。近年来，人工智能＋大数据的技术预见方法成为热点。日本不仅结合了传统的德尔菲法和大数据方法，还使用在线调查和可视化方式呈现方法。日本第11次技术预见更是引入了人工智能的方法，结合信息通信技术进行信息收集和分析。这些方法相辅相成，提高了技术预见活动的准确性和科学性，为技术预见工作提供有力支撑。（增强物的共识）

②重视科技政策与创新政策一体化。从科技政策到科技创新政策的发展，对技术预见方式产生了重大影响。换句话说，如何把握社会和科学技术变化的迹象，以及什么样的创新将给科技带来什么样的变化，就需要我们对技术的未来进行系统科学的预见。技术预见除了解决社会和经济需求，还应考虑潜在的社会问题和科学技术发展带来社会变革的可能性。日本技术预见调查通过技术情景和社会情景的组合分析，提出政策选项，实现科技政策与创新政策的一体化。[增加事（政策）的共识]

③重视营造技术预见文化。技术预见是信息占有者与利益相关者共同参与的技术前瞻性活动，是分析与综合过程的结合。日本从第八次技术预见开始就开展了多次情景分析研讨会，主要把不同的利益相关者（科技界、政府、企业、非营利集团和其他公共利益群体）集中在一起相互交流，通过结构化的对话，增强知识积累，在社会需求和研究发展之间建立联系，创造良好的实践，确保所有参与者具有发言权，营造技术预见文化氛围。（增加社会认知的共识）

④重视技术预见资料的信息公开。相关报告大多数都在文部省和日本科技政策研究所网站公开发布，使有关利益各方通过官方公开信息更加全面准确地了解日本技术预见进展情况；另一方面有利于官方平台也可充分吸收社会公众的意见建议，助力日本技术预见调查的实施推进和改进完善（王达，2020）。（增强社会共识）

例4.1：美国LED照明技术预见的共识研究

美国能源部2005—2011年对LED的预见技术进行了研究，但是不单能源部要做投资，还有其他机构和企业都参加了投资，因此，对于规划是基于多群体共同参与预见要求有共识,其中不光有利益冲突,如何避免冲突,取得共识,将来还要不断接收不同群体的反馈意见,使规划得以执行,技术预见能有效实施。为此在研究基础上形成技术预见的共识形成机制。基于技术社会形成论、行动者网络理论等,从主体、动机、内容、方式及结果等5个方面对技术预见过程中共识形成机制进行了研究,并在此基础上建立了一个以共识形成为核心的技术预见模型(简兆权 等,2014)。

例4.2:中国生态环境2035技术预见:生态环境领域关键技术展望

展望未来,我国工业化、城镇化的任务尚未完成,发展与保护的矛盾依然突出,生态环境保护仍面临巨大压力。放眼全球,生态环境科技已成为世界各国保护生态环境、促进可持续发展最重要的手段之一,如何发展生态环境科技,释放科技红利,对解决我国生态环境问题意义重大。因此,有必要对生态环境开展技术预见,促进政府、企业、专家学者对未来生态环境的科技发展趋势达成共识,促进社会各界加大对生态环境的科技创新投入,为生态文明建设提供强有力的科技支撑。

生态环境领域的技术预见包括以下9个子领域,即大气污染防治、土壤污染防治、水环境保护、清洁生产、生态保护与修复、化学品环境风险防控、环保产业技术、重大自然灾害预判与防控、全球环境变化与应对(刘文清 等,2020)。

日本技术预见的目的是什么?从STS(Science Technology Society)角度来说,第一个目的就是增强日本在世界经济竞争中的竞争力;第二个目的是日本的环境问题,怎样克服技术的负面影响?2002年中国社会科学院STS中心召开了中欧STS国际学术研讨会,英国的技术的社会形成学派有多位学者参加,大家有一个共识,就是技术创新是不确定的,是会失败的,要用一种社会因素考虑技术的形成,考虑它的不确定性、风险、失败和社会的认同和接受。STS,是研究科学、技术与社会相互关系的规律性及其应用,并涉及多学科、多领域的新兴综合性学科。STS学科产生于20世纪60年代的欧美,它是人们对科学技术整体及后果不断深入认识的过程。在20世纪之前,人们对科学技术有一个根深蒂固的观念,认为只要发展科学技术,有了科学发现,有了技术发明,就一定对社会有利。但是这种观念到 20 世纪中叶，特别是第二次世界大战以后就发生了动摇。因为两次世界大战，当时最先进的科学技术对人类造成了非常大的危害，特别是原子弹的问题。因此，当时就有许多人包括科学家提出，科学家是不是只管科学技术研究，不管科学技术对社会造成的后果？这就提出了科学家的社会责任问题。从那个时候开始出现了对科学技术的批判与反思，主要是从人道主义的角度进行反思，尤其是以哲学家海德格尔对技术的反思最具代表性。这些讨论使人们认识到，技术不光有利于人类社会的发展，还有负面的影响，人应该控制技术。在这种背景下，20 世纪 60 年代在西方世界产生了一股反科学技术、反文化的思潮。这也促使政府采取了一些对策，如美国政府加强了关于环境问题的研究，白宫成立了技术评估办公室等，并在 1969 年同时成立了 3 个科学技术与社会的研究中心，分别建在康奈尔大学、宾夕法尼亚州立大学等，这标志着 STS 已经成为一个新兴领域。STS 研究什么，一是科学技术与公共政策。STS 理念必须转化为政策才能为经济社会服务。二是科学技术研究，这个是它的核心理论部分。三是科学技术与社会教育。科学技术与社会教育在美国很发达，公民生活在高科技社会里，每天都要接触高科技产品，以什么态度看待高科技产品对自己、对社会、对人类的作用，如果没有 STS 的素养，就不能成为这样的高科技社会中的一个合格公民。因此，美国的学校比较重视进行 STS 教育，通过 STS 教育把自然科学、人文社会科学综合起来，使学生不仅要了解科学技术的概念、了解科学研究的方法和组成，更主要的是要了解科学技术与社会的相互关系，这已经成为提高公众科技素养的一个重要方面。STS 与技术预见的关系：技术预见属于技术研究的范畴，是 STS 研究中一个具有前瞻性和开拓性的新兴领域。STS 研究中的科学技术研究包括两个部分：一个是科学研究；一个是技术研究。科学研究或技术研究都不是指纯科学研究或技术研究，而是跟社会结合起来的，是社会的技术研究，与技术预见联系紧密。技术预见研究又可以分为内在技术研究和外在技术研究。内在技术研究主要是技术自身的预见研究，包括各个门类技术的效率、质量、趋势等。外在技术研究是技术与社会相互关系的研究。这两种研究其实在一定程度上与技术预见研究在本质上是一致的，或者说技术预见研究正在成为技术研究中一个富有前瞻性的、具有重大意义的新兴领域

（殷登祥，2003）。（评注：专家们要在科学、技术领域取得共识，还应在社会上取得共识，在技术预见研究中也需要取得社会共识）

4.2 医学诊断中的共识

为了取得某些疾病诊断和治疗方案的共同标准和规范（也称共识），国内外相应医疗学术团体经常会组织一批有经验的专家对某些疾病的诊断和治疗方案进行仔细、反复的研讨取得共同的认识，也会通过汇集各种文献，包括各种医案（有时亦称证据）调查及用科学的汇总方法，一般是用定性分析和总结的方法，近年来更偏向用定量的方法，用得较多的是荟萃分析，亦称整合分析或元分析方法（Meta-analysis），国际上医学界用得比较普遍（Borenstein et al., 2009）。此外，国外也开发了一些便于学习荟萃分析和实践的软件，但是近年来也有人发现元分析的一些问题。例如，讲了统计共性却忽略个别的文献或医案很有特色，因此，提出一些定性综合集成方法来改进，而我国可能更喜欢用钱学森的综合集成方法。关于荟萃分析及近年来它的新发展方面可参见综合集成的书（顾基发 等，2007）。本书所引用的医学领域中的共识案例大多来自百度。由于主要是从共识来介绍，因此排序没有什么特别的考量。只是想说明某种病的诊断和治疗中取得了共识，是什么部门发起的，所使用的共识方法，以及取得共识或共识发表的年份等（表4.3）。

表4.3 若干疾病诊断与治疗的共识项目举例

共识项目名称	组织单位或人名	应用方法	年份
解读视神经脊髓炎谱系疾病NMOSD诊断标准国际共识	重庆医科大学附属第一医院神经内科曹笃	美国神经病学会 Neurology 杂志发表《视神经脊髓炎谱系疾病（NMOSD）诊断标准国际共识》，来自9个国家的18名专家共同参与了标准制定并追溯共识的历史	2015

续表

共识项目名称	组织单位或人名	应用方法	年份
自身免疫性肝炎AIH诊治专家共识（2015）	中华医学会第十七次全国病毒性肝炎及肝病学术会议	专题研讨	2015
慢性意识障碍诊断与治疗中国专家共识		赵继宗院士牵头组织全国各领域50多名专家经过多次讨论，并对类似工作做了计算机检索和荟萃分析	2020
胸部肿瘤经皮穿刺活检中国专家共识	中国抗癌协会肿瘤介入专家委员会青年委员会、中华医学杂志	在充分借鉴《BTS指南》和《肺癌小样本取材相关问题的中国专家共识》的基础上更新证据，并汇集多学科专家意见，最终形成适合我国国情的《胸部肿瘤经皮穿刺活检中国专家共识》。文献检索（3万多篇），60多名专家，四次工作会议	2018版
认知功能损害患者睡眠障碍评估和管理的专家共识	中华医学会神经病学分会睡眠障碍学组等机构	组织专家对2018年4月以前正式发表的相关论文、荟萃分析和系统性综述的证据进行回顾，并邀请国内相关学科专家进行讨论	2013
神经外科专家共识意见稿	中华医学会神经外科学分会	组织32名相关领域专家对临床诊断和治疗的最新文献进行整理分析，经反复讨论，形成共识。例如，一项荟萃分析对38 834例神外科住院患者的分析显示，神外科感染排名前3位分别为呼吸道（54%）、泌尿道（14%）及手术部位的感染（13%）	2014

续表

共识项目名称	组织单位或人名	应用方法	年份
重症肺炎专家共识	中国医师协会中华医学会呼吸病学分会	对2007—2012年的344篇文献进行系统回顾与荟萃分析,结果显示我国ICU-肺炎病死率高达37.4%以上	2016
《中国残胃癌定义的外科专家共识意见（2018年版）》解读	中华胃肠外科杂志	历经多轮国内外专家研讨、国内外文献荟萃分析及全国多中心大样本回顾性数据分析后形成,详细地介绍该共识意见的循证医学证据	2018
心房颤动抗凝治疗中国专家共识	中华医学会心血管病学分会、中华医学会心电生理和起搏分会等与心律失常联盟（中国）组织国内专家	应用荟萃分析方法	2017
根除幽门螺杆胃炎京都全球共识	日本国家医疗保险机构、中华医学会消化病学分会幽门螺杆学组	推荐等级：强；证据级别：高；共识水平100% 2019；应用荟萃分析方法	2019
肿瘤化疗导致的中性粒细胞减少诊治专家共识（2019年版）	中国抗癌协会肿瘤临床化疗专业委员会、中国抗癌协会肿瘤支持治疗专业委员会	反复讨论及多次修改；荟萃分析	2019
糖尿病肾脏病诊治专家共识	北京大学医学系糖尿病肾脏病专家共识协作组、中华医学杂志	最新的系统文献复习、荟萃分析和综述共识,委员31人	2020

续表

共识项目名称	组织单位或人名	应用方法	年份
骨骼肌肉系统感染国际共识（2018）	来自90多个国家和地区的800多名本领域内的专家，于2018年7月25—27日齐聚美国费城，召开了第二届骨骼肌肉感染国际共识会议	循证医学指导。针对骨骼肌肉感染的预防、诊断、治疗方面的600多个问题，广泛检索文献，利用系统性回顾或者荟萃分析的方法，提出了基于循证医学或者专家共识水平的指导性意见，进行了讨论和投票表决，形成会议纪要，并正式出版	2018
2018专家共识：降钙素原指导抗菌素治疗	国家健康和临床卓越研究所	在综合各类文献综述后，由14名专家组成的专家组通过改良的德尔菲法提供专家意见，荟萃分析	2018

北京中医药大学的孟庆刚对医学领域特别是中医药共识方法方面有较好的研究，按照他的调查，美国国家卫生研究院（National Institute of Health，NIH）在1977年就将共识方法引入医学研究领域用以辅助复杂的决策过程（Fink et al.，1984），还有些西方学者在医学领域也分别对共识进行了研究（Meglynn et al.，1990；Hunterd，1995；Nair et al.，2011）。孟庆刚认为国内在中医学领域的共识研究主要采用德尔菲法，名义小组法，共识会议法，这些方法本书都有所介绍，他还提到RAND-UCLA适度法，这个方法实质上是综合了德尔菲法和名义小组法（Fitch，2001）。孟庆刚在戴汝为院士指导下提出基于综合集成方法的中医药共识方法学。其核心是建立基于综合集成的共识系统，并形成研究流程，最后给出一个中成药的临床应用共识方法的例子（孟庆刚，2018）。

例4.3：《胸部肿瘤经皮穿刺活检中国专家共识》（2018版），2018-07-31

制定者：中国抗癌协会肿瘤介入专家委员会青年委员会。

活检应用于胸部疾病的诊断已有百余年历史。根据取材方法不同，胸部肿瘤活检可分为经支气管镜活检、经皮穿刺活检、经胸腔镜活检和开胸性活检。胸部肿瘤经皮穿刺活检（Percutaneous Transthoracic Needle Biopsy, PTNB）是在影像设备引导下完成的活检操作，随着影像技术设备的不断更新，经皮穿刺活检的临床应用范围不断拓展，从最早的病理诊断扩大到组织亚型分类、基因诊断，临床需求日益增多。与此同时，提高我国专业技术人员对经皮穿刺胸部肿瘤活检的认识，规范其操作流程，加强围手术期管理显得尤为重要。

早在2003年，英国胸科协会（British Thoracic Society，BTS）发布了经皮穿刺肺活检指南规范（简称《BTS指南》），2016年，中华医学会呼吸病学分会和中国肺癌防治联盟组织发布了《肺癌小样本取材相关问题的中国专家共识》，对经皮穿刺肺活检临床实践中常见关键问题进行了分类解答。目前，尚无针对胸部肿瘤经皮穿刺活检的中国专家共识及系统性规范和指导胸部肿瘤经皮穿刺活检的临床实践。

据此，中国抗癌协会肿瘤介入学专业委员会发起制定中国专家共识，在充分借鉴《BTS指南》和《肺癌小样本取材相关问题的中国专家共识》的基础上更新证据，并汇集多学科专家意见，最终形成适合我国国情的胸部肿瘤经皮穿刺活检中国专家共识。

共识的制定

（一）共识范围

本共识包括：①影像引导方式；②适应证；③禁忌证；④手术人员配置；⑤活检操作；⑥日间/门诊活检；⑦并发症及处理；⑧病理检查；⑨临床诊断价值。本共识不包括经支气管镜活检、经胸腔镜活检和开胸性活检。

（二）文献检索策略

外文数据库：PubMed、EMBASE和Cochrane Library等。中文数据库：CNKI（中国知网）、VIP（维普）和万方数据库，检索词：肺、胸壁、胸膜、纵隔、活检、穿刺。同时对纳入研究的参考文献辅以二次检索。检索年限为自建库以来至2017年6月。

文献纳入标准：与肺部结节或肿物在X线、CT、超声及MRI引导下经皮胸部穿刺活检相关的论著、系统综述、荟萃分析、共识或指南，或经皮穿刺活检与其他取材方法（如支气管镜）的比较。

文献排除标准：①非经皮胸部穿刺活检研究；②非英语或汉语发表的论文；③在母语为非英语国家期刊上发表的研究，且无法获得全文；④会议壁报、会议摘要、讲座。

（三）共识的修订与更新

随着技术的进步，如诊断和组织取样方法的变化，以及新证据的出现，中国抗癌协会肿瘤介入学专业委员会将适时更新本共识内容，自修订版共识或指南发布之日起，原共识内容不再适用。

共识要点

存在相对禁忌证，建议小组讨论或多学科会诊评估活检操作的益处与风险。

所有患者术前推荐检查血常规、凝血功能、血生化、血型和感染筛查等。

术前建议停用抗凝、抗血小板药物及抗血管生成类药物。

对于合并基础肺疾病的患者，推荐肺功能检查。

制订计划前应仔细阅读近期胸片、CT或MRI等影像学检查图像资料。

术前应告知患者及委托代理人手术带来的益处和可能存在的风险，征得患者本人及其委托代理人的知情同意，并签署书面知情同意书。

中国抗癌协会肿瘤介入学专委会组织由介入治疗科、胸部肿瘤外科、临床呼吸科、肿瘤内科、影像科、病理科、基因检测研究单位、麻醉科、护理、ICU、心理、公共卫生等学科领域的60余名专家组成团队，历经10个月，阅读分析3万多篇相关文献并进行归纳整理，举行4次工作会议，终于完成既符合中国国情又不断完善国外指南内容的《胸部肿瘤经皮穿刺活检中国专家共识》。

例4.4 《上海市新型冠状病毒感染中医药诊疗专家共识》（2022春季版)[①]

在国家和上海市新型冠状病毒感染中医诊疗现行方案基础上，结合2022年春季上海市新冠患者临床表现和中医药救治特点，国家中医疫病防治基地（依托单位：上海中医药大学附属曙光医院）联合上海市新冠中

---

① 中国中医药年鉴 https://zynj.shutcm.edu.cn/2022/0329/c4359a140758/page.htm

医药防治专家组,制定《上海市新型冠状病毒感染中医药诊疗专家共识》(2022春季版),以提高上海市中医药治疗成效。

专家组认为,上海市近阶段新冠属于湿毒疫范畴,以解热毒、化湿毒、祛瘀毒为治疗核心,以减少病情加重、加速病毒清除为治疗目标。

一、中药汤剂内服方案

1. 无症状感染者

治则:疏风清热,扶正固表。

组成:金银花、荆芥、黄芪、防风、藿香、板蓝根、桔梗、芦根、炒白术、生甘草。

服法:每日1剂,水煎,早晚各服1次,每次200 mL。每3天1个疗程,可以连续服用2~3个疗程。

2. 轻型/普通型

治则:疏风清热,解毒利咽。

组成:金银花、荆芥、连翘、蜜麻黄、苦杏仁、生石膏、柴胡、黄芩、野荞麦根、板蓝根、薄荷、芦根、广藿香、生薏苡仁、丹皮、生甘草。

服法:每日1剂,水煎,早晚各服1次,每次200 mL。每3天1个疗程,可以连续服用2~3个疗程。

如湿重,加虎杖、败酱草;如舌苔垢腻,加槟榔、草果、厚朴;如便秘,加生大黄,或另增大承气汤口服、灌肠;如高热,加寒水石、水牛角、人工牛黄、生山栀,或另服牛黄解毒软胶囊;如咽痛,加四季青、西青果;如鼻塞不嗅,加辛夷、桔梗。

3. 重症、危重症

参照国家《新型冠状病毒肺炎诊疗方案(试行第九版)》《新型冠状病毒感染的肺炎重症、危重症病例诊疗方案(试行)》执行。

二、中成药治疗方案

1. 无症状

见热重于湿者:疏风解毒胶囊。功效:疏风清热,解毒利咽。用法:口服,一次4粒,一日3次。

见湿重于热者:藿香正气胶囊(丸、水、口服液)。功效:解表化湿,理气和中。用法：口服，一次2～4粒，一日2次。

2. 轻型/普通型

见高热者：连花清瘟颗粒。功效：清瘟解毒，宣肺泄热。用法：口服，一次1袋，一日3次。

见低热者：荆银颗粒。功效：清热宣肺。用法：口服，一次1袋，一日3次。

见低热头痛者：银翘片。功效：疏风解表，清热解毒。用法：口服，一次4～8片，一日2次。

见湿热明显者：痰热清胶囊。功效：清热化痰解毒。用法：口服，一次3粒，一日3次。

见咽痛明显者：六神丸。功效：清凉解毒，消炎止痛。用法：口服，一日3次，温开水吞服；1岁每次服1粒，2岁每次服2粒，3岁每次服3～4粒，4～8岁每次服5～6粒，9～10岁每次服8～9粒，成年每次服10粒。

见咳嗽明显者：宣肺止嗽合剂。功效：疏风宣肺，止咳化痰。用法：口服，每次20mL，一日3次。

3. 重症、危重症

参照国家《新型冠状病毒肺炎诊疗方案（试行第九版）》、《新型冠状病毒感染的肺炎重症、危重症病例诊疗方案（试行）》执行。

三、中医非药物治疗

针灸治疗参照国家《新型冠状病毒肺炎诊疗方案（试行第九版）》相关内容执行。

中医情志疗法、中医导引等功法、五行音乐疗法、穴位按摩、耳穴贴压等非药物治疗，可以根据临床具体情况选择使用。

国外瓦格纳（Waggoner J）等曾对欧美等国在医学中应用共识方法做了一个详细调查。一般讲在医学中有3种主要的共识方法论：名义小组法、德尔菲法、共识专家会议（Consensus Development Panel或Consensus Development Conference），共识专家会议是美国国家卫生院提出来的，后来在加拿大、英国、瑞士、瑞典、挪威、丹麦、荷兰、芬兰及RAND公司等都在采用，而且有所修改。瓦格纳等还对3种方法使用情况给出了一个汇总，如表4.4所示（Waggoner et al.，2016）。需要指出他们所得出的数据是从他们所收集到的一些国家的文献汇总的，对于像中国那样大国开起专家会议参加者可以多到几十个。

表4.4 3种共识方法汇总

	名义小组法	共识专家会议	德尔菲法
参加人数/人	5~9	5~10	6~11
面对面	是	是	否
提交	是	是	是
轮数	4	可变动	至少2轮

4.3 区块链中的共识

大到国际贸易，小到个人消费，都离不开记账这一看似普通却不简单的操作。从人类社会文明早期的"单式记账法"（对单条记录进行简单账目记录），到15世纪出现的"复式记账法"（每笔交易都至少记录在两个不同的账户中），以及随着计算机出现的"账本数字化"，人类文明的整个发展历程，都伴随着记账科技的持续演化。但是，上述模式本质上都是中心化模式：账本掌握在个体手中，中心化主体与其他主体地位不对等；在同时涉及多个交易方的情况下，需要分别维护各自的账本，如果出现不一致，对账较为困难。

而更一般的，只要是多方参与的社会活动，尤其是中心化模式，都会涉及多方信任这一关键问题。单一参与主体对所有数据拥有绝对的控制权，其他主体无法完整了解数据更新过程，因而无法完全信任数据库中的数据。此外，这些数据库作为一座座信息孤岛，在清结算过程耗费大量人力，进而导致协同效率低下。区块链（BlockChain）为解决多方参与中的数据信任、数据孤岛、协作效率和数据安全等问题提供了一种全新的思路。

区块链本质上是基于密码学与共识机制等技术创建与存储庞大交易资料区块链的点对点的网络系统。其技术的核心优势是去中心化：通过运用数据加密、时间戳、分布式共识和经济激励等手段，在节点无须互相信任的分布式系统中实现基于去中心化信用的点对点交易、协调与协作，从而解决中心化机构普遍存在的高成本、低效率和数据存储不安全等问题。

一般来说，区块链系统由数据层、共识层、激励层、合约层和应用层组成。共识层封装的共识算法则是区块链系统的基础与核心。正如社会系统中"民主"和"集中"的对立关系相似，决策权越分散的系统达成共识的效率越低，但系统稳定性和满意度越高；而决策权越集中的系统更易达成共识，但同时更易出现专制和独裁。区块链技术能够在决策权高度分散的去中心化系统中使得各节点高效地针对区块数据的有效性达成共识，帮助区块链上的参与者通过共识机制来获得与技术相一致的利益，做到真正的"数据民主"。

共识算法作为区块链系统的关键要素之一，已成为当前信息领域一个新的研究热点。本书将对主流的区块链共识算法及区块链共识算法新进展进行简单介绍，并且以比特币和数字人民币为例，介绍区块链共识的应用。

4.3.1 主流区块链共识算法

区块链技术的核心是分布式数据库，区块链中网络节点需依照一定的规则来自治维持所有账本的数据一致性，而用于解决一致性问题的关键技术正是共识算法。良好的共识算法可以大大节省账本数据同步所需时间，从而提高整个区块链系统的运行效率，促进区块链技术的应用（Feng et al.，2019；袁勇 等，2016；袁勇 等，2018；何蒲 等，2017；Saini，2018；邵奇峰，2018）。在实际的分布式系统应用环境中，共识问题可划分为两类：拜占庭问题和非拜占庭问题。与之相应地，共识算法也分为两种类型：一类针对拜占庭错误，容错性较高但性能相对较差，如状态机副本复制 PBFT、工作量证明 PoW、权益证明 PoS 和委托权益证明 DPoS 等；另一类算法针对非拜占庭错误，仅考虑节点宕机等故障，不考虑潜在的恶意攻击行为，性能较高但容错性较差，如 Paxos 和 Raft 等（李挥 等，2019）。

拜占庭错误是指节点可以做出任意脱离系统协议且不可预测的行为（如离线、伪造信息、恶意响应等）。处理拜占庭错误的共识算法有两种思路：一种是提高恶意行为的成本以降低恶意节点出现的概率，如 PoW 和 PoS 等；另一种是在允许一定恶意节点出现的前提下，使得各个节点间的一致性不受破坏，如 PBFT 等（邓小鸿 等，2022）。下面将对这些算法做逐一介绍。

（1）PoW（工作量证明）算法

PoW 算法，也即工作量证明（Proof of Work）算法，是区块链设计的核心之一，也是保证采矿及货币安全的支柱（Jakobsson et al.，1999）。PoW 的一个主要特征是计算的不对称性，也即工作端需要完成一定难度的工作量才能得到结果，而验证方却很容易通过结果来检查工作端是否完成了相应的工作量。考虑到散列算法的逆向暴力破解难度，以及正向推导验证的高效率，目前 SHA256 算法在 PoW 算法中应用最为广泛。PoW 算法的核心公式如下：

$$\begin{cases} SHA256(SHA256(data|nonce)) \leq D(d) \\ D(d) = \dfrac{2^{224}}{d} \end{cases}, \quad (4-1)$$

其中 data 是将时间戳、版本号、区块高度等信息组合的数据，nonce 为一种随机值，D(d) 为目标值，d 为挖矿难度，随着挖矿难度的增加，目标值与哈希值也会越难匹配。从式（4-1）可以看出，PoW 是一个不断枚举的过程，算法使用嵌套哈希函数求解，当新的交易数据出现时，各个区块链节点开始全力运算，当某个节点最先满足式（4-1）则被称为矿工，矿工节点有权利将交易打包成区块，并发给其他节点进行验证交易合法性，如果交易通过验证，则将区块上链存储并在节点间同步。

（2）PoS（权益证明）算法

与 PoW 算法相比，PoS（Proof of Stake，权益证明）算法是一种节能替代方案，在这种共识算法中，挖矿者不需要为了解决数学难题而浪费大量计算资源，而是依赖于系统中足够的权益来参与区块创建过程（King et al.，2012），其实质是一种依据币龄（Coinage）来决定节点获得记账所有权概率的机制。币龄的计算公式如下：

$$币龄 = 持币量 \times 持币天数。 \qquad (4-2)$$

在 PoS 网络中前期通常会通过 PoW 机制发行一定数量的代币作为起始货币，在之后的 PoS 机制中矿工在挖矿时需要投入自己的币龄，投入的币龄越多挖矿的难度就越低，在成功出块后投入的币龄会被清空以保障公平性。若想在 PoS 网络中发起对主链的攻击行为，则需要攻击者持有大量代币，而事实证明有这样能力的用户做出恶意行为所得到的收益远小于其作为一个诚实节点所得到的收益，因此，PoS 机制通过捆绑用户切身利益来保证交易的安全。

（3）DPoS（委托权益证明）算法

DPoS 算法，也即委托权益证明（Delegated Proof of Stake）算法，在共识机制中引入了民主选举的方式。节点通过投票选出 N 个代表组成"委员会"，节点拥有的代币数量越多则投票的权重越大，"委员会"中的节点负责收集、验证交易，以及将交易打包同时验证其他节点产生的新区块。"委员会"中每个节点都会被轮流分配时间片，在该时间片内节点可以生成新区块，若"委员会"中的节点出现恶意行为，则会被取消出块的权利同时被没收"押金"，然后通过选举产生新的出块者。"委员会"通常会在一段时间后更新，通过新一轮的投票产生新的"委员会"。DPoS 算法的出现避免了算力、电力等资源的浪费，采用民主投票的方式保障了节点的利益，出块速度的加快提高了交易速度和吞吐量（Daniel，2014）。

（4）PBFT（状态机副本复制）算法

PBFT 提出解决 BFT 问题的一种状态机副本复制方法，其工作原理如图 4.2 所示，所有的副本状态都是在视图中进行转换，Leader 节点的选择方式是主节点视图编号 Mod 节点个数，一轮共识都以一个视图为一个周期，当共识完成时开始切换视图（Castro et al., 2002）。PBFT 的步骤大致如下：

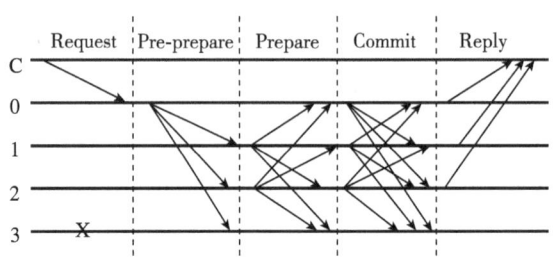

图 4.2　PBFT 工作原理

①需求（Request）阶段。客户端向领导（Leader）节点发送请求，包含时间戳、请求操作、消息、摘要、签名。

②预准备（Pre-prepare）阶段。领导（Leader）接收到请求后开始验证请求签名与摘要，如果非法则丢弃，正确则开始广播消息，如视图编号、消息摘要、消息、客户端请求排序序号、副本状态、领导（Leader）签名等。

③准备（Prepare）阶段。副节点收到副本状态预准备（Pre-prepare），接收到消息后开始验证消息签名和验证摘要，如果非法则丢弃，正确则开始广播准备（Prepare）消息，如视图编号、消息摘要、消息、客户端请求排序序号、副本状态、节点签名、副本节点编号。

④确认（Commit）阶段。副节点与领导（Leader）节点收到准备（Prepare）消息，接收到消息后开始验证消息签名和验证摘要，如果非法则丢弃，正确并累计收到 $2f+1$ 个签名则开始广播确认（Commit）消息，如视图编号、消息摘要、消息、客户端请求排序序号、副本状态、节点签名、副本节点编号。

⑤回复（Reply）阶段。副节点与领导（Leader）节点收到确认（Commit）消息，接收到消息后开始验证消息签名和验证摘要，如果非法则丢弃，当副节点验证正确并累计收到 $2f+1$ 个签名则开始运行客户端请求操作，当客户端累计收到 $f+1$ 个相同的回复（Reply）消息则说明消息已经达成共识。客户端节点接收到 $f+1$ 个签名的原因是至少有一个诚实

节点，该诚实节点经过准备（Prepare）阶段，准备（Prepare）节点已经累计收到 $2f+1$ 个签名。

在分布式系统中，非拜占庭错误节点可以表现为宕机错误。在区块链出现之前，传统分布式系统可以通过准入机制和管控等手段来剔除系统中的拜占庭错误节点。因此，Paxos 等许多非拜占庭容错共识算法早在 20 世纪 80 年代就已经被提出并成功应用于生产中（冯了了 等，2022）。作为传统分布式算法的起源，当前很多区块链共识算法都是基于 Paxos 演变发展而来的（陆歌皓 等，2020）。

（5）Paxos 算法

Paxos 算法是 Lamport 于 20 世纪 90 年代提出的著名状态复制协议。将系统中的角色划分为提案者（Proposer）、接收者（Acceptor）和学习者（Learner）3 类（Lamport，2016）。运行过程可划分为以下 3 个阶段，流程如图 4.3 所示。

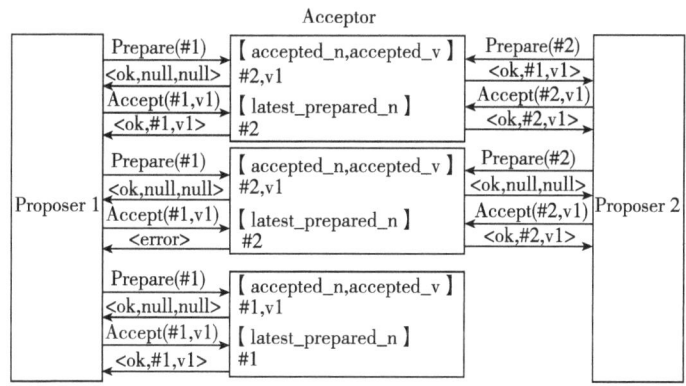

图 4.3 Paxos 运行过程

（图片来源：《区块链共识算法原理及应用——以多标识网络体系管理系统为例》）

当某个存储节点收到客户端写的请求后，将其转交给存储节点的提案者，提案者负责将提案编号为数字 n，向所有存储相同数据的副本发送提案请求。存储节点接收者收到编号为 n 的提案后，如果 n 大于之前该存储节点收到的提案请求，返回之前收到的最大提案编号，并且承诺不再接受比该编号小的请求。否则，不采取任何操作。

如果一个提案者收到副本数半数以上接收者的回应，就选取一个值向所有存储节点的接收者发送接收请求。如果之前接收者有回应值，那么这个接收请求的值就是该值，否则由提案者自己决定接收值。接收者收到接收请求后，与自己最新的提案编号比较，如果小于，返回 error，否则返回 ok。

提案者如果收到半数以上的 ok 回应，则表示这次请求成功，通知各存储节点的学习者。否则将重新生成一个更大的提案编号，重复上述过程。

（6）Raft 算法

Raft 算法的核心思想是将节点划分为领导者、候选者和追随者 3 类，将共识问题分解成两个相对独立的问题：领导者选举和日志复制。通常追随者会复制领导者节点的日志，领导者有自己的任期，并不断向追随者发送心跳包，如果追随者没有收到空日志心跳包，则追随者将会改变自己的状态为候选者，候选者增加前任领导者编号，并开始发起投票，当大于 $N/2+1$ 个节点同意，则成为 leader 节点（Ongaro et al.，2014）。

4.3.2 区块链共识算法新进展

共识机制目前已经成为区块链系统性能的关键瓶颈。在基于证明机制的共识算法中，经受多年实践性安全检验的 PoW 机制有着消耗大量计算资源及性能低下的问题；在基于投票机制的共识算法中，有着完善理论证明的 PBET 算法面临着广播带来的网络开销过大的问题。因此，针对区块链共识算法的改进也进入快速发展的时代。

（1）传统分布式一致性算法的改进

传统分布式一致性算法大多是非拜占庭容错的，因而难以应用于区块链中公有链的应用场景。Christopher Copeland 等（2016）结合 Raft 算法和 PBFT 算法的优势，于 2014 年提出拜占庭容错的 Tangaroa 算法。Tangaroa 继承了 Raft 算法简洁和容易理解的优势，同时在拜占庭错误环境下也能够维持安全性、容错性和活性。受 Tangaroa 算法共识启发，2016 年 Github 平台的 Juno 项目提出一种拜占庭容错的 Raft 算法，此后该算法演变为一种称为 ScalableBFT 的专用拜占庭容错协议（Martino et al.，2016），能够实现比 Tangaroa 算法和 Juno 算法更好的性能。

2017 年，康奈尔大学提出了一种称为休眠共识（Sleepy Consensus）的新算法（Pass et al.，2017）。这种共识针对的是互联网环境下大规模的共识节点中可能多数都处于离线状态，仅有少数节点在线参与共识过程的实际情况。该研究证明，传统共识算法无法在这种环境下保证共识的安全性。而采用休眠共识算法，只要在线诚实节点的数量超过故障节点的数量，即可保证安全性和鲁棒性。

（2）原生 PoS 共识算法的改进

原生 PoS 共识算法的改进目标主要是解决其固有的"无利害关系（Nothing at stake）"问题，形成了 Tendermint 及由其衍生出的 Casper、Ouroboros、Tezos 和 Honeybadger 等新共识算法。原生 PoS 共识算法一般假设系统中的对等节点都是静态和长期稳定的，这在区块链环境中并不现实。2014 年提出的 Tendermint 的重大突破是使用区块、哈希链接、动态验证器集合和循环的领导者选举，实现了第一个基于 PBFT 的 PoS 共识算法。为解决无利害关系问题，Tendermint 节点需要缴纳保证金，如果作恶则保证金就会被没收。Tendermint 是一种拜占庭容错的共识算法，具有抵御双花攻击的鲁棒性，并且可以抵御网络中至多 1/3 的破坏者的攻击。

2015 年提出的 Casper 是以太坊计划在其路线图中称为宁静（Serenity）的第 4 阶段采用的共识算法，尚在设计、讨论和完善阶段。目前 Casper 总共有两个版本，即 Vlad Zamjir 等（2015）的 Casper the friendly ghost（CTFG）和 Buterin 等（2017）的 Casper friendly finality gadget（CFFG）。PoS 共识的两个主要原理分别是基于链的 PoS 和基于拜占庭容错的 PoS。Tendermint 是基于拜占庭容错的 PoS 设计。相比之下，CTFG 是基于链的 PoS 设计，而 CFFG 则是两者的结合。

2016 年提出的 HoneyBadger 共识是首个实用的异步拜占庭容错共识协议，可以在没有任何网络时间假设的前提下保证区块链系统的活性（Liveness）。该共识采用高效 RBC 协议进行建议值的广播，且创新性地将"分摊"思想与异步公共子集协议相结合，降低了传输代价。2017 年 8 月提出的 Ouroboros 共识是首个基于 PoS 算法并且具有严格安全性保障的区块链协议，其特色是提出了一种新的奖励机制来驱动 PoS 共识过程，使得诚实节点的行为构成一个近似纳什均衡，可以有效地抵御区块截留和自私挖矿等由于矿工的策略性行为而导致的安全攻击。

（3）原生 PoW 共识算法的改进

原生 PoW 共识算法的改进目标主要是实现比特币扩容或者降低其能耗。2016 年 3 月，康奈尔大学的 Eyal 等提出一种新的共识算法 Bitcoin-NG，将时间切分为不同的时间段。在每一个时间段上由一个领导者负责生成区块、打包交易。该协议引入了两种不同的区块：用于选举领导者的关键区块和包含交易数据的微区块。关键区块采用比特币 PoW 共识算法生成，然后领导者被允许小于预设阈值的速率来生成微区块。Bitcoin-NG 可在不改变区块容量的基础上通过选举领导者生成更多的区块，从而可辅助解决比特币的扩容问题。同年 8 月提出的 ByzCoin 共识算法借鉴了 Bitcoin-NG 这种领导者选举和交易验证相互独立的设计思想，是一种新型的可扩展拜占庭容错算法，可使得区块链系统在保持强一致性的同时，达到超出 Paypal 吞吐量的高性能和低确认延迟。2016 年提出的第一个拜占庭容错的安全分片协议 Elastico 共识机制通过分片技术来增强区块链的扩展性，其思路是将挖矿网络以可证明安全的方式隔离为多个分片，这些分片并行处理互不相交的交易集合。2017 年，OmniLedger 进一步借鉴 ByzCoin 和 Elastico 共识，设计并提出名为 ByzCoinX 的拜占庭容错协议。OmniLedger 通过并行跨分片交易处理优化区块链性能，是第一种能够提供水平扩展性而不必牺牲长期安全性和去中心性的分布式账本架构。

为了改进 PoW 共识算法的效率和公平性，研究者相继提出了消逝时间证明（Proof of Elapsed Time，PoET）和运气证明（Proof of Luck，PoL）。PoET 和 PoL 均是基于特定的可信执行环境的随机共识算法。PoET 的基本思路是每个区块链节点都根据预定义的概率分布生成一个随机数，来决定其距离下一次获得记账权的等待时间。每当一个新区块提交到区块链系统后，SGX 即可帮助节点创建区块、生成该等待时间的证明，而这种证明易于被其他 SGX 节点验证。PoET 共识的意义在于使得区块链系统不必消耗昂贵算力来挖矿，从而提高了效率，同时也真正实现了"一 CPU 一票"的公平性。类似地，PoL 共识也采用 TEE 平台的随机数生成器来选择每一轮共识的领导者，从而可降低交易验证延迟时间和交易确认时间、实现可忽略的能源消耗和真正公平的分布式挖矿。

（4）PoW 算法与 PoS 算法的有机结合

区块链共识算法一个新的研究思路就是将传统共识算法有机结合，取长补短。例如，Larry Ren（2014）在《蜗牛币》（Reddcoin）白皮书中提出了权益—速度证明（Proof of Stake Velocity，PoSV）共识算法（Ren，2014）。PoSV 算法前期使用 PoW 实现代币分配，后期使用 PoSV 维护网络长期安全。PoSV 将 PoS 中币龄和时间的线性函数修改为指数式衰减函数，即币龄的增长率随时间减少最后趋于零。因此新币的币龄比老币增长得更快，直到达到上限阈值，这在一定程度上缓和了持币者的屯币现象。Karantias 等（2019）基于 PoW 和 PoS 首创提出了燃烧证明（Proof of Burn，PoB）共识算法。其中，PoW 共识被用来产生初始的代币供应，随着时间增长，区块链网络累积了足够的代币时，系统将依赖 PoB 和 PoS 共识来共同维护。PoB 共识的特色是矿工通过将其持有的 Slimcoin 发送至特定的无法找回的地址来竞争新区块的记账权，燃烧的币越多则挖到新区块的概率越高。相关工作还包括行动证明（Proof of Activity，PoA）和二跳（2-hop）等。

4.3.3 区块链共识应用举例

（1）比特币

传统货币的发行权掌握在国家手中，存在着货币滥发的风险。例如，1980 年津巴布韦独立，后因土改失败，经济崩溃，政府入不敷出，开始印钞。汇率也从货币发行初期的 0.68 津元兑 1 美元疯狂贬值到 2006 年巴布韦政府宣布弃用津巴布韦币的 3.5×10^{16} 津元兑 1 美元。另外，传统记账权掌握在一个中心化的中介机构手中，不仅需要交纳中介手续费，还可能存在中介系统瘫痪、中介违约、中介欺瞒，甚至是中介耍赖等风险。2013 年 3 月，塞浦路斯为获得救助，对银行储户进行一次性征税约 58 亿欧元，向不低于 10 万欧元的存款一次性征税 9.9%，向低于 10 万欧元的一次性征税 6.75%。

为了创造一个去中介化和去中心化的货币，比特币应用而生。2008

年 10 月 31 日，中本聪向一个密码学邮件列表的所有成员发送了一个电子邮件，标题为"比特币：点对点电子现金论文"（Bitcoin：A Peer-to-Peer Electronic Cash System）（Nakamoto, 2008）。比特币作为区块链技术的第一个应用，也成为其最具影响力的应用之一。比特币本质上是由分布式网络系统生成的数字货币，其发行过程不依赖特定的中心化机构，而是依赖于分布式网络节点共同参与工作量证明（Proof of Work, PoW）的共识过程以完成比特币交易的验证与记录。

但是因为比特币因为不受政府控制的特点，常被用来进行非法交易。同时，比特币挖矿也存在消耗大量电能，加剧二氧化碳排放量，价格剧烈波动等缺点，我们明令禁止比特币交易（图 4.4）。2013 年 12 月，中国人民银行、工业和信息化部、银监会、证监会等部门联合发布《关于防范比特币风险的通知》，下令金融机构与支付机构不能提供比特币的托管、兑换、支付等服务，强调虚拟货币不具有与货币等同的法律地位。用户使用比特币交易平台必须实名制，并受电信管理机构监督。2021 年 9 月 24 日，中国人民银行等十部委发布的《关于进一步防范和处置虚拟货币交易炒作风险的通知》中指出，虚拟货币不具有与法定货币等同的法律地位，虚拟货币相关业务活动属于非法金融活动，对于相关境外虚拟货币交易所的境内工作人员，以及明知或应知其从事虚拟货币相关业务，仍为其提供营销宣传、支付结算、技术支持等服务的法人、非法人组织和自然人，将被依法追究有关责任。

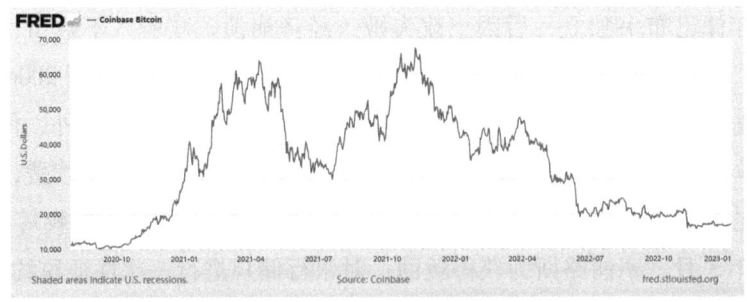

图 4.4　比特币价格波动剧烈

（2）数字人民币

区块链技术的迅猛发展引起了政府、金融机构的广泛关注，中国人民银行很早就开始法定数字货币的研究开发工作。2014年，中国人民银行成立法定数字货币研究小组，开始对发行框架、关键技术、发行流通环境及相关国际经验等进行专项研究，并且于2017年年底，经国务院批准，中国人民银行开始组织商业机构共同开展法定数字货币研发试验。2019年年底开展区域试点，数字人民币的应用场景不断丰富、试点范围不断扩大、发展前景越发广阔（表4.5）。截至2022年5月31日，15个省市的试点地区通过数字人民币累计交易笔数大约2.64亿笔，累计交易金额达到830亿元。

表4.5 数字人民币政策演变

时间	阶段	内容
2014—2015年	研究准备阶段	成立法定数字货币研究小组；对发行法定数字货币原型方案进行修订
2016—2020年	试点实践阶段	发布《关于进一步优化跨境人民币政策 支持稳外贸稳外资的通知》；设立4个内部试点
2021年以来	积极推广阶段	出台《金融标准化"十四五"发展规划》，稳步推进法定数字货币标准研制；扩大试点，由原来的"4+1"变成"10+1"

数字人民币研发过程中就结合了区块链的共识机制。在2021年7月16日中国数字人民币的研发进展白皮书媒体吹风会上，中国人民银行数字货币研究所穆长春就提到："根据区块链的技术特点和适用范围，人民银行探索了区块链在贸易金融、确权交易、交易对账等领域的创新应用……为充分体现数字人民币'支付即结算'的优势，数字人民币体系结合区块链共识机制和可编程智能合约特性实现自动对账和自动差错处理。同时，利用哈希算法不可逆的特性，区块链账本使用哈希摘要替代交易敏感信息，实现不同运营机构间数据隔离，不仅保护了个人数据隐私的安全，亦可避免分布式账本引发的金融数据安全风险。"

但是，不同于去中心化的加密货币没有任何机构或政府来背书，数字人民币本质上还是中国的法定通币，由中国人民银行进行信用担保。并且在数字人民币运营体系中，由中国人民银行实施中心化管理。数字人民币在不改变政府信用背书的前提下，借鉴了区块链技术的可追溯性和不可篡改性特点，提升了跨境支付的效率，加强了我国货币的主权地位，也相应地节省了中间费用，减轻了对 SWIFT 体系的依赖，为扩大人民币在全球范围内的影响力创造必要条件。

第 5 章

共识的过程

共识最一般的过程大概可以分成 4 步：①提出问题；②形成争议；③达成共识；④分工协作。更细的步骤如图 5.1 所示。更多更复杂的过程可见 5.1 节、5.2 节。

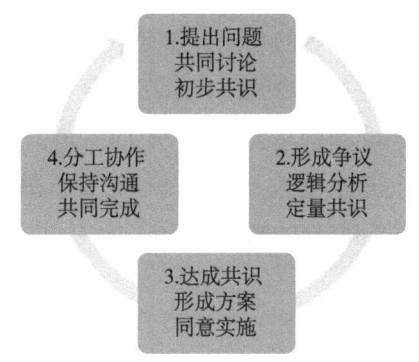

图 5.1　共识的一般的过程

共识应遵守的过程并不太严格，本章介绍两大类过程：一类是比较一般的共识过程；另一类是比较特殊的共识过程。由于他们的目的和手法不太一样，因此各具特色。但是德尔菲法、智暴、名义小组使用得最多。

5.1 一般共识过程

5.1.1 C^3过程

美国的行政决策服务公司是一家管理咨询公司，专门从事促进合作解决问题和共识决策过程，他们提出 C^3 型过程（Communication-Collaboration—Consensus），认为为了取得共识，首先应该互相通信（通气）沟通彼此的基本情况和需求；其次要有合作的愿望和合作的行动，这样才可能互相理解、互相补充和互相做出适当的让步；最后才有可能取得共识（图5.2）。图5.2右边的虚线圈表示在解决一般社会、政治的决策问题时先是提出各种议题，然后经过不断讨论，交流彼此对该议题的看法，如果意见一致，即能达成解决议题的共识，如有不同意见就需要求同存异，彼此合作最后达成共识；左边的虚线圈表示在探索一些重大的科学问题时也是如此，先是对重大科学问题总会有各种不同的知识来描述它，然后互相合作去解决和阐明它，最后通过不断实验、论证，最后得到一定的共识，也即产生对重大的科学问题新的知识和认识。

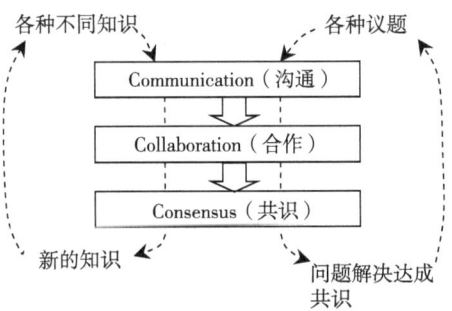

图 5.2 C^3 型过程

5.1.2 Butler & Rothstien 一般共识过程

C. T. 巴特勒（C. T. Butler）和 A. 罗思坦（Amy Rothstein）提供了一个较为一般的共识过程的框架（Butler，1998），如图5.3所示。

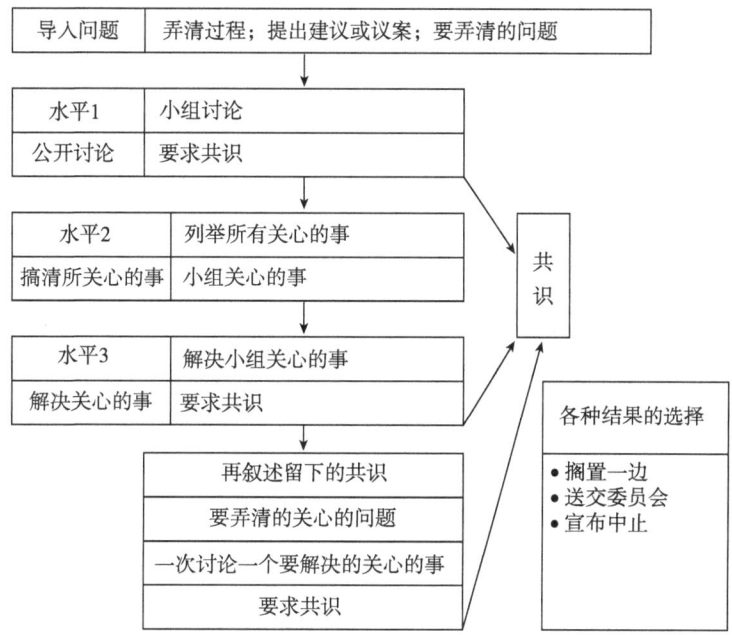

图5.3 巴特勒和罗思坦的一个较为一般的共识过程的框架

5.2 几个特殊的共识过程

5.2.1 德尔菲（Delphi）过程

美国兰特（RAND）公司在20世纪40年代末开始应用德尔菲（Delphi）法，O. 达尔基（Olaf Dalkey）和 N. 海尔墨（Norman. Helmer）在1963年发表了题为 "An experimental applications of the Delphi method to the use of experts" 的文章（Management Science，9，No.3，1963）。德尔菲是希腊

的一座城市，因有阿波罗神殿而闻名，相传有很高的预测能力，国际上很多人正是你用德尔菲法来做预测。最早 RAND 公司是接受美国空军的一个委托项目，想研究当时苏联战略决策制定者对美国的空军飞机项目发展会产生什么影响，由于在短期内要收集到所有有关信息，并加以分析几乎很难做到，于是他们想到直接利用向专家们发调查表的方法来汇总意见，最后再对未来决策做出判断。实际上提出这个方法的目的就是通过向专家反复征求意见最后形成一定的共识。这个方法有 3 个基本要求：①匿名性；②反复循环；③统计结果。通过统计调查结果的反馈决定是否再调查，多次循环而达成共识（图 5.4）。随着实际情况的变化也会做适当调整，如加上面对面讨论。国外已有专门结合计算机使用的 Delphi conferencing (Turoff，1972；Turoff et al.，1996)。德尔菲法开始在军事中应用，后来很快在民用方面得到了应用，特别是美、日等国都曾将它用于长期的科研发展规划的预测，包括项目的选择、完成期限估计和估计需要的总经费等。日本科学技术厅在 1970—1971 年制定 2000 年的发展规划时曾邀请了 3000 名专家利用德尔菲法对各种科技课题进行预测，要求对这些课题的重要性、迫切性、实现的可行性及估计完成的时间和所需经费等做出回答。对于每个课题完成时期采用中位数和上、下四分位数来反映预测结果。这里把所有有关专家对某课题完成时间 x 的预测值作一个统计直方图（把它们看成一个概率分布图 $F(x)$），这时中位数相当 $F(x)=1/2$，而上、下四分位数相当于 $F(x)=1/4, F(x)=3/4$ 对应的地方。

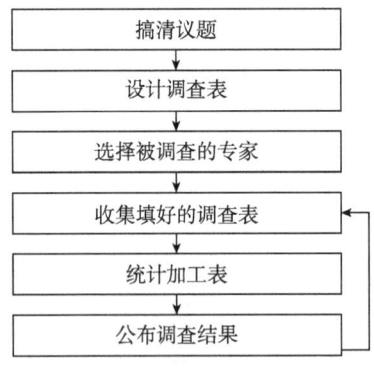

图 5.4　德尔菲法过程

例 5.1：用德尔菲法请 30 名专家预测一个课题在 1986—2000 年可能完成时间的估计

现有一个课题请了 30 名专家来预测它在 1986—2000 年的完成时间，他们给出估计完成的时间如下。

估计完成年：1986 1987 1988 1989 1990 1991 1992 1993 1994 1995 1996 1997 1998 1999 2000

专家数：　　0　1　2　3　3　3　4　4　3　3　2　1　1　0　0

分位数：　　　　　　　　　　　下　　中　　上

我们把它们看成概率分布图，最后下四分位数为 1990 年，中位数为 1992 年，上四分位数为 1994 年，也即统计汇总后认为最早可能完成为 1990 年，最晚为 1994 年最可能完成为 1992 年，我们简单用一个三元组来表示 <1990—1992—1994>，有时我们用屋形图来表示，房子的两边分头对应下四分位数、上四分位数，而中间为中位数（图 5.5）。

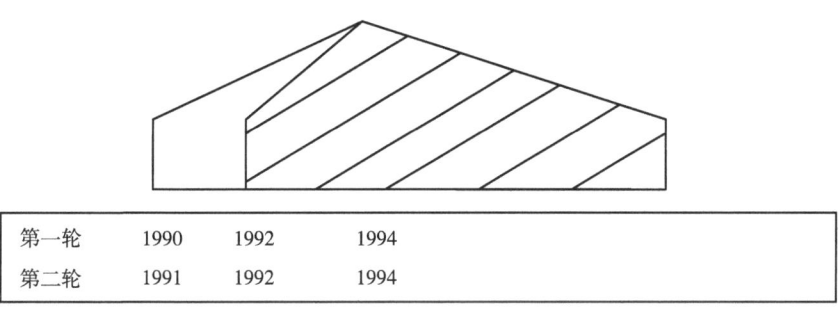

| 第一轮 | 1990 | 1992 | 1994 |
| 第二轮 | 1991 | 1992 | 1994 |

图 5.5 屋形图 [第一轮和第二轮（有斜线部分）]

在进行完第一轮咨询后向大家公布了统计结果后可以进行第二轮咨询，由于专家们可能后来得到更多的信息，或看到统计结果，一些专家会对自己原来的预计加以修正，然后再统计他们的预测结果，下面是第二轮的结果：

估计完成年：1986 1987 1988 1989 1990 1991 1992 1993 1994 1995 1996 1997 1998 1999 2000

专家数：　　0　0　1　3　3　4　5　4　4　3　2　1　　　　1

分位数：
```
    0    0    0
    下    中    上
```

一般这个新屋形图的屋宽会缩小（图5.5有斜线部分），这时三元组为 <1991 – 1992 – 1994>。所以一般经过几轮修正估计范围会越来越小。

例5.2：用德尔菲法估计课题的重要性、迫切性和实现的可行性

关于课题的重要性、迫切性、实现的可行性的评价一般是比较定性的，如很重要、非常重要等。为此也可事先对这些定性判断的量词换成定量的打分，如表5.1所示。

表5.1 定性判断转成打分

重要性程度等级	非常重要	重要	不太重要	不重要
迫切性程度等级	非常迫切	迫切	不太迫切	不迫切
可行性程度等级	非常有把握	有把握	不太有把握	没有把握
分值 Ci	5	4	3	2

这里 C_i 相当于 $i=1$ 时（最好的一档评语），$C_1=5$，相应的有 $C_2=4$，$C_3=3$，$C_4=2$，同样通过咨询后可以统计他们的得分及最后的期望得分：

$$E = \sum_{i=1}^{4} C_i B_i / \sum_{i=1}^{4} B_i, \quad (5-1)$$

这里 B_i 为同意评分等级为 C_i 的人数。例如，对某课题的重要性评价同意一级的有9人、二级的有15人、三级的有5人、四级的有1人，则重要性期望得分：

$E(\text{重要性}) = (5 \times 9 + 4 \times 15 + 3 \times 5 + 2 \times 1)/(9+15+5+1) = 122/30 = 4.1$。

对课题的迫切性评价同意一级的有4人、二级的有10人、三级的有13人、四级的有3人，则迫切性期望得分：

$E(\text{迫切性}) = (5 \times 4 + 4 \times 10 + 3 \times 13 + 2 \times 3)/(4+10+13+3) = 105/30 = 3.5$。

对课题的可行性评价同意一级的有2人、二级的有4人、三级的有10人、四级的有14人，则可行性期望得分：

$E($可行性$) = (5\times2 + 4\times4 + 3\times10 + 2\times14)/(2+4+10+14) = 84/30 = 2.8$。

结论是该课题虽然重要,但迫切性在迫切和不迫切之间,而可行性基本上是不太有把握。

第二轮咨询结果如下:

对课题的重要性评价同意一级的有 8 人、二级的有 15 人、三级的有 5 人、四级的有 2 人,则重要性期望得分:

$E($重要性$) = (5\times8 + 4\times15 + 3\times5 + 2\times2)/(8+15+5+2) = 119/30 = 4.0$。

对课题的迫切性评价同意一级的有 3 人、二级的有 10 人、三级的有 13 人、四级的有 4 人,则迫切性期望得分:

$E($迫切性$) = (5\times3 + 4\times10 + 3\times13 + 2\times4)/(3+10+13+4) = 102/30 = 3.4$。

对课题的可行性评价同意一级的有 0 人、二级的有 5 人、三级的有 8 人、四级的有 17 人,则可行性期望得分:

$E($可行性$) = (5\times0 + 4\times5 + 3\times8 + 2\times17)/(0+5+8+17) = 78/30 = 2.6$。

结论是课题在重要与不重要之间,但迫切性在迫切和不迫切之间,而可行性基本上是更没有把握。

5.2.2 智暴过程

智暴(Brainstorming)的特点是充分发挥每个会议参加者的积极性,得出的思想越多越好,属于发散性思考,因此,会议中不许批判和压制别人,但可以补充、改进意见,同时要求每人发言简短。会议要求选出一个好的主席,一个能记录好大家意见的记录员。会议希望有一些帮助讨论的工具。其实这种会议精神在我国叫不打棍子,不抓辫子的神仙会。近年来又出现了高级智暴及其软件 Brainstorming Toolbox(Tang,2001)。

5.2.3 名义小组过程

本部分主要介绍名义小组法（Nominal Group Technique，NGT），以及支持 NGT 会议模式的意见集成方法及实现。

（1）NG 技术

Nominal Group（NG）技术是一种提高会议效率的会议组织方式。其目的在于平衡并促进参与，在解决问题的不同阶段采用不同的工作过程，减少在汇集个体判断形成决策时的错误，NG 特别适用于问题确认、解决问题和程序规划。

在群决策中，如出主意、鼓励成员参与和贯彻议程的过程中会遇到许多的问题。经常会有一些成员被排除在外。少数成员会垄断讨论以致会议的结果并非群体的意见。在开会时，每个人或者发言或者聆听，没有时间思考手边的所有议题。

为了克服这些问题，A. 戴尔贝克（Andre Delbecq）和 A. H. 冯狄文（Andrew H. Van De Ven）提出了名义小组法，即 NG 法（Delbeaq，1971）。顾名思义，当采用 NG 法时，一群人组成一个不是实际的而只有名称的小组。NG 法的目的是为了消除群体行为中社会和心理的复杂因素。因遵从程序而获得机会，个体成员能够更有创造性，有助于克服一般旨在发现思想、计划与规划和解决问题的会议中普遍存在的问题。

NG 法与智暴法、Delphi 法是大多数计算机辅助达成共识中普遍使用的方法，其中 Delphi 法和 NG 法常常一起使用。

NG 法是一种行为辅助决策方法（Behavioral Decision Aid）（Mandakovic et al.，1990）。行为辅助决策方法有助于完全的信息共享、消除偏见、鼓励形成分离的意见不同的群体小组，并且鼓励对项目进行公开、公正的评价。在实施过程中可以采用统计处理，通过对目标追求全过程的关注，实行公开的信息交换和群体间的交互将得到结论，由仅仅是选择一组最优的方案演变为追求取得有效计划的组织实践过程，而满意的决策方案是计划的一致性过程的副产品。

(2) NG 的工作过程

第一步：列举备择方案或项目；

决策者组成一个小组，即名义小组，小组中的每个成员匿名单独对备择项目表态，将所有备择方案分为 5 个优先等级；将所议论的一批项目（或一组问题），用一组卡片将问题的关键信息写上。

第二步：进行 QS（Q-分类）过程；

将每张卡片最终分类到优（很重要）、良（重要）、中（中间）、可（不重要）、劣（很不重要）5 个优先等级中。组成名义小组，每个成员分别按自己意图将所有卡片进行 Q-分类（图 5.6）。

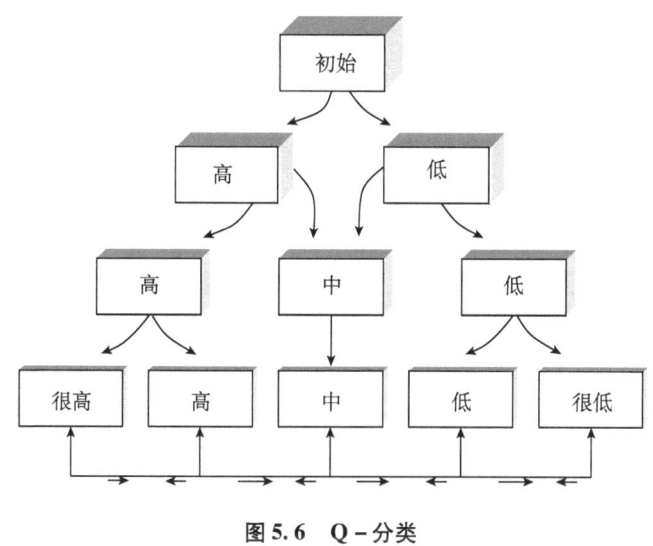

图 5.6　Q-分类

将每个成员对不同项目的表态列入按项目和优先级的记数表。

第三步：利用 K-S 检验法检验这群人的意见一致性；

集中小组中所有成员，公布记数结果和一致性程度等统计数据并进行公开讨论，直到小组成员已经充分研究了所有成员的意见和记数结果，或者时间已经超过 45 分钟；

对备择项目进行第 2 次投票，并重复第一至第三步。

经验表明至少需要 2~3 轮以便达到完全的信息交换，但超过 4 轮容易分散主题。

唐锡晋及其学生曾经开发过一个软件,在软件中要求输入投票人数、优先等级数(或分类数)、备择项目数、记数表、一致性检验结果返回(若达成共识或存在倾向性,则为优先等级)。

例 5.3　用 NG 法请 20 名专家对 7 个项目按 5 个优先等级评分过程

下面简单举例说明。有 7 个项目(A、B、C、D、E、F、G),20 名专家分别为 7 个项目按 5 个优先等级评分(优、良、中、差、劣)。先进行了两轮投票,其中第一轮过后,对没有达成共识或者存在达成共识倾向的可再进行补充讨论,这样的深入讨论可改变第 2 轮投票的结果。第 1、第 2 轮分类结果记数如表 5.2 所示(表中每个项目列中共分左右两列,左列为第 1 轮投票结果,右列为第 2 轮投票结果)。

表 5.2　第 1、第 2 轮分类投票结果记数

优先类别	项目													
	A		B		C		D		E		F		G	
优	3	0	1	0	4	6	0	0	2	1	5	4	3	1
良	4	1	5	0	5	1	6	5	12	14	4	3	3	10
中	5	3	9	20	2	2	11	15	2	1	2	3	7	6
差	3	15	1	0	1	1	3	0	2	1	4	3	3	1
劣	5	1	4	0	8	10	0	0	2	3	5	5	4	2
第 1 轮	No		T		No		T		Yes		No		No	
第 2 轮		Yes		Yes		No		Yes		Yes		No		T

注:Yes 表示达成共识;No 表示没有达成共识;T 表示存在共识倾向。

从表 5.2 可以看出第 1 轮,专家投票对于项目 E 达成共识,认为它是"良";在项目 B 和 D 存在共识倾向,均是偏向"中",其他项目没有达成共识。第 2 轮投票后,专家投票对于项目 A、B、D 和 E 达成共识,其中 A 为"差"、B 为"中"、D 为"中",E 仍为"良";项目 G 存在共识倾向,均是偏向"良",项目 C 和 F 没有达成共识。

对于达成共识的项目可以不再进行讨论,而存在争议的项目也可再进行讨论,或者更换专家。这里可能有的专家是决策人员,有智囊或者分析

小组，有的专家就是一个人，表达个人的判断，而名义小组就是专家投票是平等的，相当于20个小组再投票，一个人的专家也是一个小组。

这样的办法可用于项目选择，相对于AHP方法（可参见本书第6章），它不必要求专家对项目之间进行两两比较，故专家操作相对容易，但整体上由于强调平等性，可能应用上需考虑场合，即"场"的氛围。

实际中，采用互联网形式，通过项目信息介绍、投票人员在线登记、在线多轮投票、在线意见分析、在线公开辩论等构成分布式项目选择过程，其中不具备投票资格的人可以在线发表对项目的意见。基于分布式网络的NGT改变集中式投票中人员集中的苛刻要求，节约时间和财力，体现公平与参与，充分利用技术进步而迈向管理的进步（Tang，2001）。图5.7为本例中的一个Web实现。

图5.7 名义小组法

5.2.4 小组协同集成（Team Syntegrity）

控制论著名学者S. 比尔（Stafford Beer）在1994年提出小组协同集成

(Team Syntegrity) 作为一种指导社会活动的知识共识与共享的比较民主的方法论（Beer，1994），这种方法论是基于一种非层次、系统的协议，可以促进在持有多样的但都是合法观点的人之间进行参与式和平等的对话。它可帮助人们集成分开的知识以达到互相理解。它通过结构化的对话将他们对某些有趣的特殊的议题的知识和经验经过不断合作而有效地组织集成起来。它利用正二十面的多面体（有12个顶点、20个面及30条边）这种结构（图5.8），通过组织几个自由民主的讨论会最后形成12个专题并邀请30名经过适当挑选的专家组成专题小组再组织多次讨论（一般3次）。每名专家可以正面角色参加2个专题，以批评者角色参加另外2个专题的讨论。经过这样反复讨论最后形成决策或者某些共识。譬如，现在有带有不同意见的5个人参加讨论；然后将它们分成2个小组；也可以形成另外的2个组；最后可以形成不同的6个组，这样构成一个正二十面体，让他们去讨论12个专题。图5.9是一个演化过程的示例。有关会议协同集成（Syntegration这个词也可看成Synergy和Integration的组合词）的过程网上有不少文章介绍（如www.phronts.com）。这种会议一般持续3~5天（较多的是用3.5天）。最近10年来，在很多国家和不同的领域，如改进管理、解决冲突、知识管理、战略选择和项目管理等得到应用。Espinosa（2003）就介绍了这种方法在哥伦比亚用于环境部门帮助他们达到知识共享。2003年7月8日在希腊克列特（Crete）召开的第47届国际系统科学学会会议，其间召开了协同集成专门小组会，由M.斯瓦宁格（MarkusSchwaninger）主持会，会上来自哥伦比亚环境部的A.爱斯巴诺沙（Angela Espinosa）曾谈到如何将协同集成用于生态保护问题的讨论，用了四五天的时间形成12个问题进行创造性讨论，并形成了一个宣言。5年以后这些思想还有影响。他认为这个方法还可促进可持续发展。加拿大O.查哈（Ori Zohar）介绍了一年前在加拿大联邦卫生署用讨论政策的例子（http://www.ibm.com/abi）。加拿大有人用它来分析风险（Leonnard，2003），M.斯瓦宁格曾用这个方法来组织写纪念的论文集（详见后面的案例8.2）（Schwaninger，1997）。

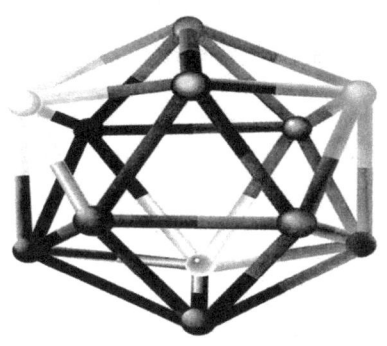

图 5.8　正二十面的多面体

图 5.9　一个协同集成演化过程的示例

5.2.5　群体寻找知识 CogniScope^{TM}

CogniScope^{TM}是由美国 CWA 公司提出的一种促进群体解决问题的方法，它由以下 5 个部分组成：①股东团体（Community of Stakeholders）；②CogniScope^{TM}组；③共识方法（Consensus Methods）；④CogniScope^{TM}软件；⑤合作设备（Collaborative Facility）。取每个部分英文字首正好都是

C，因此也称5C。这个方法论工作步骤如下：

（1）定义阶段：我们做什么（What）

这个阶段分成6步：

Step1：形成初始问题；

Step2：产生思想；

Step3：将同类的聚在一起；

Step4：通过民主投票选举；

Step5：利用逻辑关系对所有思想结构化；

Step6：形成一个杠杆图。

（2）设计阶段：我们该怎样做（How）

这个阶段分成2步：

Step1：形成和弄清行动方案；

Step2：将行动方案按照大家共同理解的内容加以结构化。

（3）决策阶段：选什么方案好（Which）

这个阶段分成2步：

Step1：将行动方案进一步合成一组供选择的行动计划；

Step2：将这组行动计划收敛到一个比较喜欢的方案。

（4）行动阶段：何时做（When），能做什么

这个阶段分成2步：

Step1：将行动计划形成一个时间序列；

Step2：建立一个让大家共同拥有的完整的行动计划（Christakis, 2008；Cogniscope^{TM}, 1999）。

为了在网上能应用，他们又提出一个电子修订版（WebScope^{TM}），在网上可以把身处不同地方的专家或股东们进行异步会议，即不必在同一时间同步开会，在一个叫知识管理小组（KMT）的帮助下进行发表意见、意见整理和分类，然后利用网上投票确定优先权，形成结构及方案等。这套方法目前在欧美不少政府部门和地方、企业等应用，如塞浦路斯交通部曾用它来挽救它的港口，并使股东们能够达成共识。会议进行了5天，开始股东们不相信港口有什么问题，后来明白了并提出了97条意见，经过分类、合并成13条，最后在这13条基础上提出了实施计划。笔者也曾应邀

参加 CWA 公司总裁为 2003 年国际系统科学学会确定会议主题讨论会，应用了 WebScope™。详细可参见第 9 章案例 9.2。

5.2.6　综合集成共识过程

1999—2005 年笔者参加了国家自然科学基金委员会重大项目"支持宏观经济决策的人机结合综合集成体系研究"要把钱学森的综合集成方法吃透、挖深，开创。当时应用的对象是经济系统。综合集成的几个核心问题是：数据、信息、知识、模型、经验、智慧（DIKMEW）。

如何把它们分别弄清而且要综合集成起来。要从方法论、步骤、理论方法、工具分别抓起，而且要将实际系统作为对象应用上去（顾基发 等，2007）：

- 方法论：我们探索了综合集成方法论、物理事理人理系统方法论、螺旋式旋进方法论、i - 系统方法论；
- 步骤：我们提出了 MI-A-MII（同步 - 异步 - 同步）的步骤简图及详图；
- 理论方法：模型集成和意见综合；共识方法；
- 研讨厅雏形；
- 经济系统的应用（GDP 增长率预测）。

基金课题组第三分课题组提出了综合集成步骤图的简图和详图（顾基发 等，2007），详图中在同步 1 阶段我们提出了共识，在同步 2 阶段又提出了共识。其实第 1 阶段主要考虑专家们开始会发散性思维，尽量要求发扬民主，往往先用智暴型方法，尽量提出更多的供比较的方案。经过异步阶段人们做出符合逻辑的理性思考和计算分析，会得出一些更精炼的意见和方案。但是也要慢慢引导意见的初步收敛，最后阶段的共识是要求收敛性思考，往往会用到德尔菲法和名义小组等方法。熊才权等提出综合集成研讨厅共识达成模型及其实现，认为支持群体研讨并达成共识是综合集成研讨厅的一个重要功能。文章根据同步 1 - 异步 - 同步 2 三阶段研讨过程，把群体共识分为提案共识与决策共识两种（熊才权 等，2004）。

第 6 章

取得共识的若干方法和工具

为了取得共识，我们提出 DMTMC 系统框架（图 6.1）。为了达到共识（C），就要经常举行会议（M）进行讨论。为了开好会，就要及时提供信息和数据（D），同时要充分利用计算机支持会议的工具（T），以及帮助分析、形成共识的方法（M）。

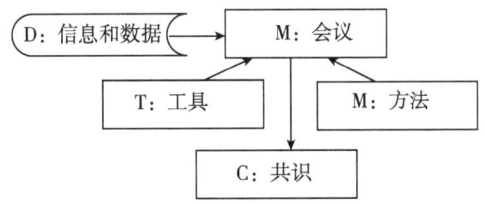

图 6.1 DMTMC 系统框架

为了专家们开好会，首先要对会议（M）进行设计，包括议程、邀请专家名单（知识和利益背景）主席和会议的协调员（也有称建导员"facilitator"），以及会议的场（Ba）。Ba 是日本学者野中（Ikujiro Nonaka）提出来的，它包括有形的场（会场）和无形的场（会议气氛），英国的 Kidd 认为 Ba 就是物理—事理—人理系统方法中的人理。关于信息和数据（D）较狭义的理解就是为会议参加者在讨论前和讨论中及时提供所需的信息和数据，广义一点的理解就是包括数据、信息、案例和知识，为会议准备数据库、文件库等，也可以是几轮会议后得到的数据和知识，它们必须是现场通过一定的方式可获取的"数据"。工具（T）主要指会场提供多种先进电子和通信技术的会议工具，用于显示、传递和加工多种信息，数据挖掘（Data Mining），知识库，文本挖掘（Text Mining），网上挖掘

(Web Mining)，群件等支持协同工作。方法（M）则泛指多种分析方法，特别是多种模型以及模型的集成、定量方法和定性方法，以及综合集成的方法。最后为了取得共识，还要提供有关共识的方法。

6.1 如何开好会议

会议有大有小，但有的会效率很高，有的会效率则很低。总说我们中国人会多，外国人会少。其实外国人对会议也是很重视的，有些会事前准备极为充分。作者 21 世纪初在日本工作期间住在大学的教职工宿舍区，曾经参加过一次大学教职工宿舍区的居民委员会全体住宿职工代表会议，其中有一个议题为是否要修理宿舍区的一个附属儿童游乐区。主席首先让大家弄明白该不该修理的问题，由于会场是学校的一间电子装备良好的教室，主席自带了一个笔记本电脑，而且能与教室的投影设备连接。他首先打出了几张用数字相机拍摄的儿童游乐区照片，大家一看，果然破旧不堪、不得不修。接下来是讨论该谁负责去修，大家首先想到的是该大学的后勤部门应负责维修，问主席有没有找过后勤部门，主席说找了，而且马上打出居委会给学校申请维修儿童游乐区的报告。接着大家关心的是后勤部门的态度，于是主席又不慌不忙地打出后勤部门的回复批示，批示的中心意思是根据居委会的章程这不归他们负责，应该由居委会自己掏钱去修。要知道居委会代表半年轮当一次，谁也记不住章程，于是主席又打出居委会章程相关条目，里面果然指出所有宿舍区有关公共设备大多归后勤部门负责，但是工具、更换楼道电灯等，还包括维修附属儿童游乐区，是归居委会负责。明确了责任，游乐区的维修、更新和保养公共设备归居委会负责。接着代表们又担心是否要付太多的钱，居委会留存的经费够不够支付？这里要指出的是，居委会经费全部来自区内居民，每年要付的费用也是民主公决的。接着，主席打出维修经费支出表以及目前的存款，大家发现目前的存款完全能承担。于是一个决议就此取得共识，后来很快就实施了维修。有趣的是会上讨论的第二个议题：校方打算将各家的阳台（一般有 2~3 间）中的一间进行封闭，这样下雨时各家还能在封闭的阳台中凉晒衣服，而另外几个阳台则不加封闭。尽管经费、施工完全由学校承担，结果却卡了壳，有人认为封闭阳台会使空气不流通、阳光照射不充足等。会上两种不同意见争论不休，最后因为会议时间拖得太长（从下午6时左右一直快开到晚上10时），大家肚子都饿了，主席不得不宣布暂时休会，改为网上电子会议讨论，即通过Email发表各自的意见，在网上有几个人仍然争论不休。可是学校后勤部门等着定决策，关系到是否要与建筑施工队联系开工。又等了近两周，最后后勤部门提议全民公决，大家投票表达自己意见。开票结果是绝大部分居民表示同意封闭一间阳台，很快施工队就将所有居民宿舍中需要封闭的阳台进行了封装。

6.1.1 罗伯特议事规则

美国是一个号称民主的国家，其实会议比我们少，可是他们却在17世纪就开始研究如何开出一个有效的会议。在南北战争期间，有一个年轻的军官（当时只是中尉）叫H. M. 罗伯特（Henry Martyn Robert，1837—1923年）奉命去麻省贝特福特主持一个主题类似"拥政爱民"的会议，偏偏这个会议的议题有很大分歧，结果会议开得很糟，争论不休，什么决议也未达成。罗伯特发誓要定一个开会的规矩。他首先着手研究人的智慧和心理，发现人是一种最难被道理说服的高级动物，有分歧后很难在短时间内被人说服，必须要有一定的交流机制，首先要彼此听清楚观点，否则白搭，什么结论也没有。经过多年努力，罗伯特写出了一本开会议事规则。他自费印书，并自己出钱买了1000本送给国会议员、律师、教授等头面人物。1867年，罗伯特第一本关于会议的书《议事规则袖珍手册（*Pocket Manual of Rules of Order*）》出版，很快行销全国。到了1915年，已经成了工程兵团将军的罗伯特又出了修订版，书名改为《罗伯特议事规则》(*Robert's Rules of Order*)（在《达成共识手册》中认为是1870年）。罗伯特在1923年去世，后人又不断修改这本书，据说现在已经有了第十版。《罗伯特议事规则》立足于民主理念的具体实现和操作，内容包罗万象，大多是有关普通与会者的规则。例如，美国的国会、法院和大大小小的会议上，在规范的制约下，是不允许直接争论的。如果对某动议有不同意见，首先必须考虑的是，按照规则是否有我的发言时间、是什么时候，别人发言时不能插嘴，不能拖堂延时，不同观点只能通过主持者间接实现。说是辩论，不同意见的议员在规定的时间里，名义上是在向主持会议的议长或委员会主席说话，而不能向自己的对手直接"叫板"。自己发言的时候拖堂延时，或者强行要求发言，或者在别人发言的时候插嘴打断，都是不允许的。在国会辩论的时候就是这样，在美国的法庭上也是这样，当事双方的律师是不能直接对话的，因为一对话必吵无疑，法庭就会变成吵架的场所。规则规定，律师只能和法官对话，向陪审团呈示证据；而陪审团按照规则自始至终是"哑巴"。不同观点和不同利益之间的针锋相对，就是这样在规则的约束下间接实现的。

表面来看，这是技术细节，实质是保障民主程序和开会效率的必要条件。这本书已经成为美国民众开会的标准手册，特别是在国会等一些正式会议上采用。这本书的主要内容有主席主持会议的规则、会议秘书的规则，更多的是涉及不同意见如何提出和表达，以及有关辩论的规则，还有在不同情况下的表决规则等。有兴趣的读者可以自己找一本来仔细阅读（图 6.2）。

图 6.2　《罗伯特议事规则》（罗伯特著）①

---

① 刘仕杰译，华中科技大学出版社 2016 年 12 月出版。

值得一提的是,孙中山先生也曾亲自翻译过这本议事规则。孙中山先生是力求让中国摆脱封建帝王和官僚传统而笃信"民权"的民主政治家。他了解搞"民权"的第一步就是要知道如何开会、会中如何表决、决议后如何执行,这些如果办不到,则"假民主便远不如真独裁之能福国利民"。孙中山先生因此亲自翻译这本议事规则,并名之曰《民权初步》,就凭这一点就可看出孙中山先生头脑里的现代化程度便远非一般人所能企及。

《罗伯特议事规则》就像一台设计良好的机器,能够有条不紊地让各种意见得以表达,用规则来压制各自内心私利的膨胀冲动,找到求同存异的地方,然后按照规则表决,规则保障了民主程序的效率。《罗伯特议事规则》是在洞彻人性的基础上,经过精心琢磨而设计的,正是这种对细节把握得精致完美的规则,才最大化地实现了公平与效率。

当然,就像有了好的电脑还要有好的软件一样,《罗伯特议事规则》只是一套洞察人性而力求公平与效率的技术性设计。在民主的议事程序中,这套议事规则的效果,则依赖于开会者对游戏规则的尊重。

后来有人对《罗伯特议事规则》也提出了一些异议,如简单地使用他的多数决定的规则,认为有时会丢掉不少好的意见和思想。在《达成共识手册》中还专门点出规则的一些不妥地方(The Consensus Building Institute,1999)。但是毕竟罗伯特推动了人们将如何开好会议当作一门学问来研究。

6.1.2 会议的类型

由于会议的性质、参加成员、讨论对象、层次、时间、所需经费、可用设备等的不同,对于共识的要求也就不同(顾基发,2001)。

(1)简单共识型(或称科协型)

由学会或科协组织会议讨论,专家来自各方,讨论结果不一定收敛到一个结论或做出明确的决策,结论主要供决策层参考。一般不考虑参加者的头衔、职称,不考虑权力,也不考虑自己的利益,这种会议一般会期不可能太长(一两天)。例如,作为各学会的联合组织——中国科学技术协会(简称"科协")召开的对某些重大问题的讨论会,一般大多是即兴发言,或者根据会前自己有过的经验或看法来发言,不可能在会前会后做很深入的研究，最多能找到一个好的主持人，再找一个好的记录员把大家的意见较好地记录下来，较好地进行归纳整理，写出一个好的会议纪要。

（2）研究共识型（或称科委型）

科技部（曾称"国家科委"）或类似机构一般会针对某个立项研究的项目，在项目进行中要组织多次讨论会，会前会后深入研究。结论一般是一个或少数几个，可供上级参考。一般不考虑参加者的职称、头衔，但需要领会某些领导的意图，不考虑自己的利益，但要求有一定的共识。例如，科技部组织的一些研究项目，往往要组织人去研究，会给经费，并且对研究的项目明确开题。中间成果和最终成果汇报都会开一系列会议。但是会议主发言人往往是课题组的人，其他专家都是围绕主发言人发表评论。会议最后总要就某些问题取得一定的共识。

（3）决策共识型（或称计委型）

国家发展改革委（曾称"国家计委"）或类似的决策机构一般针对某个必须拍板的决策，会组织多次讨论，除了专家，会请高层有决策权的领导参加，但高层领导不会从头参加到尾，只在关键会议出席。会前会深入研究，会上可能就拍板或者再派人进一步研究。会议会考虑与会者的地位级别，高层领导的意见会得到更多的尊重，必要时投票决定。

（4）社会调查型

一般通过派调查组或发调查表收集群众意见，经过适当整理、加工成为一份调查总结报告，作为调查小组的共识。

（5）网上会议（如 Zoom、腾讯会议、科技云会等）

近年来，由于网络技术的发展，人们可以利用计算机、手机等终端通过网络参加会议。一般先由会议组织者通过发送邮件方式邀请一批专家就某个问题发表意见，开始时谁也不知道别人发了什么言，完全是独立地发表自己的看法。一轮意见发表后，由会议组织者加以整理，也可使用一些软件对意见进行分类汇总。然后将汇总结果向所有被邀请者公布，之后进入第二轮，就分过类的意见再次表态，有时还可能要求被邀请者将这些分类后的意见排出优先次序或给出权数。组织者再次整理，最后给出一个达成共识的结论。这样的会议持续时间有时可能要几个星期，但对每一个被邀请者可能每周也就花半个到一个小时，当然个别特别认真的邀请者也许会花上几天，但一般也不可能超过每轮循环规定的时间，如一周。作者曾参加过国际系统科学学会为了确定 2003 年在希腊召开的该学会国际会议的会议主题而由会议主席发出邀请的一个网上会议。

6.1.3 会议的准备和主持

为了使会议开得更好、更富有效果，Shikli 于 2000 年提出了会议 20 步，分为会前、开始、会中、结束、会后 5 个部分。下面详细介绍这 20 步的内容。

（1）会前

①仔细计划会议：请谁、开什么内容、何时开、何地开、为什么开和有多少个会。

②预先准备好议程并及时散发。

③会议组织者应早到会场，并布置好。

（2）开始

④准时开始。

⑤让参会者介绍自己或由会议组织者介绍参会者，并宣布会议的预期。

⑥检查、修正和排好议程。

⑦提出各段议程的时限。

⑧检查上次会议要做的项目。

（3）会中

⑨提问。

⑩听取各种意见。

⑪弄清问题和摸清潜在的利益。

⑫提出多个方案。

⑬利用好客观的评价准则。

⑭借议程提醒会议的进程。

⑮总结一致的地方。

⑯弄清需要做决定的附加数据。

(4) 结束

⑰建立行动项目：谁去做、做什么、何时做。

⑱提出下次会议的日期和地点，并提出一个初步议程。

⑲干净利落和肯定地结束会议。

(5) 会后

⑳跟踪行动项目并开始计划下一次会议。

为了开好会议，国际上对 Facilitation（帮助在会议中小组在一起工作的方法，或者说是会议管理的技巧）和 Mediation（帮助各派处理有严重不一致看法时所用的方法，或者说是一种帮助各派解决争端的工具）十分重视，这两个名词也常常互换（The Consensus Building Institute，1999）。值得补充的是，在中国为了搞好会议组织，有些会议还有专设的组委会和会务组。另外，请到一个好的会议主席也是至关重要的，主席要充分发扬民主，因此要放得开，又要能及时地收得拢，适时地集中大家的意见。最后要由相关组织去及时地落实会议规定的各项行动，否则会议而不决、决而不行。

6.2 会议支持工具

为了开好会议，现在有多种高技术来支持会议的进行。最常用的工具如下（顾基发，2001）。

6.2.1 常用工具

电子通信类：电子邮件、微信、Skype、脸书、电子布告栏（Bulletin Board Systems，BBS）、电子信件系统（EMS）；

协作软件类：组件（TeamWare）、群件（Groupware）、协作系统（Cooperative System）、协调系统（Coordination System）、合作系统（Collaborative System）、计算机支持协同工作（CSCW）；

会议软件类：远距离会议系统（Teleconferencing Systems）、计算机化会议（Computerized Conferencing）；

电子会议系统：研讨厅（在第2章已有叙述）；

决策软件类：决策室、群决策支持系统（GDSS）；

可视化软件类：虚拟现实（Virtual Reality）、增强现实（Augumented Reality）；

有用方法软件：Pathmaker、SPSS、SWARM、Mediator、Brainstorming Toolbox。

6.2.2 中国科学院系统科学研究所开发的与共识相关的工具 GAE、iView、CorMap

与作者紧密合作的唐锡晋、王林及刘怡君等早在20世纪末和21世纪初在进行基金会重大项目以及另一些基金项目和课题时就不断开发了一些利用计算机和网络技术等与综合集成方法中专家意见收集、表达、共识和决策有关的工具。有国外的方法，如层次分析法、名义小组法等，并编出了专用程序，更重要的是自行开发了群体研讨环境（GAE），用于分析香山科学会议系列会议中专家的共识与创新，武器系统论证和中医专家经验挖掘等。后来在研究社会舆论中又开发了iView以及CorMap，下面进一步介绍这3个自主开发并行之有效的计算机工具。

（1）用于产生思想的群体研讨环境（GAE）

GAE（Group Argumentation Environment）是一个用于产生思想的群体研讨工具。它是以网络为基础的计算机化的环境工具，有两大主要模块：

①电子智暴模块（Electronic Brainstorming Module），亦称智暴研讨室（Brainstorming Argumentation Room，BAR），它主要帮助我们进行发散性思考，产生更多新思想和意见。

②自动相似图形模块（Affinity Diagramming Module），亦称自动相似列表，主要帮助我们进行收敛性思考，使思想或意见相对集中，国内其他学者和应用部门在介绍管理技法中，在介绍KJ法时也把"affinity diagram"译成亲和图。

GAE的功能模块如图6.3所示。左边部分主要用作动态关联演示，起动态可视化的作用；右边部分用作静态统计分析。

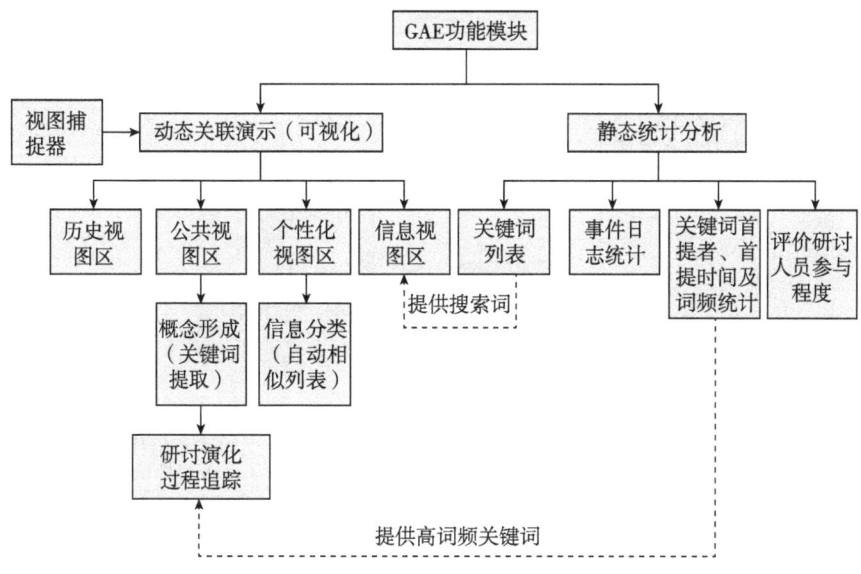

图 6.3　GAE 功能模块

进入智暴研讨室（BAR）注册的用户可参与研讨，它类似电子一对话工具。它将所有参加研讨者的话语（Utterance）作为语句都登记进去，将每一个参加者的语句和关键词作为信息输入并利用对偶标度法（Dual-scaling Method）将结果汇总，并用二维空间显示（图 6.4），这里利用野中的知识转换环境—场（Ba）以及 KJ 法来进行智暴过程（Tang et al.，2002）。首先是尽可能产生新思想，但也要适当将互相接近的思想归类。

GAE 可显示图形，有利于对讨论的议题揭示一些结构，有利于参加讨论者进一步去思考或形成一些新的思想和概念，有 3 种显示图：

①公共视图（Common Viewer）作为大家讨论的基础。公共视图好像是讨论过程中的黑板，把专家发言者的名字及讲的关键词簇显示出来（图 6.4）。

②个人图或个性化视图（Personal Viewer）好像在个人笔记本电脑上记录自己所讲的语句（图 6.5）。两者不同之处在于，公共视图是将所有研讨人员与其发言过程中的发言与关键词关联展示，有利于让外人清楚看

共识的理论、方法及应用

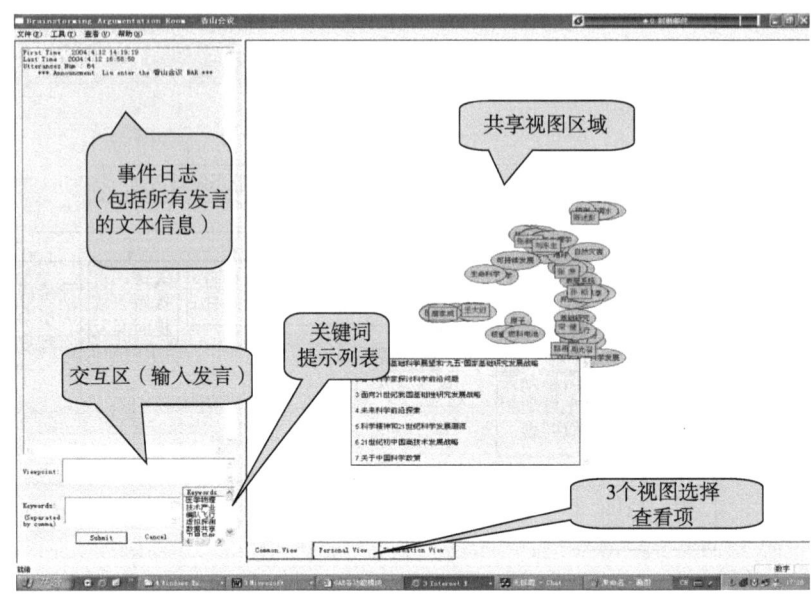

图6.4 GAE客户端交互窗口（公共视图）

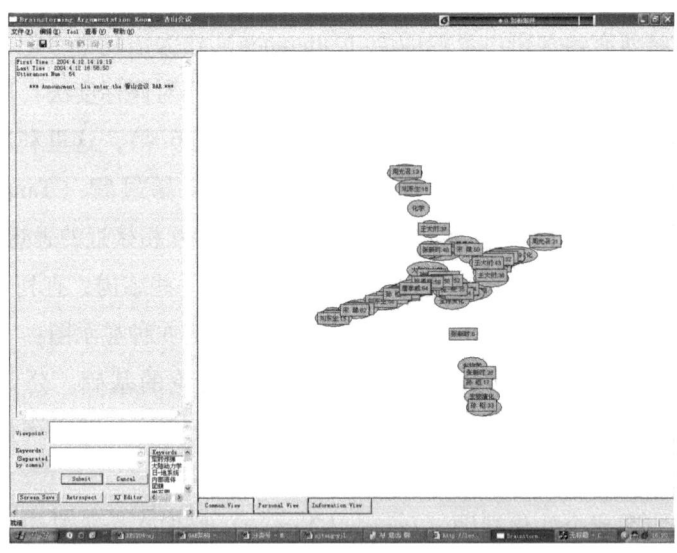

图6.5 GAE客户端交互窗口（个性化视图）

到讨论问题的核心所在，而个人图是发言人个人与相应关键词之间的关系，以激发研讨者的自我创造力。

③信息视图可为讨论中涉及的一些关键词提供搜索引擎（如百度、Google），可搜索与所讨论问题相关的外部信息（图6.6）。

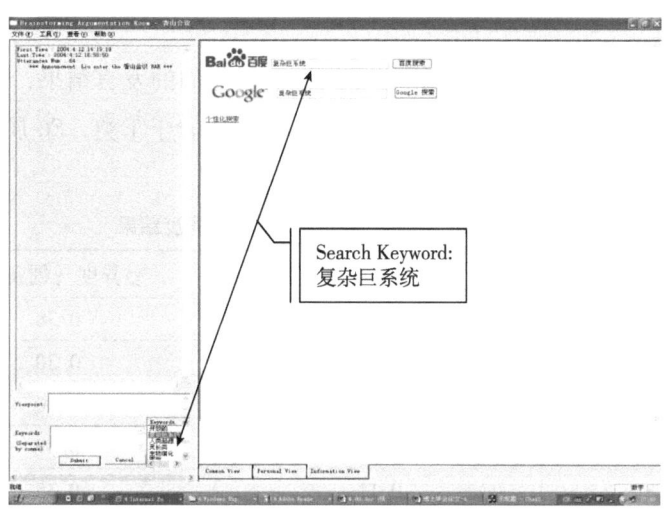

图6.6　GAE客户端交互窗口（信息视图）

此外，公共视图也可转为聚类图，这样可以一个个小组自动出现，而不是事先规定的类。

在这些大图中，还带有下列功能：

1）关键词列表，会被定时更新。

2）捕捉视图，可再现讨论过程中出现过的一幕幕场景，有利于回顾前面讨论的情况。

3）历史回顾区，比前者更微观地记录。

4）协调发言主体（相当于"facilitator"），会议组织者可以帮助活跃气氛，故意挑起一些问题进行讨论。

5）评价研讨人员参与程度，计算自己意见和大家意见的一致度（共识度）及差异度（创新度）。前者反映了共识程度，而后者反映了你能否标新立异。分类如下：

①一致性高、差异性高：表示此人创意多，而且受大家关注，因此研

讨贡献大；

②一致性高、差异性低：不排除人云亦云、随大流；

③一致性低、差异性高：属于鹤立鸡群，但提出的思想需另加判断或另外组织专题讨论；

④一致性低、差异性低：说明其发言不踊跃且新意也不多，属于研讨贡献不大。

例如，某会议有 10 个研讨者参加，根据他们的发言结果，整理后得出一致度和差异度结果如表 6.1 所示。E1 和 E4 属于①类，E6 属于④类。

表 6.1　10 个研讨者的一致度与差异度结果

研讨参与者	一致度（共识度）	差异度（创新度）
E1	0.40	0.38
E2	0.41	0.30
E3	0.16	0.30
E4	0.60	0.37
E5	0.11	0.35
E6	0.06	0.12
E7	0.25	0.32
E8	0.11	0.26
E9	0.36	0.34
E10	0.27	0.29

关于一致度与差异度的计算如下：

现有 n 个专家 $e_1, e_2, \cdots, e_n$，他们发表的语句为 U_i，各含关键词 m_i 个，记为 $k_{i_1}, k_{i_2}, \cdots, k_{i_{m_i}}, i = 1, 2, \cdots, n$。

①一致度的计算：

$$a_{ij} = |U_i \cup U_j|, i = 1, 2, \cdots, n; j = 1, 2, \cdots, n。 \tag{6-1}$$

对于任意两个专家 e_i 和 e_j，对于他们发表的关键词用 U_i 和 U_j 表示，如 U_i 含有 4 个关键词 {复杂，系统，脑，智力}，U_j 含有 2 个关键词 {系统，思维}，用 $U_i \cup U_j$ 表示它们的并集 {复杂，系统，脑，智力，思

维}，$U_i \cap U_j$ 表示它们的交集 {系统}，$|U_i \cup U_j|$ 和 $|U_i \cap U_j|$ 分别表示并集和交集内的元素个数，这里 $|U_i \cup U_j|$ 是 5 个，因此 $a_{ij} = 5$；交集 $|U_i \cap U_j|$ 是 1 个。

由所有元素 a_{ij} 构成一致度矩阵：

$$A = (a_{ij}), i = 1, 2, \cdots, n; j = 1, 2, \cdots, n。 \quad (6-2)$$

对矩阵 A 计算其所有特征向量值，其相应值依次作为各专家相应的一致度值。

② 差异度的计算：

$$d_{ij} = |U_i \cup U_j| - |U_i \cap U_j|。 \quad (6-3)$$

因此，$d_{ij} = 5 - 1 = 4$，同样由所有元素 d_{ij} 构成差异度矩阵：

$$D = (d_{ij}), i = 1, 2, \cdots, n; j = 1, 2, \cdots, n。 \quad (6-4)$$

对矩阵 D 计算其所有特征向量值，其相应值依次作为各专家相应的差异度值。

6）关键词提出者记录，这里要特别注意一些重要而又新颖关键词的首创者及其提出的时间。

7）自动相似列表，相当于对一些研讨信息进行自动的分类和聚类。

8）代表性关键词提取，为不同思想簇加一个名词。

9）研讨演化过程追踪。

GAE 主要产生思想而且可用以取得定性的假设。假设有时就是一个个方案。

例 6.1 GAE 在香山科学会议的分析应用

香山科学会议是针对一些经过批准选择的选题邀请一批专家进行跨学科研讨。例如，针对"复杂""脑、意识和智力"等选题，选择有关会议，把参加各次会议的主要负责人当作研讨者，把会议的主题词及其关键词当成他们发言的词句及关键词，并模拟研讨过程，利用 GAE 对群体发言信息进行探索性分析。通过将专家们的关注点或兴趣点可视化地表征出来，考察研讨关注内容，分析研讨结果，并进行初步的聚类。关键词最后被分成 4 簇或 4 个方面的视角。如果结合发言人，可看出某专家关注哪个簇。GAE 的功能是激励更多创意的产生，看到参与者的知识视角及共识点（图 6.7 至图 6.9）。

香山科学会议中与"复杂"有关的会议的关键词聚类：

①用 K-means 聚类，$K = 7$；

②用主题词网络图聚类为 8 类，$Q = 0.513$（刘怡君 等，2005；唐锡晋，2007）。

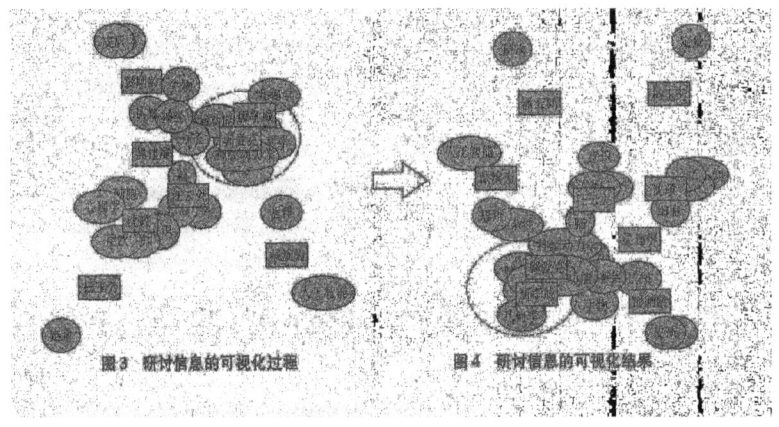

图 6.7　GAE 对香山科学会议研讨的可视化过程（刘怡君 等，2005：图 3 和图 4）

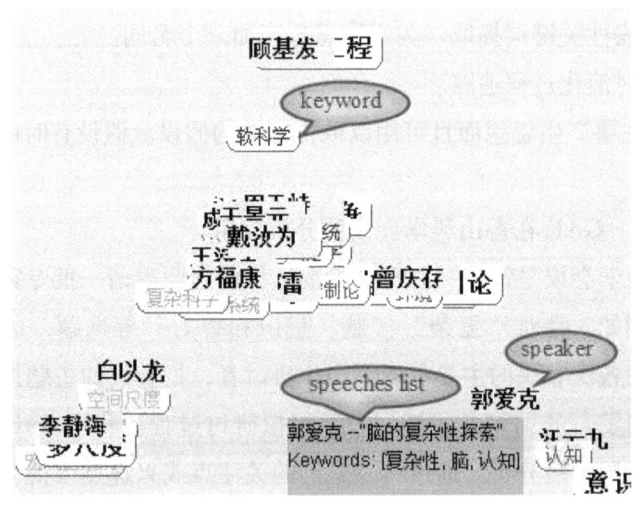

图 6.8　关于发言人的聚类（刘怡君 等，2005）

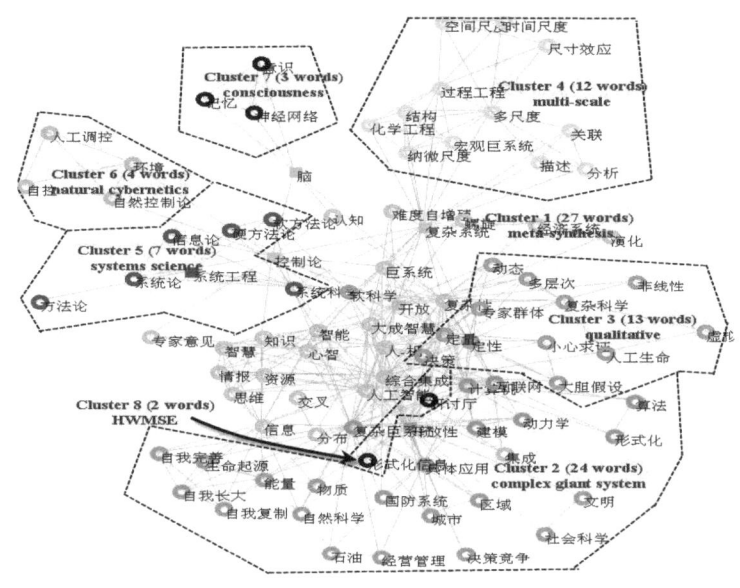

图 6.9 香山科学会议关键词聚类（刘怡君 等，2005）

例 6.2 武器系统的讨论与最后效果评价

对于一个武器系统的详细论证、选择与评价，开始使用 GAE 帮助武器专家们去讨论，先是发散的思考，之后加以思想聚类，最后要对方案定量考察。面对着这一个个系统方案专家们所发表的意见，决策者要对面对风险的态度以及利用资源的途径进行认真分析，对于武器系统就是要分析系统的效果、成本和开发的风险。需要作出综合评价时，也可用层次分析法和名义小组法等帮助决策者作出定量选择的结果。

对于其他要讨论的问题，如方案评价涉及领域不同还要设计别的效果评价工具。(Tang et al.，2002；Tang，2007)

（2）两个定性综合集成支持工具 iView、CorMap

这两个工具可对群体思想结构进行可视化表达，以便交互式分析，亦是形象思维的支持技术。iView 与 CorMap 正式命名于 2008 年，由唐锡晋及其研究生所开发，图 6.10 为其工作流程的简要示意。

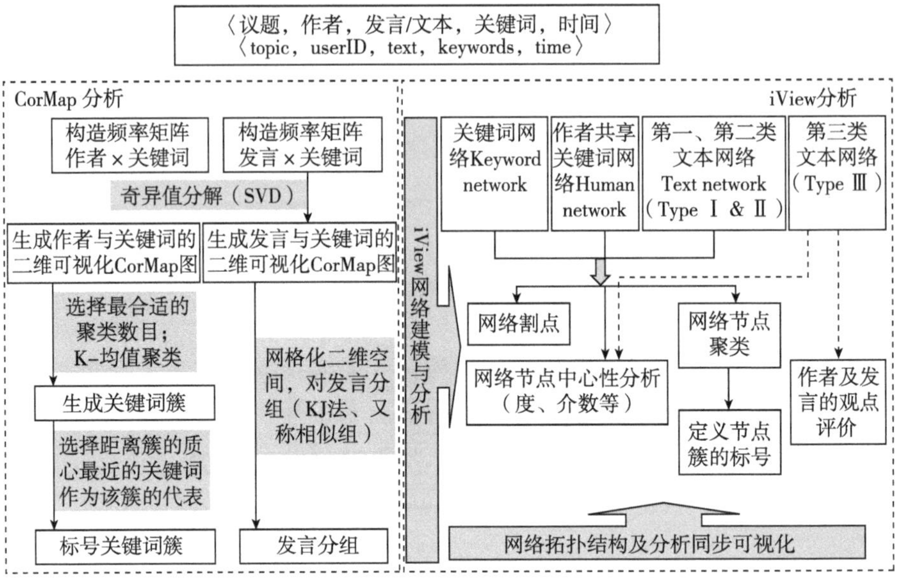

图 6.10　iView 和 CorMap 工作流程简要示意

1）iView 与 CorMap 处理信息表达

所处理的数据采用 5 元组形式：〈议题，作者，发言/文本，关键词，时间〉。

2）iView 分析

①生成图，以作者/关键词、文本/关键词等构成的对应关系，根据主成分分析、对应分析等方法的原理，利用矩阵运算的奇异值分解将关联投影到二维空间，称为图。

②可以用来作为关键词聚类、标号关键词簇、发言分组等，可以帮助会议主持人将所有会议参加者自动分组。图 6.11 显示了国家电网在讨论电力需求和供应时的一个 iView 分析图。

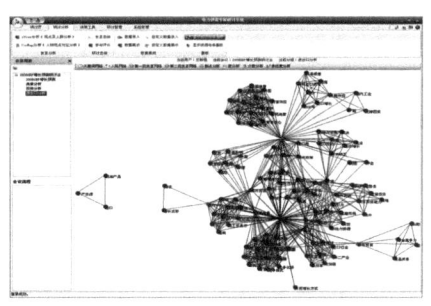

图 6.11 国家电网一次专家讨论中使用 iView 分析的结果
（胡兆光 等，2009：图 4-35）[93]

例 6.3　用 iView 研讨电力供需问题

图 6.11 是帮助国家电网在综合集成研讨厅中用 iView 来分析专家对电力供需问题的研讨过程（唐锡晋，2010；胡兆光 等，2009）。

3）CorMap 分析

用来建造网络，包括 3 个网络：按关键词同现于发言的关键词网络、共享关键词/文章的人际网络以及发言网络。利用网络分析方法可以探索关键人物、评价研讨成员参与程度与对研讨议题的贡献。这些功能对深入分析研讨中的共识现象有很大帮助。有如下用途：

①在研讨过程中挖掘某专家在图中表达的状况；

②KSS2006 会议挖掘与在线会场；

③专家思想挖掘；

④群体心理挖掘；

⑤群体会商挖掘（Tang，2008）。

例 6.4　用 CorMap 分析名老中医经验

2005 年国家启动"名老中医学术思想、经验传承研究"科技攻关计划项目。顾基发、唐锡晋、朱正祥、刘怡君、宋武琪在中国中医科学院西苑医院中医专家如翁维良、高蕊等的指导和协助下参与了部分课题研究，这里介绍唐锡晋小组所做的部分工作。课题组主要用系统科学中的综合集成思想以及新开发的思想挖掘技术来分析这些名老中医的学术思想来源（如书籍、古代某名医）、病症、治则、治法和医方，找到他们的共识的思想，其中"黄帝内经"就处于图中心区域，而张镜人与杨宗孟两位名医学术思想共同处较多等。使用 CorMap 技术分析 8 位名老中医的学术思想如图 6.12 所示。

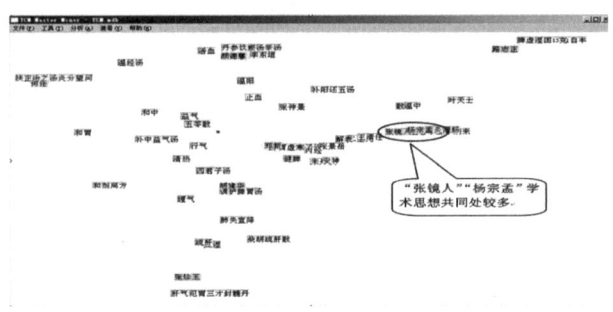

图 6.12　使用 CorMap 技术分析 8 位名老中医的学术思想
（唐锡晋，2010：图 4）[1002]

GAE、iView、CorMap 这些软件对深入分析研讨中的共识现象和过程有很大帮助，可直观地显示人们在研讨中的共识过程，可以看到在研讨共识过程中谁起的作用大，谁是新思想的最先提出者，谁和谁是共识。这 3 个技术也提供了人们在研讨中的形象思维。实际上应用这 3 个技术帮助我们计算分析人的思考行为数据，相当于给我们提供了在共识过程中的机器智能，为人机结合解决问题提供了计算机工具（唐锡晋，2010）。事实上，在上述名老中医课题中朱正祥、刘怡君、宋武琪等还开发了复杂网络分析以及其他处理定性数据的统计与图论方法，这里不再更多地展开介绍，有兴趣的读者可参考我们的专著《专家挖掘与综合集成方法》（顾基发 等，2014）。

6.3　会议中有助于取得共识的常用方法

会议中有助于取得共识的常用方法（Tang，2001，顾基发，2001）如下。

几个特殊的共识过程：Delphi（德尔菲过程）、智暴（Brainstorming）、名义小组方法（NGT），参见本书第 5 章；

几个决策方法：群决策（Group Decision）、多目标决策方法（Multiple Decision Making Method，MCDM）、对策论（Game Theory）、各种投票表决方法（Voting）、层次分析法（AHP）；

几个信息融合的方法：D-S 证据理论（Dempster-Shafer Evidences Theory）、荟萃分析方法（Meta-analysis）、综合集成方法（Meta-synthesis）、系统重构（System Reconstructability）；

几个信息和数据处理的方法：数理统计（更着重定性数据的统计处理方法）、模糊数学、粗糙集理论（Rough Set Theory）、不确定系统理论（Uncertainty Theory）；

两个定性信息处理的方法：KJ 法和战略假设表面化与验证（SAST）；

几个较现代的数据处理方法：复杂网络分析（Complex Network Analysis）、多主体仿真（Multi-agent Simulation）、聚类分析（Clustering Analysis）等；

更新的如人工智能、深度学习（Deep Learning）、神经网络分析、大数据分析方法等。

下面较详细地介绍 KJ 法（6.3.1）、战略假设表面化与验证（SAST）（6.3.2）、荟萃分析方法（6.3.3）和层次分析法（AHP）（6.3.4）。

6.3.1　KJ 法

KJ 法是由日本的川喜田二郎（Kawakita Jiro）在 1964 年提出的，KJ 是他日本名字英文拼法的第一个字母的组合，又称亲和图（Affinity Digram）法（图 6.13）。[（车宏安 等，1995）[254-255]、（杨斌，1991）[355]]

图 6.13　川喜田二郎著《KJ 法》

通过会议或各种调查方法搜集来的语言资料信息，经过对事实的综合分析，利用相合的结合（亲和，"affinity"）性加以归并整理，在复杂现象中发现问题、分析问题，抓住本质，找出解决问题的思路，启发人们的创造性。

KJ法一般步骤：

① 收集资料，可通过会议发言或市场调查收集有关资料和信息。

② 明确问题，通过与会者的发言明确主题。

③ 做好记录卡。

将每个发言者的发言用较简明的短词句（有时也可叫关键词组）记在一张卡片上，卡片右下角记上发言者姓名。如果讲了别的有意义的话语，可以另记在别的卡片上，同样记上姓名。

④ 卡片分组。

a. 将所有卡片仔细看一遍；

b. 按同类内容分成小组；

c. 根据归成一个小组的理由用蓝色的笔编目，将编目内容写在卡片的第一行；

d. 使用同样方法再将小组编成中组，用红笔编目，孤立的卡片不编入组内。

⑤ 按图解法将这些卡片分布在一张大纸上，每一组用不同颜色笔圈起来（图6.14），进行有逻辑的排列并标明它们的关系，进一步对于组间的关系也可描述，相关关系用←→，对立关系用>—<，因果关系用—→。

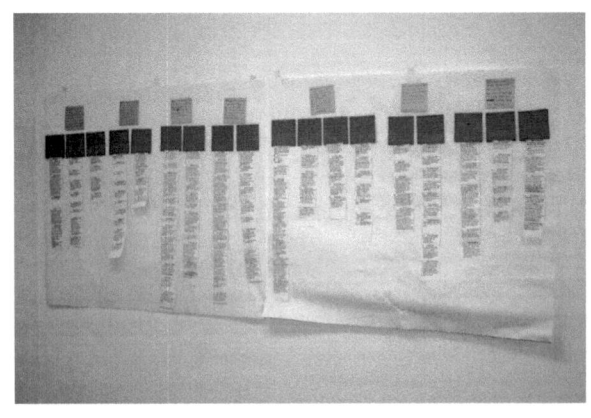

图6.14 KJ法示例

⑥ 按所拟解决的问题给各个圈再加上顺序，选用各类卡片，理出思路并找出解决问题的方法。

KJ 法与一般统计方法的比较如表 6.2 所示，两个方法各有侧重，一般统计法着重逻辑定量思维，KJ 法着重形象定性思维，利用组合和归纳发现问题的全貌，GAE 则结合了两者长处。

表 6.2　KJ 法与一般统计方法的比较（杨斌，1991）

序号	一般统计法	KJ 法
1	假设检验	发现问题
2	现象数量化，收集数据	不用数量化，收集语句
3	侧重于分析、分类	侧重于有关思想的结合
4	用数理统计	用灵感直觉归纳问题
5	美欧式思考方法	日本式思考方法

6.3.2　战略假设表面化与验证（SAST）

战略假设表面化与验证（Strategic Assumption Surfacing and Testing，SAST）是 1981 年由马松（O. R. Mason）和米脱罗夫（I. I. Mitroff）提出的。面对一些假设（Assumption，也可叫设想或方案）邀请一批专家参加讨论，特别是用辩论的方法，之后还要将讨论结果进行综合和集成，最后取得共识、做出决策。它是属于支持领导决策的思维过程。一般要求专家们各自参与一个小组，而小组之间是有不同看法的，最后经过辩论逐渐收敛（Mason et al.，1981；车宏安 等，1995）。

战略假设表面化与验证（SAST）的工作步骤：

（1）形成专家组

聚在同一组内专家的意见比较相近，而不同小组的意见差别最好较大。在讨论过程中小组内意见希望不要随便改变，每个小组最好有一个明确表达其内容的名词，如支持某项目的方案或意见。

(2) 假设表面化

每个小组用以支持其意见的基本假设要加以表面化或明确化,要弄清有关各方的利益相关者,即进行股主分析。

(3) 组内论证

每个小组用一对数表示在假设的重要性和确定性的二维图(图6.15)中所在的位置。纵坐标表示确定性(Certainty),越向上越确定,反之为越不确定。横坐标表示重要性(Importance),越向右越重要,反之为越不重要。该图有4个象限:象限Ⅰ,确定、最重要[亦叫确定计划区(Certain Planning Region)];象限Ⅱ,确定、最不重要;象限Ⅲ,最不确定、最不重要;象限Ⅳ,最不确定、最重要[亦称有问题的计划区(Problematic Planning Region)]。显然落在象限Ⅰ最好。

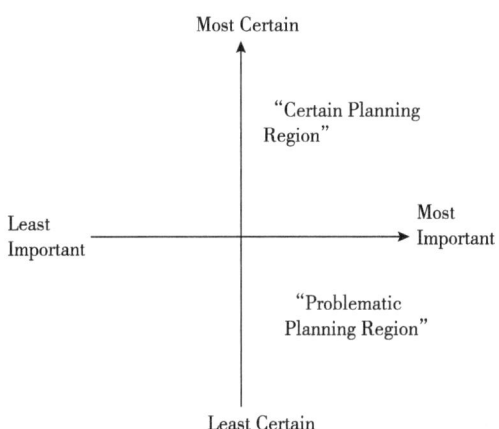

图6.15 重要性(Importance)与确定性(Certainty)的二维图

(4) 组间论证辩论

各组表达自己的关键假设,然后开始辩论,也可修正,以使希望得到大家都接受的假设组以达到共识,这里合作、互相理解和适当的让步和修正很重要。

(5) 综合与决策

由于通过各种意见对假设的不断修正和妥协,最后合成的假设以及由此产生的计划和决策就会较有效地得到实施。SAST的最终结果从原来具有不同价值观和对问题不同理解的小组最后交给一个专门小组。这个专门小组由于对各种假设有一定的共识，且有权做出决策和让方案统一最终实施，如果综合不出统一的意见，那么应该指出问题的分歧点，并且想方设法去解决这些分歧点。

这个方法有4个原理：①对立（Adversarial）；②参与（Participative）；③集成（Integrative）；④管理心情支撑（Managerial Mind Supporting）（Flood et al.，1991）。

马松和米脱罗夫曾经将他们的SAST用于解决温脱顿的一个合作发展社（这是一个集体所有制企业）的企业有效运行的问题，企图对企业体制进行改革。由于涉及利益所有者甚众，有两种改革意向：自上至下的和自下至上的。按照SAST的步骤先形成两个大组，然后形成一批假设。之后组内讨论，按照重要性与确定性分别对各个假设打分，接着组间辩论，最后综合。虽然发现全面综合很难，但是达到真正共识的机会增多了，由于增加了相互理解，为以后改革措施的实现创造了条件。他们还应用SAST为爽通印刷厂（Thornton Printing Company）做了一个详细案例。这是一家家族企业，主要为其他公司印制商标和票据等，最近一些年由于市场竞争激烈，利润逐步减少，为此企业面临改革，后来应用了SAST，经理认为企业将更容易适应市场环境，生产率增加了，企业信誉改进了，利润自然也就增加了，这里就不再详细介绍了（Flood et al.，1991）。

例6.5 用SAST帮助解决香港机场第三跑道的争议

香港机场第三跑道项目引起香港社会很多争议。从系统角度看，这是一个病态结构问题。Ho在2015年就用SAST方法来研究这个项目，对该项目提出很多假设和设想。该项目以脸书为基础调查当地人民对这些设想的感受以及争议的性质，项目研究主要强调SAST的方法论意义。有90人参加了问卷调查，问卷中有19个问题，调查是在2015年12月4—8日进行的。被调查者要求按年龄、性别、教育程度、社会中所处级别来登记，并按所提的问题分3种感受回答。利用多元回归分析对这些数据进一步处理，认为该项目是重要的，但确定性较低（图6.16）。当然文章并非官方定论，但具有实际意义（Ho，2015）。

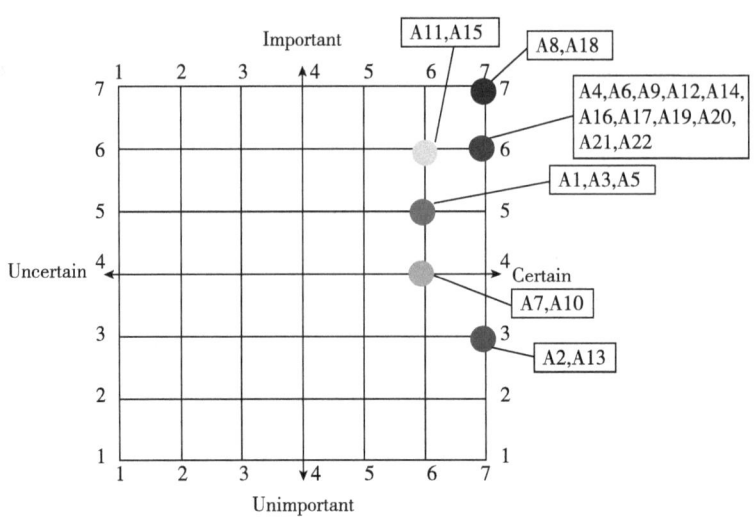

图 6.16　例 6.5 中各个假设在重要性与确定性二维图中的相应位置

例 6.6：用 SAST 解决印度尼西亚某矿区改造成旅游区的问题

2017 年，印度尼西亚吉博省有 150 个煤矿，只有 23 个运行尚可，其他大多经营不善。其中矿因经营不善想将邦戈地区的露天煤改为旅游地。当地的环境也受到污染，因此煤矿公司、本地居民和旅行社想利用 SAST 方法来讨论其中得失。提出了 22 个假设（如假设 A1：现有旅游资源是否在当地是独有的；A2：娱乐设施的可用性；A8：犯罪率低；A13：煤矿对旅游的支持等），其中 18 个假设落在象限Ⅰ，4 个假设落在象限Ⅳ。经过进一步讨论，根据对这 22 个假设的量化评价，得出以下结论：A8、A18 最好在坐标系中的位置为 (7，7)；A2、A13 最差，在坐标系中的位置为 (7，3)。最后为矿区和当地居民寻找到双方都满意的方案，政府也支持，并决定进一步对居民在旅游知识方面进行培训（Daulay，2020）。

在实际应用时，往往是这些方法、工具等混合应用。在做制定商业标准化体系设计课题时，先用智暴解决调查意见的框架、条目，然后用 Delphi 法汇总大家的意见，并用聚类分析法来检查意见分散的原因，加上多次讨论会和专家的深入调查与讨论，最后综合专家与领导的意见形成共识，课题组还设计了计算机支持系统，提供与专家对话、信息查询以及计算分析使用（Tang，2001）。芬兰赫尔辛基大学的系统分析室曾做过关于管理派亚内湖（Päijänne）的政策项目，为了取得共识，曾应用了不少解析方法，如 MCDM、AHP、决策树等（Hamalainen et al.，1998），还开发了一些软件（参见本书第9章）。

6.3.3 荟萃分析方法（Meta-analysis）

科技界特别是医学、教育、科学学等领域，除了喜欢用开会和专家讨论的方法来汇集人们的共识外，一直盛行通过将过去发表过的文献以及各种研究报告、医案和各种证据文件采用科学调查阅读的方法来汇集意见，常用文献综述的方法来汇集人们在所研究问题中的共识，一般都以为文献看得越多，汇集的知识也就越丰富、越正确，但是如果汇总方法不对，就有可能引向错误和片面的结论。后来人们对如何科学地汇集文献的方法本身进行研究，如用系统综述等，其中荟萃分析方法脱颖而出。这一方法由教育心理学家格拉斯（G. V. Glass）在1976年提出并命名为 Meta-analysis（Glass，1976），中文译名有荟萃分析、汇总分析、元分析和整合分析等。荟萃分析方法是一种对文献进行汇总的统计方法，其基础是抓文献和医案的效应量（Effect Size），它将文献汇集起来做一定的定量分析。关于荟萃分析方法以及近年来它的新发展等方面可参见相关图书（顾基发 等，2007）。"荟萃分析"的概念是指对研究目的相同、又相互独立的多项试验结果进行系统的综合统计分析。荟萃分析方法作为一种定量的文献分析方法，提供了一种解决有争议和不确定问题的手段，采用将过去研究的同类结果进行系统定量的综合的统计学方法。20世纪80年代起，随着循证医学的兴起以及在临床的应用，荟萃分析方法已成为我国重要的研究方法之一，被广泛应用于病因学、诊断、治疗、预后、医学教育和卫生决策、卫生经济学等方面的研究中。该方法主要用在医学中，能正确地就某一问题进行系统回顾，需要收集和分析所有已发表的文献，而且不光是收集那些更能引发人们兴趣的、有临床意义的以及易于获得的文献，这样容易犯主观片面性错误。后来荟萃分析方法也应用到教育和其他科学研究中，已经成为科技界，特别是医学界一个重要的取得共识分析的方法，已用于多个领域。荟萃分析方法的一般入门可参考图书《Meta 分析导论》（图 6.17）。

图 6.17　M. 博伦斯坦等著，李国春等译，《Meta 分析导论》，2013 版

这本书详细介绍了荟萃分析的基础知识、概念与方法等，结合实际例子介绍统计分析和软件，还有荟萃分析、系统综述资源的推荐（书籍、专利、网站等），适合刚入门的读者打基础。下面是这本书的目录：

第一部分　简介

第二部分　效应量和精度，基于均值的效应量和二分类数据的效应量

第三部分　固定效应与随机效应模型

第四部分　异质性的识别和定量、预测区间、Meta 回归、亚组分析和 Meta 回归

第五部分　复杂资料结构

第六部分　唱票法（Vote Counting）、Meta 分析的检验效能分析发表偏倚

第七部分　效应量相关问题、Simpson 悖论、逆方差方法的推广

第八部分　其他方法心理测量 Meta 分析

第九部分　Meta 分析实际应用中相关议题的讨论，何时进行 Meta 分析是合适的？对 Meta 分析的批评

第十部分　Meta 分析应用软件

荟萃分析方法总体可分为以下几步：

1）选题

对一些大样本，多中心临床合作已经得到明确结论的，没必要做荟萃

分析。

2）文献检索

总体的要求就是查全和查准。需要考虑如下几个方面：①圈定搜索数据库［外文有 Medline、Cochrane Library、医学文摘、Toxline、Ovid、Embase、ISI Web of Science、EBSCO 等；国内有维普全文（VIP）、CNKI、万方数据库］。②确定语言类型，包括所有英语和非英语的文献。③明确需要包含的研究类型仅包含 RCT，还是病例对照试验、队列研究等。④明确暴露因素/治疗方法。⑤筛选关键词，这将直接影响文献检索的准确性和敏感性，也关系到指定检索策略。关键词需要根据研究问题本身来确定，对于每一个关键词尽量包含所有可能的表述形式，可以尝试几种关键词组合以搜索最合适的文献。⑥检索获取摘要和全文，其中联系专家是一种很好的方式，不仅可以获取全文，甚至可以询问文献中的细节，以帮助我们后续使用文献。建议搜索文献引用名单，可以增加文献搜索的全面性。

3）数据提取

数据提取、资料提取是从符合纳入要求的文献中摘录用于系统评价的数据信息，所提取信息必须是可靠、有效、无偏的。一般提取的信息有：研究编号、发表年限、纳入研究者的一般信息、样本量、设计方法、干预/暴露因素、研究结局。

4）质量评估

对于 RCT 有 Jadad 标准、Delphi 清单、Consort 声明等。

5）数据整合

6）结果解读

荟萃分析中常见的模型和图有固定效应模型、随机效应模型、混合效应模型、偏倚分析、森林图、漏斗图、气泡图等。

荟萃分析不单有文献介绍，现在也编出了不少软件。例如：

① Comprehensive Meta-Analysis，CMA，现在已有了第 3 版，国内有第 2 版的中文版 CMA2.0。CMA 是一套操作界面友好而又非常强大的足以满足用户所有研究需要的元分析软件包。

CMA3.0 版本更新：CMA 是由多名在美国和英国公认的荟萃分析领域专家共同开发的软件。

② Sata12.0，主要面向科研人员及数据分析人员对已发表的文献进行荟萃分析数据检验，可配套 Sata 软件（https：//download. csdn. net/download/hujinggang/8284557）进行使用。

③ RevMan（Review Manager）软件由 Cochrane 协作网于 2003 年推出。该软件是 Cochrane 协作网用于制作和保存 Cochrane 系统评价而开发的一个软件，由北欧 Cochrane 中心制作和更新。

其主要特点：一是可以方便地制作和保存 Cochrane 系统评价的计划书和全文；二是可对录入的数据进行荟萃分析，并以森林图的形式展示分析结果；三是可对 Cochrane 系统评价进行更新；四是可以根据读者的反馈意见不断修改和完善。

该软件的最新版本为 RevMan5.3，它提供 5 种类型的系统评价制作格式：干预性试验系统评价、诊断性试验系统评价、方法学系统评价、系统评价再评价、自定义评价。该软件是目前荟萃分析专用软件中较为成熟的软件之一，也是荟萃分析软件中唯一可以与 GRADEpro 软件相互导入进行证据等级评定的软件。

例 6.7：预防性静脉应用皮质激素防止成人拔管后气道并发症研究的荟萃分析

研究目的是确定皮质激素是否可有效预防成年危重症患者拔管后喉部水肿，降低再插管的发生率。

设计了荟萃分析。数据来源：检索数据库 PubMed、Cochrane Controlled Trials Register、Web of Science、Embase，对语言、研究时间和发表状态没有限制。选择标准是关于静脉使用皮质激素预防成年患者拔管后并发症的随机、安慰剂对照研究。回顾方法检索并根据纳入和排除标准选择文献、提取数据、评估方法学的可靠性，然后进行独立分析并重复。汇总分析数据得到优势比和 95% 可信区间，以及风险差异和需治数。研究终点：主要终点为拔管后发生喉部水肿；次要终点为由于喉部水肿导致的再插管。结果 6 项临床研究被纳入分析（$n=1923$）。与安慰剂组相比，拔管前应用激素可降低喉部水肿（$OR=0.38$，95% 可信区间为 0.17~0.85）和再插管（$OR=0.29$，95% 可信区间为 0.15~0.58）的发生率，相应的风险差异分别为 -0.10（-0.12~-0.07，需治数为 10）和 -0.02（-0.04~-0.01，需治数为

50)。亚组分析显示,多次给药可明显降低喉部水肿($OR = 0.14$,95%可信区间为 0.08~0.23)和再插管($OR = 0.19$,95%可信区间为 0.07~0.50)的发生率,相应的风险差异分别为 −0.19(−0.24~0.15,需治数为5)和 −0.04(−0.07~0.02,需治数为25)。单次给药只发现有降低喉部水肿和再插管发生率的趋势,可信区间包含1。没有报道激素相关的不良反应。结论:成年患者拔管前预防性多次给予皮质激素可降低拔管后喉部水肿和因其所致再插管的发生率,且很少引发不良事件。(Fan et al.,2009)

例 6.8:荟萃分析及其在教育学研究中的应用与展望

荟萃分析是一种功能强大的系统研究方法,能够为教育研究和决策提供很大的帮助。荟萃分析在国外的教育研究中已得到广泛的应用,但在我国的教育研究中还很少见到有人使用该方法。侯丹(2008)对荟萃分析的涵义、操作过程、局限性等方面进行了探讨,并展望了荟萃分析方法的应用前景。

例 6.9:荟萃分析在科学研究中的应用与展望

荟萃分析能够对科学研究及实践决策提供很大的帮助。学者对荟萃分析方法的内涵、发展、优势、分析步骤、分析过程中应注意的环节等方面进行了探讨,并展望了荟萃分析方法的应用前景(卫林英 等,2006)

随着荟萃分析的广泛应用,人们也发现了它的一些局限性,如没有引起足够重视的个别文章被忽略了,特别对于有些有创见或独特看法的专家意见没有重视。钱学森也曾批评它的不足,过多重视计算机的应用,对专家意见考虑不够,认为应该用综合集成(Meta-synthesis)更好一些。作者也注意到,国外学者也发现类似问题而改荟萃分析为寻求综合集成(Meta-synthesis),但还是更多从定性的综合集成来研究。[(钱学森,2007)、(钱学森,2011)、(王晋锋 等,2007)、(顾基发 等,2007)、Sandelowski et al.,2001)]

6.3.4 层次分析法

层次分析法(Analytic Hierarchy Process,AHP)是萨蒂(L. L. Saaty)

于20世纪70年代初在为美国国防部研究各部门对国家福利贡献大小而进行电力分配课题时提出来的,用于在复杂多层次多目标多人决策时帮助人们取得共识并做出相应决策(Saaty,1980)。萨蒂本来是研究运筹学且习惯于构造定量数学模型的学者。后来他走上一条不用太多复杂数学模型的路,而是依靠专家定性判断,并用尽可能简单的数学方法汇总这些判断并帮助大家取得共识,而且也给出相应的共识度,他称之为一致度,如果达不到这个一致度要求,方法会要求人们重新修改自己的判断,直至达到要求。这个方法在我国一度甚为流行,其主要研究和推广者为原在天津大学后去美国工作的许树柏教授,在他的推动下,国内有一支规模不小的队伍在研究和推广AHP及其进一步新发展的方法,主要组织者是中国系统工程学会决策科学专业委员会(许树柏,1988)。

AHP方法步骤:

(1) 先做出层次结构图

对于一个决策问题,先可以分成几个层次:第一层次是总目标;第二层次是分解后的分目标;第三层次是可能的各种约束;最底下一个层次提供专家要选的方案(图6.18)。

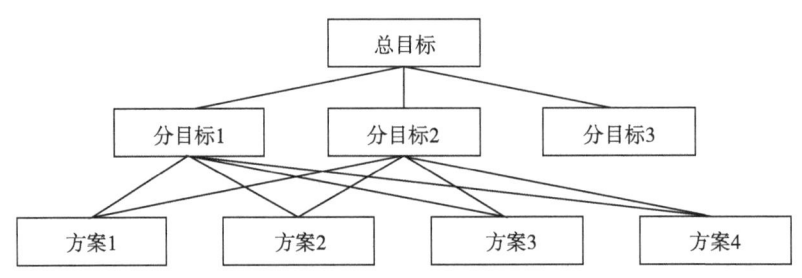

图6.18 层次结构

(2) 构造同层次的判断矩阵

例如,现在有 n 个元素 $a_1, a_2, \cdots, a_n$,要给出优劣排序。我们先采用两两比较的方法,如两个元素 a_1、a_2,要比较它们的大小,如果比较两块石头的重量,若是有一个磅秤,就可分别称出它们的重量 w_1、w_2,并用 w_1/w_2 作为它们的比值。问题是假如我们没有磅秤,只好靠目测,甚至用手去逐个掂量,然后给出它们的估重,分别为 ω_1、ω_2,并用 ω_1/ω_2 作为它们的比值，用 a_{12} 表示。类似地，通过逐对比较可以得到所有的 a_{ij}，$i=1,2,\cdots,n$；$j=1,2,\cdots,n$，用所有 a_{ij} 组成矩阵 $A=(a_{ij})$ 或可得直观的矩阵，表示为

$$A = \begin{pmatrix} a_{11} & a_{12} & \cdots & a_{1n} \\ a_{21} & a_{22} & \cdots & a_{2n} \\ \vdots & \vdots & \ddots & \vdots \\ a_{n1} & a_{n2} & \cdots & a_{nn} \end{pmatrix}。 \qquad (6-5)$$

A 称为判断矩阵，且具有性质：

$$a_{ii}=1, i=1,2,\cdots,n,$$
$$a_{ij}=1/a_{ji}, i=1,2,\cdots,n; j=1,2,\cdots,n。$$

其实对于定性估计出的值不必要求那么精确，一般用表 6.3 中的对应值即可。例如，a_1 比 a_2，稍微重要就取 $a_{12}=3$；a_1 比 a_3，绝对重要就取 $a_{13}=9$；a_1 比 a_4，明显不重要则取 $a_{14}=1/5$。类似地，可以由评判者给所有 a_{ij} 赋予相应的值。

表 6.3 比值标度取值

相应 a_{ij} 取值	两个元素相比重要程度
1	同等重要
3	稍微重要
5	明显重要
7	强烈重要
9	绝对重要
1/3	稍微不重要
1/5	明显不重要
1/7	强烈不重要
1/9	绝对不重要

（3）确定元素的权重

利用判断矩阵的最大特征根相应的特征向量，如第一个特征向量值对

应第一个元素，第二个特征向量值对应第二个元素，以此类推，它们就是这些元素的权重值。这些知识对于学过高等代数的人是不难理解的，但对于没学过的人还是不好算。萨蒂提出两种比较好计算特征向量的近似方法。

① 加和法，即将判断矩阵中同一行所有元素加起来，如第 i 行为 b_i：

$$b_i = \sum_{j=1}^{n} a_{ij} = a_{i1} + a_{i2} + \cdots + a_{in}, i = 1,2,\cdots,n。 \quad (6-6)$$

这时元素 a_i 的权重 w_i 为

$$w_i = b_i / (b_1 + b_2 + \cdots + b_n)。 \quad (6-7)$$

② 方根法，即将判断矩阵中同一行所有元素乘起来，并开 n 次方，如第 i 行为 c_i：

$$c_i = (a_{i1} \cdot a_{i2} \cdots a_{in})^{1/n}。 \quad (6-8)$$

这时元素 c_i 的权重 w_i 为

$$w_i = c_i / (c_1 + c_2 + \cdots + c_n)。 \quad (6-9)$$

（4）确定总层次的权重

假定有 3 个层次（总目标、分目标或准则、方案），从最底下的层次方案层算起。如果总目标 F 下有 3 个分目标（$f1$、$f2$、$f3$），方案层有 4 个方案（$s1$、$s2$、$s3$、$s4$）。那么先对每一个分目标 fi 去构造它的 4 个方案的判断矩阵 A_i，并计算 4 个方案的权重 w_{i1}、w_{i2}、w_{i3}、w_{i4}；然后类似地算得总目标中对 3 个分目标的权重，设为 m_1、m_2、m_3，这时在总目标意义下的每一个方案的权重 $w_j (j=1,2,3,4)$ 为：

$$w_1 = \sum m_i w_{i1}, w_2 = \sum m_i w_{i2}, w_3 = \sum m_i w_{i3}, w_4 = \sum m_i w_{i4}。$$

$$(6-10)$$

式中求和号都是对 $i=1,2,3$ 求和。

（5）计算共识度即一致度

① 计算同一层次的共识度。在层次分析法中共识度（一致度）计算比较特别。共识度计算是分析专家自己在一个层次序列判断中是否出现逻

辑混乱，如元素 a_1 比 a_2 明显重要，a_2 比 a_3 也明显重要，而 a_1 却与 a_3 同等重要甚至 a_1 不比 a_3 重要等。这里将共识度指标定义为

$$CI = (\lambda_{\max} - n)/(n-1), \quad (6-11)$$

其中，n 是要比较的元素个数，而 $\lambda_{\max}$ 是判断矩阵最大特征根的值。

由于随着 n 的变化对一致性指标的要求是不一样的，一般 n 越大要求越高，因此萨蒂通过大量计算得到了一个随 n 变化的平均随机一致性指标 RI（表6.4）。

表6.4 RI 随 n 变化的值

n	2	3	4	5	6	7	8	9
RI	0	0.58	0.90	1.12	1.24	1.32	1.41	1.45

然后用 $CR = CI/RI$ 作随机一致性指标，并要求小于0.10，即 $CR = CI/RI < 0.10$。

②计算总层次的共识度。例如，第三层有4个方案但有3个分目标，对应每一个分目标可算出一致性指标 CI_i 及查到对应的 RI_i（$i=1,2,3$），那么相应第一层次算得的权重为 m_1、m_2、m_3，则总层次共识度为

$$C = (\sum m_i CI_i)/(\sum m_i RI_i)。 \quad (6-12)$$

式中求和号都是对 $i = 1,2,3$ 求和。

这里我们没有给出对总层次计算的一般性公式，由于表达式复杂，特别是实际中结构图本身十分复杂。萨蒂实际上把层次结构变成极为复杂的网络，网络中元素有的断了联系，还有的可以又反馈上去，等等，他提出了网络层次分析法（ANP），有研究兴趣的读者可以去查看更新的文献（萨蒂，2016）。

例6.10：某企业有一笔资金可以在 **5** 个方面投资，投资考虑准则有 **3** 个，用 **AHP** 方法决定投资比例。

这里有5个投资方案：方案1（S1）为发奖金；方案2（S2）为改善福利事业；方案3（S3）为办夜校；方案4（S4）为建俱乐部；方案5

(S5)为引进新设备。考虑的准则：准则1（F1）为增加职工积极性；准则2（F2）为提高企业技术水平；准则3（F3）为改善职工文化生活。总目标F是促进企业新发展。

1）构建层次结构图（图6.19）。

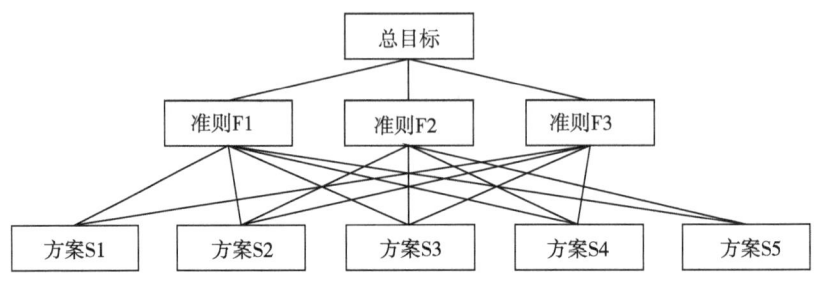

图6.19 例6.10的层次结构

2）构建每一个层次的判断矩阵（注意，这里的判断一般是请专家逐一判断后给定的），并计算相应权重。

①第一层次F与F1、F2、F3的判断矩阵如下：

F	F1	F2	F3
F1	1	1/5	1/3
F2	5	1	3
F3	3	1/3	1

采用方根法进行相应计算可得

$$WF = (WF_1, WF_2, WF_3) = (0.105, 0.637, 0.258),$$
$$\lambda_{\max} = 3.038, CI = 0.019, RI = 0.058, CR = 0.033 < 0.10。$$

②第二层次的计算。先对F1与S1、S2、S3、S4、S5做判断矩阵如下：

F1	S1	S2	S3	S4	S5
S1	1	2	3	4	7
S2	1/2	1	3	2	5
S3	1/3	1/3	1	1/2	1
S4	1/4	1/2	2	1	3
S5	1/7	1/5	1	1/3	1

采用方根法进行相应计算可得

$$WF_1 = (0.491, 0.232, 0.092, 0.138, 0.046),$$
$$\lambda_{max} = 5.126, CI = 0.032, RI = 1.12, CR = 0.028 < 0.10。$$

类似地，可以得到 F2 对 4 个方案（S2、S3、S4、S5）（注意，这里考虑到 S1 对 F2 关系不大，因而省略，同样 S5 对 F3 关系不大而省略）的判断矩阵以及相应的计算结果为

$$WF_2 = (0.055, 0.564, 0.118, 0.263),$$
$$\lambda_{max} = 4.117, CI = 0.039, RI = 0.90, CR = 0.043 < 0.10。$$

类似地，可以得到 F3 对 4 个方案（S1、S2、S3、S4）的判断矩阵以及相应的计算结果为

$$WF_3 = (0.406, 0.406, 0.094, 0.094),$$
$$\lambda_{max} = 4, CI = 0, RI = 0.90, CR = 0 < 0.10。$$

3）最后计算层次总排序（表 6.5）。

表 6.5　层次总排序

	准则层次 F			
	F1	F2	F3	层次 F 总排序
方案层次 S	0.105	0.637	0.258	
S1	0.491	0	0.406	0.157
S2	0.232	0.055	0.406	0.164
S3	0.092	0.564	0.094	0.393
S4	0.138	0.118	0.094	0.113
S5	0.046	0.263	0	0.172

从计算结果看，每一个层次的一致度都能通过，最后方案层次应该是 S3 最好、S4 最次。如果甲比乙强，用甲≫乙表示，则有下述排序：

$$S3 \gg S5 \gg S2 \gg S1 \gg S4。$$

有时我们也可把最后一列看成权系数,那么如果公司拿出 1000 万元,就可以给方案 S1 157 万元,给 S2 164 万元,给 S3 393 万元,给 S4 114 万元,给 S5 172 万元。(车宏安 等,1995)

第 7 章

共识决策法

决策是人们经常要做的，决策的内容多种多样，决策者可以是一个人，也可以是一群人，如果是一群人就是群决策。有的群决策中有一些德高权重的人，人们习惯于听从他们的意见而做出决策，称之为"从权"；也有很民主的，就是用简单的投票表决，听从获得大多数投票的意见，称之为"从众"；也有自己或请人帮助认真研究一番，找出可信的理由而做出决策，称之为"从理"。而共识决策（Consensus Decision-making）是一群人通过反复讨论，特别是不简单采用多数压倒少数的方式，而是充分听取少数的反对派意见，用沟通、互相说服的办法，慢慢取得共识，然后做出决策。这种方法现在在一些社团组织中比较流行，但是当决策时间紧迫，或者决策人群中出现固执己见而又不肯妥协让步的人时，这种方法就会失灵。

7.1 什么是共识决策

共识决策是一种群决策过程，群中成员希望做出对大家都有利的决策。这里共识作为一个可以接受的解决方案，并不一定对每个人都是有利的。共识决策是一种多人参与的决策过程，不仅追求参与者的多数同意，而且还解决和减轻少数人的反对以达成最多同意的决策。共识通常被定义为：①普遍同意；②普遍同意达成的过程，共识决策主要关注这一过程。共识决策有利于削弱派别或党派的作用，并提升个人意见的表达。通过并列不同的意见，共识决策也增加了不可预测或创新方案出现的可能性。共识决策寻求最少的反对意见，因此该方法在社团和志愿者组织中非常流行。在这类组织中，决策只有取得最广泛的认可,才更有希望被贯彻执行。当决策的强制执行难以实施时,就希望采用共识决策,这样每一个参与者将被要求对决策施加影响。相对于那些多数派采取行动并执行决策,而没有更多的与少数投票人进行磋商的情况,少数派的意见必须被更大限度地考虑。这种方法通常被认为需要更多的时间和努力去达成共识。因此,一些团体可能倾向于将共识决策用于特别复杂、有风险的重要决策,以期能够既考虑到少数派的意见,又能够及时有效地做出决策。共识决策产生于所有成员都不同程度地支持各自的某项提议,每一个团队成员均有对他人意见的否决权。共识决策提供一种反映所有成员想法的全面解决办法,能够提高成员实施决策的积极性,体现平等之风。如果决策时间有限或团队成员不具备决策的足够技巧,决策就难以形成(图7.1和图7.2)(互动百科,2018;Wikipedia,2018;百度百科,2018)。

图7.1 约克大学的Quaker业务会议(Fran Lane 摄)
(图片来源:http://jasmine.19inch.net/~narflet/gallery2/main.php)

图7.2 在Shimer学院大会上参会者经过深思熟虑后对选举院长达成共识(Erik Badger 摄)
(图片来源:http://jasmine.19inch.net/~narflet/gallery2/main.php)

7.2 实施共识决策的基本过程

实施群体决策的基本过程,首先是讨论,然后提出建议,接下来看能否达成共识,如果不能达成共识就提出大家关心的地方,或再组织新一轮讨论,或去修改建议,或搁置一些争议再去求得共识,最糟糕的情况下就停止。如能达成一定的共识,就去提出具体的行动点。群体决策的基本过程如图 7.3 所示。

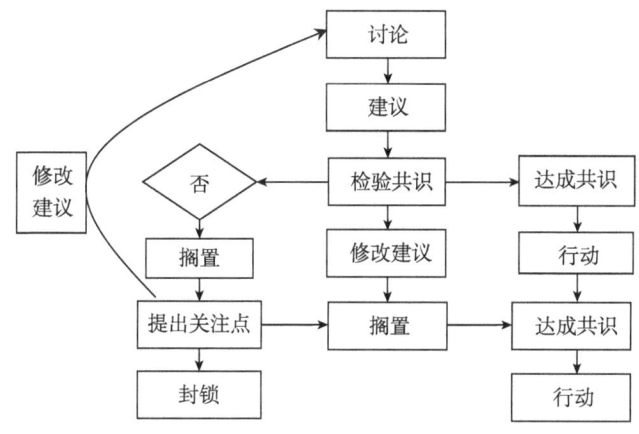

图 7.3　群体决策的基本过程（Wikipedia,2018）

7.3 共识决策的主要原则

一般决策往往通过简单地列出选项、短时间的争辩、投票,然后根据一定比例的多数（如 50% 加 1 或 2/3）来接受或拒绝,而一个共识决策的过程要包括认清与面对疑问、提出新选择、合并不同选择,以及保证每一个人都明白各项提议与论点。这样的方法给了少数派、有反对意见但难以迅速阐述的以及缺少辩论技巧的人以更多的影响力。因此,共识决策法往往被视作草根民主的表现形式。

有些平等主义团体会试用共识决策来减少其领袖或组织者的权力。这种方法也可减少多数对少数或个人的任何伤害。共识决策适用于个人情绪风险高、群体成员互不信任以及讨论时间充足的情况。共识决策法可修正习惯惰性、过于服从或疏忽少数人真知灼见等陋习。

如同其他集体决定过程一样，共识决策也会让不参与辩论者失去影响力，因为他们不能参与修订新提议（但他们在讨论前或曾有参与的机会）。故此，多数共识决策程序极重视更多人的参与。确定一套共识决策过程的两种关键因素为：①所要求的同意/一致程度；②讨论的时间分配，包括急切事项与重要事项之间的分配。若共识不是一致同意，需关注具体是谁不同意？健康的共识决策程序往往鼓励及早释放反对声音，以尽可能收纳各种小众观点。除此之外，要注意行动、监察与后继行动是决策的关键之处，如果没有行动，只会是空谈。

7.4 对共识决策法的批评

关于共识决策法也有很多批评。其一是共识决策法会导致一种情况，即相对少的人（少数派别）可以阻止大多数人渴望的行动。其二是在决策两极分化的背景下不可能达成共识。在这些情况下，一个团体或组织会相持不下、落入僵局。共识决策法允许决策的责任平摊到团队成员中，谁都负责，又谁都不负责，最终使得没有人为决策的后果负责。此外，共识决策法需要耗费大量时间。

共识决策法也会导致一些病态的团体动力学。例如，人们会不愿意表达不同意见，以免打破共识。这会导致一种团体恍惚的情形，团体里的每一个成员都知道一个策略有缺点，但是没有人愿意表达这个想法，因为他们误以为团体中的其他人都支持这个策略。

7.4.1 共识决策适宜和不宜使用的情况

共识决策适宜使用于所有成员都不同程度地支持某项提议,每个成员均有否决权的情况。不宜使用于决策时间有限、团队成员不具备决策所需的足够技巧的情况。

7.4.2 共识决策的优点和缺点

共识决策的优点:
①保证所有问题和思想都得到公开辩论;
②每个团队队员都有机会发表自己的见解;
③会经过深思熟虑产生高质量的决议;
④能提高成员实施决策的积极性,体现平等。
共识决策的缺点:
①达成一致需要很长时间,甚至具有很大的挑战性;
②需要大量的沟通、耐心的聆听并理解别人的观点;
③为确保所有成员都有机会发表意见,必须进行有效的推动,但这可能相当艰苦。

7.5 共识决策的过程

共识决策被应用于许多不同的背景与场合。此外,不同意向的社团也发展出了一些既综合又有效的过程。下面介绍可以帮助顺利推行共识决策的方法。

7.5.1 共识决策过程须知

①开展积极倾听和共享信息的讨论;

②想法和方案属于团体，不记录个人名字；

③通过讨论解决异议，引导者识别出达成一致的部分和存在异议的部分，以便推动讨论的深入。

7.5.2 使用彩色卡片

很多情况下，决策必须在一定的时间约束下做出，因此效率是很重要的。如果团体真诚地希望通过共识进行决策，就需要一种有效的办法。一个开放的讨论需要在有序过程的推动下进行，这里建议使用一种引入了彩色卡片（绿、黄、红）的方法。卡片有两种用法：一种是在讨论时用；另一种是在决策时用。

（1）讨论时用

希望发言的团体成员举起彩色卡片（绿、黄、红）中的一张卡片：绿色卡片意味着"我有话要说"或"我有问题"。当多名团体成员举起绿色卡片时，他们被安排按着顺序等待发言。每一个人依次发言；黄色卡片意味着对刚才所说的"我可以澄清"或"我需要澄清"；红色卡片是关注讨论过程卡，当红色卡片被举起时，要求成员关注一下讨论过程。例如，一个举起红色卡片的人会说："我们是不是偏离了议题？"或者"我们争论这个的目的是什么？"甚至是"我们休息一下如何？"红色卡片给予所有成员一个冷静下来平等讨论的机会。

（2）决策时用

讨论促进者清楚地说明讨论的结果提议，并要求大家就这些结果举起卡片：绿色卡片意味着"我同意"；黄色卡片意味着"我可以接受"；红色卡片意味着"我不同意，但我会考虑所有团体成员的发言，努力来寻找一个更好的方法"。这样，举起红色卡片并不会阻塞过程，这意味着举红色卡片的人将要与其他人在质疑的事情上一同工作，并把它带回后续的讨论。这样往往能够保证红色卡片不会被轻易使用。

如果团队同意采纳类似的方法，并且所有的团队成员都愿意用这种方法讨论和决策，共识决策法便既能够有效地满足团体的目标，同时具有时间效率（百度百科，2018）。

7.6 共识决策的趋势与中国式共识型决策

在过去的一般社会决策过程中，决策往往以权威主导为主，表现为"我说你服从"的单向模式。这已无法适应新的治国理政的发展要求，特别是在网络新媒体快速发展的今天。需要健全政策协商机制，有的人事决策还会采用公示制度，以接受群众的公开监督。在当前条件下，政府需坚持开门决策，要以共识为基础推动决策。党的十八届三中全会提出："在党的领导下，以经济社会发展重大问题和涉及群众切身利益的实际问题为内容，在全社会开展广泛协商，坚持协商于决策之前和决策实施之中。"这需要建立多渠道、各领域、全方位的协商机制与平台，在"决策前""决策后"进行民主协商，通过沟通、对话、讨论、商量、听证等形式，充分听取利益相关者的诉求与意见，目的是形成"最大公约数"、达成决策共识。尤其是基层决策和工作，更应如此。有效政策协商的重要功能是推动利益相关者或决策者在公共问题上转换偏好、弥合分歧、求同存异，不断凝聚共识。这样增进共识、拓展共识的过程，也是增强决策共识性、回应性、透明性、确定性，提升公信力的过程（罗洪，2007；桑玉成，2017）。

现代社会的政府决策，其首要属性应当是公共性，是为广大民众服务的，而公共性又需要建立在社会共识基础之上，需要个体或群体、政府与民众之间的有效沟通和互动。这样，决策才能具有回应性、确定性、预期性，促生可信性。相反，政府若"暗箱操作""一厢情愿"，或出尔反尔、朝令夕改，或简单依靠"体制内输入"进行决策，已很难适应现代政府维护公信力的要求。

政府决策遭到质疑、拒斥的现象，近年来时有发生，决策公信力屡屡受到侵蚀。有的决策尽管合法合规，但在执行中却遭遇了民众的反对与抵制，最后夭折，从全国范围看，这类现象虽然是个别案例，但反映了社会共识缺乏条件下的政府决策困境，这些个案对政府决策权威性、公信力的伤害不容忽视。在利益多元化的现代社会，公共决策要赢得所有利益相关者"异口同声"的支持信任，往往是不可能的事情。实际情形常常是：一些人信任、支持这项决策，对另一项决策则表示怀疑、不信任，而另一些人可能正好相反。民众的质疑、监督和不信任，正是说明了群众的参与感也是决策部门改进决策流程、提高决策质量与公信力的推动力量。

事实上在市场经济驱动下，中国社会的利益结构、利益诉求正在发生深刻变化，越来越多元化了，甚至成了相对对立的利益单元，与此相应也就形成了比较复杂的利益表达、利益博弈格局，如对转基因食物的监控看法，有些人希望进一步放开，另一些人则要求更严格的限制和监管。逻辑上，政府决策应以人民的公共利益为导向，但在利益分化、共识缺乏的条件下，人民已成为一个复杂的利益组合体，并在不少问题上以大量"小众"的面相呈现出来，他们对相关公共利益的认知、识别和界定会存在差异甚至对立。又如"推广街区制"的决策原则，封闭小区住户可能反对，而堵在路上的上班族则可能支持。这样的共识缺失，不仅表现在不同个体、群体或亚群体之间，更表现为政民、官民之间对公共问题的认知"分裂"。特别是一些地方政府官员习惯于"闭门造车"，决策合法性、回应性、互动性不足，共识偏离与矛盾更为严重，决策公信力大打折扣。再如PX项目，政府认为其是"造福当地民众"，民众则认为"再多的金钱也买不回健康"，这种共识偏差甚至助推环境群体性事件的发生。中国社会已对政府决策提出了更高要求。如果在政策问题上能最大限度达成共识，形成"最大公约数"，那么以此为基础进行决策，或提出的决策议程和原则，就会更有包容性，有助于缓减政府信任与政策合法性焦虑。至少以共识为基础的决策，不会出现舆论"一边倒"，发生全局性、弥漫式的不信任、不支持情形。因此，要推动决策成为一个求同存异、凝聚共识的过程，成为不断建构决策权威、塑造公信力的过程。社会中的共识达成，有赖于公平正义的引领。拥有最广泛的支持者、信奉者，能够对多元诉求、认知进行统摄、抑制、平衡和协调，发挥共识导向与凝聚功能。一个弘扬公平正义的政府，定能占据价值制高点，集中体现公平正义的决策，定能得到最广泛的信任支持。为此，首先，政府必须增强自主性，突破利益格局藩篱，克服部门主义掣肘，将公平正义作为检验共享发展、决策共识的试金石，将这样的价值法则渗透、落实至各类公共决策中，将价值共识转化为决策共识,通过决策共识支撑起决策公信力,并进而形成共同行动的实施力和自觉的执行力与维护力。其次,必须坚守法治"底线"。政府是否守法,决策者是否依法决策,人民群众是否能遵纪守法,是衡量一个国家法治发展水平的根本标志。法治作为平衡关系、规范行为、凝聚共识的制度化、常态化力量,也是多元社会的一种共识凝聚机制,是"底线"共识。从现实决策体制与过程看,党和政府必须适应全面依法治国要求,尊法学法守法用法,依法执政、依法行政、依法决策,坚守好法治的共识"底线"。这包括决策内容与程序两方面。前者意味着政府决策必须符合法律制度与法治精神,即使提出先进的决策理念,也要有相关法律的对接;后者意味着政府决策的程序必须合法合规,由法制权威来保障,最后对于群众也要教育他们自觉遵纪守法(上官酒瑞,2016)。

王绍光、樊鹏2013年的专著《中国式共识型决策:"开门"与"磨合"》通过收集大量政府公报、文件、报告等资料,并对参与中国新医改决策过程的官员、政策专家、有组织利益团体代表进行深度访谈,通过抽丝剥茧式分析中国新医改政策形成的全过程,探究了中央政府如何制定重大公共政策。书中发现,今天中国重大政策形成的参与结构和沟通机制都发生了新变化,这促使中国政府决策模式由过去的"个人决策""集体决策"转向一种民主化、科学化水平更高的"共识型"决策模式,它有两个关键特征:

①参与结构方面的特征是"开门",包括闯进来、请进来、走出去,而且政策形成之门越开越大,参与方不再局限于各级官员,还包括智库、国际组织、利益集团、普通群众等。

②沟通机制方面的特征是"磨合",包括下层协商、上层协调、顶层协议。强调总体本位、求同存异,把参与各方的交汇点作为"输入点""商议点",而不是"否决点"(王绍光 等,2013)。

实际上,不少西方国家也在探索实行一些所谓的"共识型"决策,包括荷兰、挪威等北欧国家以及英国、加拿大等英联邦国家,都有"共识型决策"、"共识型政府"或"共识型民主"方面的探索。它们虽然不会改变制衡型的政治体制,但是在局部的决策规则方面则尝试改变,不少国家议会制下的内阁决策开始越来越多地放弃"多数决",而采取"共识型"

决策的方式。但是这些国家所谓的"共识型"决策，仅仅是指一些决策的规则，在大的体制方面，基本的结构特点仍然是制衡型体制。与西方国家探索实行的"共识型"决策比较，中国在重大决策过程中通过涵盖整个体制与不同层次的有效协调、协作和协议，达至最广泛的共识，决策以民意和民心为旨归，这是超越西方国家"共识型"决策的重要一环（樊鹏，2013）。

第 8 章

群体智慧

每一个人都有其个人智慧，一群人在一起就会表现出群体的智慧。我国古训中就有"三个臭皮匠，顶个诸葛亮"。我们相信的政治格言也是相信群众，群众是英雄，而我们自己往往是可笑的。为此历史上不少著名学者专门研究群体智慧，而且人们发现不光人具有群体智慧，就连一些动物，如鸟类、蚂蚁、蜜蜂等，往往会表现出惊人的群体智慧。人们也发现，人作为群体有时又会做出愚蠢的事，如"一个和尚挑水吃，两个和尚抬水吃，三个和尚没水吃"，因为都想让人家为自己服务，让别人出力，而自己得益。人们还发现，群体也会犯错误，会有内耗，因此让群体更聪明是值得研究的事。一个人是否聪明是可以被观测到的，人是有智商的，也可以测量。而群体的群体智商也是可以测量的。因此，人与人的智慧是可以适当地比较的，而群体智慧也可以适当地进行比较。所谓适当，就是还要考虑其他不可见的因素，还要因时、因地地考虑。

8.1 群体智慧的历史

群体智慧也可叫群智、集体智慧（Collective Intelligence，CI，或 Wisdom of Crowds），是一种共享的或者群体的智能，它是从许多个体的合作与竞争中涌现出来的智慧。F. 高尔顿（Francis Galton）于 1907 年在 *Nature* 上发表了题目为 "Vox Populi"（群众之声）的文章，文中讲了一个故事：在英国一个家畜展览会上，人们竞猜一头肥牛被宰杀后的重量，猜准者有奖，不许用工具，只能目测。猜测结果五花八门，有人差距达几十磅，令人惊讶的是群体猜测结果的中值离正确答案只差了9磅，比大多数人的猜测要精确。后来"群体的智慧"的理念就流传开来，认为群体的决策可能会更精确（孙梦逸，2018；Galton，1903）。

群体智慧在细菌、动物、人类以及计算机网络中都会形成，并以多种形式的协商一致的决策模式出现。对于群体智慧的研究，实际上可以被认为是一个属于社会学、商业、计算机科学、大众传媒和大众行为的分支学科——研究从夸克层次到细菌、植物、动物以及人类社会层次群体行为的一个新的研究领域。群体智慧的研究先后来自D. R. 侯世达（Douglas Richard Hofstadter，1979）、P. 罗素（Peter Russell，1983）、T. 阿特利（Tom Atlee，1993）、P. 列维（Pierre Lévy，1994）、H. 布洛姆（Howard Bloom，1995）、F. 海拉恩（Francis Heylighen，1995）、D. 恩格尔巴特（Douglas Engelbart）、C. 乔斯林（Cliff Joslyn）、R. 德姆博（Ron Dembo）、G. 梅尔-克瑞斯（Gottfried Mayer-Kress，2003）等以及其他理论家的著作。群体智慧也被N. L. 约翰逊（Norman L. Johnson）称为共生智能（Wikipedia，2018）。

群体智慧也可以定义为某种形式的网络化，即互联网，它是由通信技术的进步而引发的。Web 2.0实现了交互性，因而用户可以发布自己的内容。群体智慧凭借这一点来提高现有知识的社会共享。新媒体和媒体融合领域的理论家H. 詹金斯（Henry Jenkins）认为群体智慧可以归因于媒体融合以及共享文化。群体智慧不仅是看中所有文化在信息数量上的贡献，同时也看中质量上的贡献。

G. 普阿（George Pór）将群体智慧定义为"通过分化与整合、竞争与协作的创新机制，人类社区会具有更高的处理社会和各种秩序复杂性问题，以及朝着和谐方向演化的能力"。

P. 列维（Pierre Lévy）和D. 柯克霍夫（Derrick de Kerckhove）从大众传播的思考方法来考虑群体智慧，集中网络信息及通信技术的能力去扩充社区知识库。他们认为，这些通信工具可以使人类既方便又快速地进行互动、分享与合作。随着互联网的发展和广泛使用，对于那些以社区为基础的论坛，如维基百科，为它们做贡献的机会大于以往任何时候。通过对数据库的集体访问，以及允许他们"利用蜂巢"「"蜂群思维（Hive

Mind)"或"蜂巢意识"],出自 K. 凯利(Kevin Kelly),简单地说"蜂巢思维"就是"群体思维"(Collective Consciousness)。因为在蜂巢之中每只蜜蜂各有分工,自发维系整个蜂巢,蜂巢就像是一个整体,汇集了每一个体的思维。K. 凯利用蜂巢思维比喻人类的协作带来的群体的智慧。这些计算机网络给予参与用户存储和检索知识的机会(百度百科,2018)。

群体智慧的概念还来自昆虫学家 W. M. 惠勒(William Morton Wheeler)的观测。表面上,独立的个体可以合作得如此紧密,以至于变得和一个单一的有机体没有什么区别。1911 年,W. M. 惠勒看到这样的协作过程在蚂蚁身上起作用,它们表现得像一个动物的细胞,并且具有集体思维,他将其称之为更大的生物,即聚集的蚁群看起来形成了一个"超有机体"。

1912 年,E. 涂尔干(Émile Durkheim)将社会确定为人类逻辑思维的唯一来源。他认为,社会组成了更高的智能,因为它在时空上超越了个体。

群体智慧也来自 V. 维纳茨基(Vladimir Vernadsky)的"智慧圈"概念,以及 H. G. 威尔斯(Herbert George Wells)的"世界脑"概念。深入研究在近来逐渐增多,如 P. 列维撰写了同名的一本书,H. 布洛姆撰写了《全球脑》,H. 莱茵戈德(Howard Rheingold)撰写了《聪明行动族》(*Smart Mobs*),而 R. D. 斯梯尔(Robert David Steele)则撰写了《智力的新技能》(*The New Craft of Intelligence*)。依据信息的法律和道德来源,《智力的新技能》介绍了把所有公民当作"智力民兵"的概念,创造一个"市民智慧"。它使得公职人员和公司经理保持正直,并且把"国家智能"的概念放在脑中。

1986 年,H. 布洛姆把细胞凋亡、并行分布式处理、群体选择以及超有机体的概念结合在一起,以形成一个关于群体智慧如何工作的理论。后来,在计算机生成的"复杂适应性系统"和"遗传算法"[由美国圣菲研究所 J. 霍兰德(John Holland)所开创的概念]中,又进一步表明了该怎样来解释群体智慧,如那些竞争的细菌菌落和竞争的人类社会。

T. J. 伯纳斯 – 李(Timothy John Berners-Lee)作为万维网的开发者,他建造该网络的目标是促进全球范围内的信息交流与发布。之后,他们开创了WWW技术。在20世纪90年代初，互联网的潜力仍然没有被很好利用，直到90年代中期，美国国防高级研究计划署（DARPA）的负责人J. C. R. 利克莱德（Joseph Carl Robnett Licklider）提出了"临界质量"（或临界点），其是一个源自物理学的概念，是指要维持核连锁反应必须存在的放射性物质的最低量。"如果原子反应堆达到临界质量点，便会自发出现核连锁反应。"在经济学中，我们把它称之为网络效应。用户越多，越有价值；越有价值，用户越多；不断地积累用户的黏性。在网络效应中，某种产品对一位用户的价值，取决于使用这个产品的其他用户的数量。甚至，一旦用户总数突破一个临界点之后，会最终进入"赢家通吃"的状态。因此可以说，群体智慧背后的动力是信息与通信的数字化。这是因为，超链接的存在使得搜索和创建网站、网页变得更容易，而知识则能够在短短的几分钟之内被建立起来。

D. 斯克尔皮那（David Skrbina）提到，"群体意识（group mind）"的概念是从柏拉图的泛心论（Panpsychism，即精神或意识是无所不在的，并且存在于所有的物质中）概念衍生出来的。它遵循"群体意识"概念的发展，这是由T. 霍布斯（Thomas Hobbes）所阐述的，同时与霍布斯的利维坦（Leviathan）有关。利维坦起到一个统一实体的作用，并且可以当作G. T. 费希纳（Gustav TheodorFechner）的人类集体意识的论点（Wikipedia，2018；百度百科，2018）。

O. 杰尼洛查娃（Olga Generozova）提出了群体智慧的若干形式（图8.1）。她将群体智慧分成三大形式：认知、合作和协调。认知又分成市场判断和未来政治或技术，合作则分成诚信网络、P2P业务和开源软件，而协调则分成专门团体和群体行动的协调。

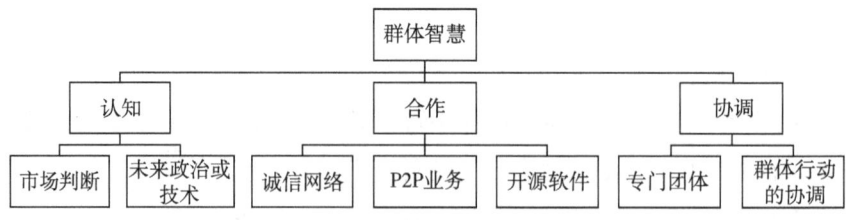

图8.1 群体智慧的若干形式（Wikipedia，2018）

J. 索罗维基（James Surowiecki）认为：我们大多数人，似乎都相信宝贵的知识掌握在少数人手中，认为精英们做出的决策更加聪明，很少有人相信"乌合之众"也能像专家那样做得如此出色。其实，我们要么是低估了群体的智慧，要么是高估了精英或者专家们的作用。例如，在搜寻美国沉没的核潜艇"天蝎号"时，缺少信息的大众做出的方位预测精确度超过了军事专家；美国的艾奥瓦电子市场更是准确预测出了施瓦辛格当选州长；好莱坞证券交易所也依靠群体的智慧预测电影的票房收入。这是一个群体智慧的时代，信息业和传媒业的发展让彼此之间的距离变得不再遥远。只要掌握了激发群体智慧的原则，我们就能在这纷繁的世界自如地生活着。群体的智慧能让著名时装生产商 ZARA 始终把握潮流，能让股票投资趋于理性。当然，群体的智慧也能告诉你为什么会塞车、为什么一家受到顾客青睐的酒店不会人满为患、有什么好方法让你赢得竞猜节目的大奖等问题的答案。群体的智慧，还能告诉我们如何过日子、如何选择领导人、如何做生意以及如何思考这个奇异的世界（索罗维基，2010）。

其实群体智慧做出正确判断的可能性早已经为 20 世纪 20 年代到 50 年代中叶美国社会学家和心理学家所做的大量实验所证实。团体规模越大表现就越出色，他们的研究工作也确实非常出色。哥伦比亚大学社会学家 H. 奈特（Hazel Knight）早在 20 世纪 20 年代早期就进行了一系列研究。例如，她要求班上的学生估计一下教室的温度，然后选取大家评估值的简单平均数。这个团体猜测温度为华氏 72.4 度，而实际温度为华氏 72 度。这个实验并不是很有说服力，因为教室的温度是一个固定值，所以很难想象全班学生的估计会相去甚远。社会学家 K. H. 戈登（Kate H. Gordon）要求 200 名学生按体重进行排列，结果发现这个团体"体重估值"的精确率为 94%，只有 5 名学生的估值偏离这个结果。在另一项实验里，要求学生估计堆成堆的铅球的数量（每堆的数量相差不多）。这些铅球堆被拍成照片贴在黑板上，然后让学生们按照球的数量来进行排序。这次，该团体的猜测精确率为 94.5%。群体智慧的一个经典示范就是瓶子盛果冻或豆子实验，在这个实验里团体估计的精确率无一例外都要高于绝大多数个体的猜测。

如果你经常使用互联网，我们期望 Google 带给我们什么，那我们就会搜索出什么：即时的反馈会把我们需要的网页提升到网页排名靠前的位置。只要你有能力，同时你觉得这么做值得的话，你可以亲自尝试去改变网页排名。Google 在每次搜索时都会从多达 10 亿个网页中挑选出我们所搜索的最有用的网页来，总共需要的时间只有一分半钟。

Google 创立于 1998 年，当时雅虎网站对整个搜索业务似乎已显露出独霸天下的端倪——如果雅虎倒下的话，在线翻译网站（AltaVista）或者莱科斯公司（Lycos）肯定是最后的赢家。然而在两年时间里，Google 就已成为经常在互联网上冲浪的网民的默认搜索引擎，就因为它在快速找到适合网页方面更胜一筹，而它的工作原理——在 30 亿个网页中同时进行筛选，建立在群体智慧上。Google 系统的核心技术就是网页排名运算法则，公司的 S. 布林（Sergey Brin）和 L. 佩奇（Lawrence Page）在 1998 年发表的一篇论文《对大规模超文本网络搜索引擎的剖析》中，最先公布了这一运算法则。网页排名是一种数学计算方法，能够从互联网上的所有网页里找出与搜索关键词最相关的网页来。Google 是这样描述自己的网页排名的：利用大量的链接结构表明某个单独页面的价值，网页排名依靠的是网络独一无二的"民主"特征。从本质上看，Google 将 A 网页到 B 网页的链接解释为一种"投票"，即 A 网页投 B 网页的票。通过获得的票数，Google 计算出一个网页的重要性。不过，Google 也不是单单看重投票数量或者链接数量，它还对投票的网页进行分析，而本身就很"重要"的网页投出的票分量会更重，这有助于确定其他网页的"重要性"。在 0.12 秒时间里，Google 要做的就是让每个网页对哪个网页含有最有用的信息进行投票，而得票最多的网页就会排在第一位。这意味着该网页或者在它之下的网页包含着最有用的信息。Google 的民主也并不完美，与一个网页建立联系的人越多，该网页在最后的决策上所发挥的影响就越大。所以，最后的投票结果应该是一种"加权平均"。由于网页本身的特性，用户使用大型网站建立的链接要胜于自己建立的链接，这种结构是有意义的。不管怎样，因为决定谁是最具影响力的网页是靠小网站决定的，实际上这也就意味着，这种结构没有改变任何东西。假如这些小网站没有为那些符合要求的大型网站投票，那么 Google 的搜索结果就不准确了。为了能保持智能上的领先地位，这种结构必须要能保证一贯的智慧（索罗维基，2010）。

对于捕捉群体智慧来说,"决策市场"(Decision Market)是一种设计得很精致和完善的手段。不过,一个人所使用的具体手段不一定非常奏效。J. 索罗维基考察了一个团体知道利用的许多不同方法:股票价格、选票、分差、奖金均分赔率、计算机算法以及期约。虽然这些方法中有的会比其他的效果更好,但到头来并没有给期货市场带来任何变化,这个市场固有的东西表现得更聪明,譬如 Google 或者奖金均分制奖池。这些都是利用群体智慧的尝试,也是其能够发挥作用的原因。结果证明,真正关键之处并不是尽量完善一种手段,而是要满足多样化、独立性和分散化等条件,一个团体才会表现得聪明。(索罗维基,2010)

8.2 群智商和人工智能的智商

群智商(Collective Intelligence Quotient)可以作为一种个人智商的整合,这就有可能去确定每一个新的个人参加群体行动后增加的边际智慧,这样可以利用度量来避免群体思维的障碍和愚蠢,该现象指的是群体思维为了维持群体表面上的一致,所有成员都必须坚定不移地支持群体的决定,与此不一致的信息则被忽视,也即群体决策时的倾向性思维方式(Kowalczyk,2009;Administrator,2016)。

T. 斯查巴(Tadeusz Szuba)就提出了一个统一的计算群体智能的理论,进而提出一个社会结构的智商的测量方法。他用以公式化、分析和构模的工具是一个计算随机 PROLOG 处理器(Random PROLOG Processor,RPP)的拟混沌模型。在这个 RPP 中被膜片包围的事实、规则、目的或高级逻辑结构的分子(CMs)拟随机地向结构化的计算空间(Computational Space,CS)移动。当相遇时,T. 斯查巴提出群体智能可以在 4 个步骤下被测量,由于计算较为复杂,这里就从略了(Szuba,2001)。

这里顺便讨论人工智能的智商。目前林林总总的各种人工智能,特别是互联网上开发的种种人工智能的产物、人工脑等,如何去计算它们的智商?最近中国科学院大学经济与管理学院刘丰、石勇和刘颖等专门设计了一套计算智商的方法,并据此为国内外有关人和人工智能的产品进行了测算。在测算模型中,将人工智能和人在以下 4 个方面知识的特性结合起来:知识的输入(知识获取)、知识的输出、知识的掌握、知识的创造。通过这个模型可以看到三方面的挑战:扩充了冯·诺伊曼的结构体系;对自然的系统和人工智能系统,如 Google、Bing、Baidu 和 Siri 加以测试和排序;将人工智能系统从机器人到 Google 脑分成 7 级,刘丰等人认为 Alpha-Go 属于第 3 级。表 8.1 和表 8.2 列出了对 2014 年和 2016 年部分人和产品智商的具体计算结果(Liu et al.,2017)。

表 8.1 2014 年智商测评

序号	测评对象	智商
1	18 岁的人	97
2	12 岁的人	84.5
3	6 岁的人	55.5
4	Google(美国)	26.5
5	Baidu(中国)	23.5
6	50(中国)	23.5
7	Sogou(中国)	22
8	Yell(埃及)	20.5
9	Yandex(俄罗斯)	19
10	ramber(俄罗斯)	18
11	His(西班牙)	18
12	Seznam(捷克)	18
13	Clix(葡萄牙)	16.5

表 8.2 2016 年智商测评

序号	测评对象	智商
1	18 岁的人	97
2	12 岁的人	84.5
3	6 岁的人	55.5
4	Google(美国)	47.28
5	Duer(中国)	37.2

续表

序号	测评对象	智商
6	Baidu（中国）	32.92
7	Sogou（中国）	32.25
8	Bing（美国）	31.98
9	微软小Bing（美国）	24.48
10	Siri（美国）	23.94

机智慧（人工智能智慧）一般离不开群体，由一群人去研究和模仿人的智慧，事实上人工智能达不到人的智慧的高度。钱学森早就指出人机结合应以人为主。中国人工智能学会副理事长谭铁牛就曾指出："可以说，当前的人工智能系统有智能没智慧、有智商没情商、会计算不会'算计'。"他还说："人工智能（或机器智能）和人类智能各有所长，因此需要取长补短，融合多种智能模式的智能技术将有广阔的应用前景。'人+机器'的组合将是人工智能研究的主流方向。"（谭铁牛，2015）

8.3 群体智慧例子

例1 群体智慧政党。最著名的群体智慧工程是政党，它动员了大批人来制定政策、选举候选人，以及资助和运作竞选活动。军事单位、工会和企业仅关注小范围的事务，但是却可以满足一些名副其实的"CI"解释——最严格的定义将需要有能力对很随意的条件做出反应，并且在这些条件下没有严格限制行动的来自"法律"或者"客户"的命令或指示。

例2 即兴戏剧。演员在表演中也能体验到一种类型的群体智慧。即兴戏剧是没有剧本的表演，戏剧演员在舞台上与观众展开多元化互动，演员引导观众"创造"命题，演员与观众"合作"，在简易的舞台上现场加工一段未经"打磨"的小品。即兴戏剧的表演可以非常自由，解除了道具、舞美及舞台背景的限制，除了考验演员的表演功底、肢体表现力外，还考验演员之间合作的默契，现场沟通、倾听、传递信息能力，以及是否能够机敏地应对当下的突发情况，并及时做出反应。即兴戏剧使演员更了解自己的角色是属于整体表演的一部分，每一个角色都是相依相存的。表演的"那一刻"，角色因为彼此才有"戏"。

例3　蚂蚁智慧。如果我们在科技方面衡量智能，那么蚂蚁社会则比人类以外的任何其他动物表现出更多的智慧。蚂蚁社会能够从事农业，实际上包括几种不同的形式。有些蚂蚁社会饲养了多种形式的牲畜。例如，有的蚂蚁为了"挤奶"而喂养和照顾蚜虫；叶刀蚂蚁照看真菌，并且运送叶子来喂养真菌。

例4　维基百科。维基百科是一种完全表现出群体智慧的媒体。它是一个几乎可以在任何时候由任何人改变的百科全书。这个观念被称为"维基经济学"，是由 D. 泰普斯科特（Don Tapscott）和 A. D. 威廉姆斯（Anthony D. Williams）在他们的书中提出的。他们引用了《星期日泰晤士报》的内容："'维基经济学'是新的力量，它将人们联合在网络上，以此来建立一个巨大的脑。"通过这个应用，消费者和生产者之间的界限已经变得模糊，并创建了术语"产用合一者"或者"产销合一者"。

例5　群体智慧游戏。在游戏中可以看到更多群体智慧的例子。例如，《模拟人生》《环》《第二人生》，它们被设计为更加的非线性，并且为了扩展而需要依靠群体智慧。这种交流方式正在逐渐演化，同时影响着当前和未来几代人的心态。对于他们来说，群体智慧已成为一个规范。

例6　群体智慧媒体。新媒体经常与群体智慧的提高与增强联系在一起。新媒体能够轻松地存储和检索信息，这主要通过数据库和互联网来实现。而对新媒体来说，这允许它被毫无困难地共享。因此，通过与新媒体的互动，知识很容易在信息来源之间传递，进而导致一种形式的群体智慧。交互式新媒体的使用，特别是互联网，促进了在线互动以及用户之间的知识传播。在这种情况下，群体智慧常常与共享知识相混淆。前者是广泛地提供给所有社区成员的知识，而后者则是被全体社区成员所了解的信息。另外，有人认为媒体，尤其是主要媒体不能提升智能，因为主要媒体在充分处理复杂问题方面固有的无力，如环境危机，参见《IRG 解决方案——等级制度的无能以及怎样来战胜它》（*The IRG Solution-hierarchical Incompetence and How To Overcome It*，1984 年），其中讨论了主要媒体和政府类型的等级组织。该书认为,群体智慧只能从巨大而非正规的人际互动网络中涌现,而主要媒体对此却帮不上忙。

例7　Web 2.0。相比协同智能,Web 2.0 所代表的群体智慧只有较少的用户参与。

例8　群体智慧学习者。另一种形式的群体智慧是学习者产生的背景。其中,一组用户安排协作;引领现有资源去创造一个生态环境,以满足他们的需求。而需求往往(但不仅限于)与共同配置、共同创造和共同设计一个特定的学习空间有关,这个空间允许学习者创建自己的环境。从这个意义上来说,学习者产生的背景相当于一个特设社区,它可以在一个信任的网络中促进集体行动的协作。对于学习者产生的背景,在互联网上也许可以发现最好的例子,一群协作的用户将知识集中起来,进而形成一个共享的智能空间。随着互联网的发展,作为一个共享的公共论坛,因而有了群体智慧的概念。与以往任何时候相比,互联网的全球易用性和可用性使更多的人发表他们的想法,以及去访问这些协同的智能空间(Flew,2007)。

例9　鸟类的群体智慧。大批个体的鸟飞行时,其集体运动的轨迹却非常一致(图 8.2 和图 8.3)。这是一种共识行为,又体现出群体的智慧。在 19 世纪 30 年代,英国鸟类学家 E. 赛乐斯(Edmundd Selous)用了"通灵"(Thoughts-Transference)这个术语来解释鸟群令人惊异的协调能力。但限于历史条件,他对运动群体中的鸟之间如何交流、信息如何在群体中传递毫无所知(超级数学建模,2016)。

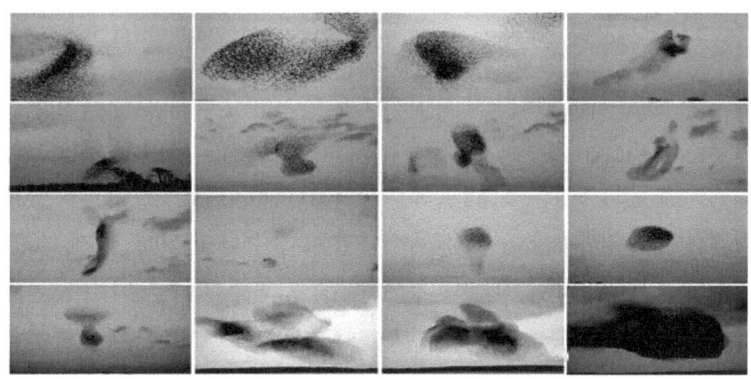

图 8.2　鸟群引发了所有科学领域的思考
(图片来源:http://www.vccoo.com/v/f15ac0)

图 8.3　上千只鸟在练协调飞行
(图片来源:《海峡都市报》,2014 年 11 月 4 日)

但是人们还是企图利用计算机和系统科学等来对鸟群行为进一步分析与研究。1987 年,雷诺德(C. W. Raynolds)等提出第一个模拟鸟群的计算模型——Boid 模型。每只鸟的行为假设服从以下 3 个基本原则。

①排斥:避免与相邻的个体发生碰撞;

②速度匹配:尽量与相邻的个体保持速度上的同步;

③聚集:尽量与相邻的个体靠近,避免孤立。

Boid 模型来源于对自然生物群体运动的观察,可以用来解释群体运动中的聚集、同步以及旋转运动等现象。1995 年,维赛克(T. Vicsek)等提出了一个简单的鸟群集群行为运动模型——Vicsek 模型。其基本假设如下。

①个体邻居是以个体为中心、半径为 r 的园形区域内所有的个体;

②更新规则:个体速度大小不变,速度方向为自身及其外有邻居速度方向的平均。

模型形式的简洁性使其可以用系统理论及非线性动力学的方法来进行一系列深入的动态行为研究。这两个模型认为所有个体在群体中的地位都是相等的,并且每一个体只能从邻居个体中获取信息。然而实际生活中真实动物群体行为并非如此,如不同个体在群体中分工不同,它们传递信息的方式也不是那么简单,因此更为复杂的鸟类个体行为的引入、高精度 GPS 追踪器的引入使研究越来越深入。还有人将模型用于刻画鱼类行为或移动细胞组合等现象。现实鸟群运动中的群体智慧仍然存在很多奥秘等待我们去探索(吕金虎,2015)。

8.4 群体智慧近期的发展

互联网和移动通信的规模和技术增长也突出了"集群"或"约会"的技术，使按需开会甚至是约会成为可能。这种技术在群体智慧和政治成就上的全面影响尚未显现，但反全球化运动在活动的前中后期很大程度上依赖于电子邮件、移动电话、短信以及其他的方式。T. 阿特里（Tom Atlee），是一位既参与理论活动又参加政治活动的理论家，他发展了一个受过训练的基础，即在这些事件和政治需要之间推动它们的连接。独立媒体中心（Indymedia）以更加新闻化的途径来达到目的，在维基百科里也有一些时下类似事件的报道。

这种资源很可能在未来可以结合成一种形式的群体智慧。它仅对当前的参与者负有责任，但却具有来自几代贡献者的强烈的道德或语言方面的指导——甚至是采取一种更加民主的形式，以此来推进一些共同的目标。

8.5 群众的眼睛是雪亮的吗？当真相掌握在少数人手中——"意外流行"算法

孙梦逸在科学网上就群体智慧发表看法，他提出：群众的眼睛是雪亮的吗？有时真相掌握在少数人手中（孙梦逸，2018）。F. 高尔顿（Francis Galton）曾在 Nature 上发表了一篇标题为"Vox Populi"（群众之声）的短文。"群智"的理念就此流传开来：群体做出的决策，往往能够比个体的决策更为精确（Galton，1907）。"群众的眼睛是雪亮的"，即使群众中的每一个体视力可能都不怎么好。网络时代让收集群众意见更为容易，群体在公共决策方面可能发挥的作用也让人们寄予厚望。群智的理论基础，大致来说是每一个人对特定的问题有相互独立的判断或信息，因此，尽管每一个体都会出错，但是大家错的方向会不一样，错处相互抵消。这种情况下，公认的选项或是权衡各方意见得出的折中的方案，最有可能是最合适的方案。但是，通过群智得到最合适的方案，仰赖于解决问题所需要的信息和思考模型在人群中的分布相对独立，或是问题非常简单，大多数人都能通过常识做出正确判断。

实际上，群智并不是在任何情况下都会获得好的效果。对于很多公共议题，以上的假设都不一定成立。其中一类群智可能很容易栽跟头的问题，是当解决问题的关键信息并不为大众所知的时候。例如，你面对这样一个问题：费城是宾夕法尼亚的首府吗？为了解决这个问题，你求助于大众，希望借助群众的力量解决问题。于是你发放了一个问卷调查，问卷上有"是"和"否"两个选项。稍有常识的人都会知道，费城是宾夕法尼亚的一个重要的大城市，而按照常理，首府应该是比较重要的城市。于是大多数人都会选择"是"。不幸的是，宾夕法尼亚的首府是名不见经传的哈里斯堡，而不是费城。就此问题：麻省理工学院和普林斯顿大学的科学家们就亲自做了一个问卷调查，如图8.4a所示，确实大多数的人都选择了错误的答案。

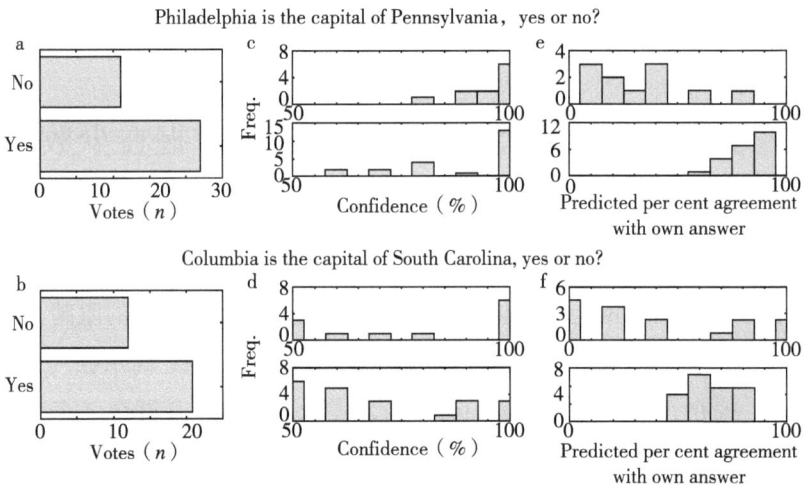

a—对于问题P（费城是宾夕法尼亚的首府吗？），大部分人回答是错的；b—对于问题C（哥伦比亚是南卡罗来纳的首府吗？），大部分人回答是对的；c、d—置信度从50%（随机）到100%（肯定）的对答案的肯定度；e—认为有多少比例的人与自己答案相同，意外流行的回答使更多人的预见票数打折，会逆转在问题P中的不正确的大多数；f—预测粗略地是对称的，所以意外流行的答案在C问题中的多数不会逆转

图8.4　宾夕法尼亚和南卡罗来纳首府问题（Prelec et al.，2017）

人们曾就这些问题提出过许多解决手段，其中一种是当问题不确定性较大时，一些学者在问卷调查的同时询问人们对自己答案的信心（或者叫信度），根据其自信程度给予其答案相应的权重。其基本的思路是，能够做出正确判断的人通常对自己的答案更为自信。这个思路在一定程度上确实能够增加调查的准确度（图 8.4b）。然而，这一方法大部分情况下并不十分有效，原因是人们往往对自己的判断过于自信。这一现象也可以在图 8.4c 中看到：人们就算错也错得非常自信。群体智慧有时也会出毛病，为了找出那些不为多数人所知的正确信息，麻省理工学院和普林斯顿大学的研究者设计了一种新的方法，将其称为"意外流行"（Surprisingly Popular）算法（Choo，2017）。研究人员表示，这种算法能更好地从群体中获取正确答案，尤其是当大多数人的看法是错误的时候。"我们以为社会平均意见一般是对的，过往对群体智慧的统计也支持这一看法。"研究负责人、麻省理工学院斯隆管理学院的行为经济学家 D. 普里莱克（Drazen Prelec）说："但事实证明并非如此。比如医生这样的专家，他们在医学领域的意见是非常重要的，但往往和一般人很不一样。这让我们意识到了少部分人掌握的知识很专很深。" D. 普里莱克相关论文不久前在 *Nature* 发表（Prelec et al.，2017；Choi，2016；闻菲，2017）。

做出这个问卷调查的科学家，J. 麦考（John McCoy）、D. 普里莱克（Drazen Prelec）和 H. S. 斯昂（H. Sebastian Seung）另辟蹊径，想出了一个独特的解决办法（Prelec et al.，2017）。他们在问卷调查之外，问了一个简单的问题：请问你觉得人群中有多少人的答案和你的答案一样？如图 8.4e 所示，对这一问题的回答，两组人给出了截然不同的结论：在给出错误答案的人群中，人们倾向于觉得大家和自己的答案是一致的（普通而随大流的人）；而给出正确答案的人群中，人们倾向于认为大多数人和自己的答案并不一致（有专业知识且较自信的人）。这个道理并不难理解：知道费城不是宾夕法尼亚首府的人，大概率知道哈里斯堡才是宾夕法尼亚首府，而且他们很可能也知道这个信息不为大众所知。因此，他们会做出大多数人和自己选择并不一致的推断。而选择错误的人则不会做出类似的推断——他们依据的是大众都知道的信息，因此他们会预计大多数人和自己的答案会一致。根据这种预测的不对称性，几位科学家设计了两种方案来从调查结果推断最有可能的正确答案：第一种方案是评估答案的"意外流行程度"。其理论依据是，得出错误答案的人很有可能会低估正确答案的流行程度：毕竟他们并不知道得出正确答案所需要的稀少信息，很有可能会假设大多数（甚至所有）人和自己的答案是一样的。而得出正确答案的人，也不大可能高估正确答案的流行程度：毕竟他们很可能会知道大多数人会猜错。那么综合所有人的预测，人群总体应该会低估正确答案的流行程度。把人群的预测答案分布和真实的答案分布做比较，比预测的答案更流行的答案，就更有可能是正确的答案。

以"费城是宾夕法尼亚的首府吗？"这个问题为例。面对这个问题，基于上面解释的原因，大多数人会回答"是"（当然这是错误的）。同时，回答"是"的这些人，几乎都会以为其他人也会回答"是"。但是，有少部分人知道宾夕法尼亚的首府是哈里斯堡，因此他们的回答是"否"。而这部分知道正确答案的人，一般也都知道大部分人会答错。所以，他们在估计其他人的回答时，也是选择"是"。这样，基本上所有人都估计其他人会回答"是"，但实际上回答"是"的人并没有这么多。所以，在这里"意外受欢迎"的回答就是"否"——"否"占的比例超出了大多数人的预计。所以，"否"才是正确的答案：费城不是宾夕法尼亚的首府。

在这个意义上，"意外流行"原则并非简单地从群体智慧中衍生而来。相反，它利用了集体中小部分具有专业知识的人，凭借这部分人的知识作为寻找正确答案的指南。"很多群体智慧的方法给了每个人同等的知识权重。"研究的另一位负责人、麻省理工学院认知科学家 J. 麦考（John McCoy）也解释说。"但是，有些人拥有更多的专业知识。"如果这些拥有正确信息的人同时也对公众看法有很好的把握（即能正确判断大多数人是什么意见），在决策中将带来很大的不同。

他们设计的实验中，研究人员会询问接受调查的人他们对某个问题的看法，以及他们认为其他人会如何看待这个问题：①你认为正确答案是什么？②你认为流行的答案（即多数人会选择的答案）是什么？然后，算法会找出"意外流行"的答案，也就是比大多数人预测中更受欢迎的答案。大部分情况中，这些超出大多数人预计的选择就是正确的答案。

为了评估这一方案的有效性，几位科学家进行了4类问卷调查，针对的问题都是二元的，即回答只有"是"和"否"：第一类问题是50道有关美国各州首府的问题（图8.5中的1a、1b、1c）。第二类问题是80道判断真假的问题，其中包括了一般人都会回答正确的和多数人都会回答错误的问题，是细节问答（图8.5中的2），问题的范围涵盖了历史、人文、科学、地理等琐事实验（Trivia Experiments）。第三类问题是考验医生对皮肤癌（Lesions）的诊断（图8.5中的3），是让皮肤科医生看80张皮肤病变图片，让他们判断病变是良性的还是恶性的，以及其他皮肤科医生会如何判断这些图片。第四类问题是对艺术品进行估价（图8.5中的4a、4b），是估计90件艺术品的市值：参与调查的人分为两组，一组是艺术专家，另一组是麻省理工学院的学生；此外，参与调查的人还需要预计有多少人给出了超过3万美元的估值，"意外流行"方法不依赖绝对多数的专家的意见。少数个别专家认为某件艺术品售价10万美元，同时他们预计大多数人会以为价格更低。这就使"意外流行"方案的观点成了这件艺术品比大多数人想的都要贵。如图8.5所示，新设计的"意外流行"方案的表现是现存所有常用的统计手段中最好的，超过了单独采用多数人意见，也超过了仅凭参与者对答案的自信程度来选择，将错误率分别降低了21.3%和35%。4类问题涵盖范围广泛，也从一定程度上证明了这种新方法的适用广泛性。

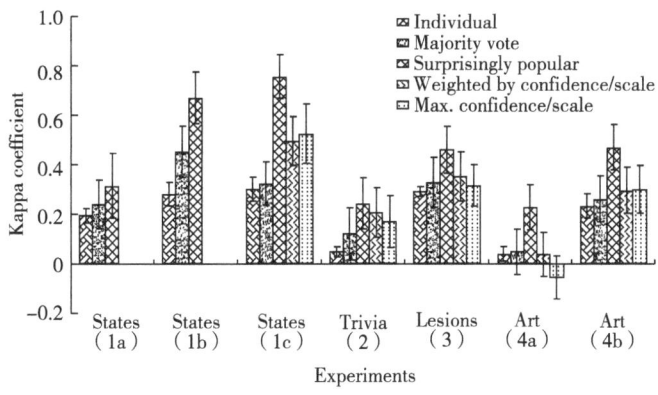

图8.5　4类问卷调查结果统计（Prelec et al., 2017）

另外一种方案较为复杂,叫做"最不惊讶"(Least Surprised by the Truth)原则。大致意思是计算出不同答案的人群中,对正确答案感到意外的程度。最不吃惊的人,给出的答案更有可能是正确答案。道理说起来好像很好理解,知道正确答案的人当然不会对正确答案感到惊讶。问题是做群体意见征集的时候,正确答案往往并不预先知道(毕竟预先知道还做什么群体意见征集?),因此,所谓最不惊讶程度是需要根据贝叶斯原理从当前的答案分布和预测分布往回倒推的,并不简单,这里不做具体介绍,有兴趣的读者可参考文献(Prelec et al., 2017)。这一研究现在仍在进行中,适用范围和有效度皆有待验证。

这些研究对当今社会的公共决策有着重要的启示。可以预计,如何设计合理的算法,通过群众调查作出合理的决策,很长一段时间内都是社会科学领域值得认真思考的问题。值得注意的是,以上的统计方法虽然新颖独到,但依旧依赖于对信息在人群中的分布结构有特定的假设,因此,并非所有问题都能够适用。事实上,当今大部分群智算法都依赖于信息和思考模式在人群的某种特定的分布,并不存在一劳永逸的普适算法。因此,对解决各类社会议题可能需要的信息分布的研究,也许才是以后研究的重点。

另外需要强调的一点是,以上算法针对的问题往往是价值中立的,只是对事实的判断。而现今的民主决策,往往面对的问题在价值上并不中立(没有绝对正确的答案,需要做的是对各方利益的平衡)。对于这类问题,以上算法也将不再适用。这样的问题并不鲜见,而且很多问题与人们切身利益相关:一个很熟悉的例子就是转基因作物是否应该大规模应用。决策所需要的信息包括转基因的利与弊,这样的信息往往存在于一定的学术文献中,并不能够为平常大众轻易接触到。因此,如何在此类问题中作出正确合理的决策就尤为重要。

加州大学的认知科学家 M. 李(Michael Lee)说:"这里有一个关键的想法,那就是询问人们,他们认为有多少人会同意自己的观点。"他还指出:"在涉及皮肤科医生的实验中,虽然新的方法表现最好,但差异并不具有统计学意义,很可能是因为所有参与者都是专家,缩小了群体知识的范围。""这个方法非常聪明,是一种非常简单的投票方式。"加州大学尔湾分校认知科学家 M. 斯帝维尔（Mark Steyvers）指出，在现实生活中，人们可以依靠互相询问各自的专业背景和技能来确定他们给出的信息的有效性，但是对于匿名轮询的情况，就可以用普里莱克的方法来识别专业的观点。

研究人员还针对将该方法扩展到多项选择的情况做了理论分析。但是，"意外流行"法在更复杂的设置（如估计或排序问题）中是否有效，仍然是悬而未决的问题。

这项工作可能具有直接的现实应用价值。赫佐格（Herzog）2016 年发表了一项研究，使用"群体智慧"改善乳腺癌和皮肤癌的诊断。这种新的方法"可以应用于新兴的远程皮肤病学领域，结合多个医生的诊断意见。"赫佐格表示，"原则上，'意外流行'法可以用于任何使用多数投票决策的情况，不仅询问每个人他们自己的决定是什么，还要询问他们认为有多少人会同意自己。"

这项工作较长期的目标则是对那些没有已知明确答案的问题进行良好的预估，如谁将赢得美国总统选举或体育比赛的结果。普里莱克对他的工作表示乐观："无论预测的问题是什么，我们做的推理都是非常相似的，都是针对可以验证的问题不断调整策略，然后大胆假设，在无法验证的问题上，相信这是你能做出的最好选择。"方法的功能就是从大量一般性看法中挑选出一些激进方案或观点。群体内作为标志性问题去解决（Choi，2016）。

群体智慧优于任何个人智慧的概念一度曾被视为有争议的观点，但有了群体智慧，导致有人猜测在线投票的方式可能很快会使认证专家失业。群体智慧近来被用于政治和经济预测、评估核安全、公共政策决策、化学探测质量检测，以及潜在火山爆发危机应对措施等。用于获取群体智慧的算法通常基于民主投票程序，易于应用并且保持了个人判断的独立性。然而，民主方法有严重的局限性，容易抛弃那些没有被广泛共享的新颖或专业知识，反而侧重肤浅、最低的共同信息。基于测量置信度的调整也不能可靠地解决这个问题。在这里，我们提出了民主投票的替代方案：选择比人们预测更受欢迎的答案。我们表明，这个原则在关于选民行为的合理假设下能够产生最佳答案，而标准的"最受欢迎"或"最自信"原则在相同的假设下无法实现这一点。与传统投票一样,该原则适用于单独的问题,如关于科学或艺术价值的小组裁决以及法律或历史争端。因此,这一方法的潜在应用领域比机器学习和心理测量方法更加广泛,后两者都需要来自多个问题的数据(Prelec et al., 2017)。

M. 凯瑞(Morgan Kelly)和 P. 狄止凯思(Peter Dizikes)认为在线投票现在公认比只是听任何一个人的回答要好。但是民主的方法只是对于一般性信息的调查比较有效,它不一定就是最正确的。群众的无知会导致拒绝一个其实对某一类问题有见解的少数正确看法,最终导致一个错误的答案被大多数人接受。他们形象地用一个图来表示,大多数人围着一张熟悉的图在欣赏,而旁边那个真正的专家却在欣赏着另一张表现更为专业的图(图8.6)。

图 8.6　一个有专业眼光的专家赏图(Julia Kuhl)
(图片来源:http://www.somedonkey.com)

其实,群智只是对一般性信息有益,而且未必最正确。下述普林斯顿大学和麻省理工学院研究人员提出的算法,这个方法对于一个给定的问题会问两件事:你认为正确的答案是什么,你认为每一个答案会有多受欢迎?正确的答案是比人们期望中更受欢迎的那一个。普里莱克的合作者 H. S. 斯昂(H. Sebastian Seung)说"意外流行"法可以比一般的简单多数投票方法减少误差 21.3%,比基本的信度-加权投票方法(即人们对其回答有多大信度的方法)可减少误差 24.2%,比最高平均信度水平的方法可减少误差 22.2%,对有些问题甚至还可达到 48%。总之,普里莱克认为少数人意见值得注意。

8.6　网络群体智慧

互联网在促进大众获取信息、拓展人际交往、鼓励社会参与、提供实际生活便利等方面发挥的积极作用越来越突出，可以说网络无处不在。Web 2.0 将互联网和社会网进一步结合，注重大众用户的参与以及用户之间的交互作用，通过网络应用促进网络上人与人之间的广泛深度交互与协作，并在大众持续交互中涌现出一种群体智能（赵明辉，2021）。

8.6.1　网络群体智慧的环境

以 Web 2.0 为代表的互联网产生了大量新的应用模式，极大地改变了互联网的秩序形态和大众在网络上的行为方式，促进了大众基于网络交互的信息传播、知识共享和智能提升，网络结构及信息资源分布在大众交互下不断演化。互联网激发了大众信息服务需求，形成了无处不在的在线搜索、实时交互、即时通信和协作，催生了一系列新的网络文化和行为，典型的 Web 2.0 应用有维基、博客、微博、社交和电子商务等。

8.6.2　网络群体智慧的概念

群体智慧并非是一个全新的概念，在网络时代来临之前，就一直活跃在生物学、社会学、大众行为学、计算机科学等领域，在前文 8.3、8.4 节中已有不少介绍。尽管学者对群体智慧的界定千差万别，但它的几个特征却得到了普遍认同，包括：知识和技能的去中心化；自动诞生于群体协作与竞争；不仅是个体智慧的简单相加；目标导向，注重解决实际问题；可被实时感知、控制和修正；在实现过程中会产生新的道德规范和行为准则。在英文中，群体智慧还有较多类似表达，如 collective intelligence、wisdom of crowds、crowd wisdom、swarm intelligence、global brain、mass collaboration、collaborative system 等，这些概念的本质实际上是类似的。

在 Web 2.0 社会性应用中，人类交互能够更清晰、更便捷地突破时空的阻碍在更大的规模上进行，大众通过互联网的持续交互形成了群体行为，会涌现出多种结构模式，表现出多层次水平的群体智能，在此称为网络群体智慧。网络群体智慧是指在大众广泛深度交互的互联网环境下大规模个体为了特定目标基于在线协作信息系统进行在线协作、问题求解，从宏观上涌现出群体完成特定任务或解决复杂问题的能力。社会评注突出以用户为主，通过把具有相同兴趣和爱好的人汇集在一起，从而产生源于用户贡献的网络效应，其本质是利用网络群体智慧共识，是网络群体智慧涌现及应用的典型实例。社会评注中的维基、评阅、评论和标签等类型均可认为是网络群体智慧的载体。

网络群体智慧与传统群体智慧相比存在显著差异，传统群体智慧侧重对自然环境下动物群体智慧的研究以及人与人在社会环境下直接或间接产生的人类群体智能；而网络群体智慧侧重对大众广泛深度交互的互联网环境下大众群体智能的研究，两者之间具有不同特性。网络群体智慧具有"网络数据驱动、交互形式复杂、网络效应强大、知识生产为主、不确定性认知"等特性（表 8.3）。

表 8.3 网络群体智慧与传统群体智慧的异同

类型	相同点	不同点
网络群体智慧	个体与个体、个体与环境局域相互作用，涌现出群体智能，具有自恢复、自组织、涌现等特性，遵循简单规则，无集中控制	Web 2.0、云计算环境下，大众广泛、深度参与（既是参与者又是受益者），个体是大众用户，群体规模很大，网络数据驱动，通过在线协作信息系统交互形成复杂关系（如人际关系），具有很强的网络效应，复杂性和不确定性加大，知识生产及共享成为大众在线协作交互的重要形式
传统群体智慧	个体与个体、个体与环境局域相互作用，涌现出群体智能，具有自恢复、自组织、涌现等特性，遵循简单规则，无集中控制	侧重自然环境（动物）、社会环境（人类），个体以动物为主，动物群体规模较大，人类群体规模、参与广度、深度有限，观察记录驱动，网络效应有限

8.6.3 网络群体智慧的类型

将网络群体智慧分为3种类型：①用户直接提供的显性（Explicit）智慧；②用户间接提供的隐性（Implicit）智慧；③采用数据挖掘技术，提取自显性和隐性智慧的衍生（Derived）智慧（图8.7）。显性智慧的展现形式包括投票（Voting）、评论（Review）、标签（Tag）、书签（Bookmark）、推荐（Recommendation）等。例如，Threadless 社区成员对喜欢的T恤设计投票，企业则根据投票结果决定生产的T恤样式和数量；Digg 社区用户对自己感兴趣的新闻投票，可提高文章排名。隐性智慧的典型代表为非结构的文本数据，维基、博客、在线知识社区都是这类信息的来源，如维基百科、维基型社区 U. S. Intelligence Community、Blogger、Yahoo! Answers、小木虫科研网站等。衍生智慧则是更高层次的利用市场细分、预测、聚类等数据挖掘技术所获取的情报，如对用户行为数据进行分析，可提取他们的认知模式、兴趣、偏好等，从而有针对性地推荐相关内容（如 Yahoo! Music 的音乐推荐服务）。

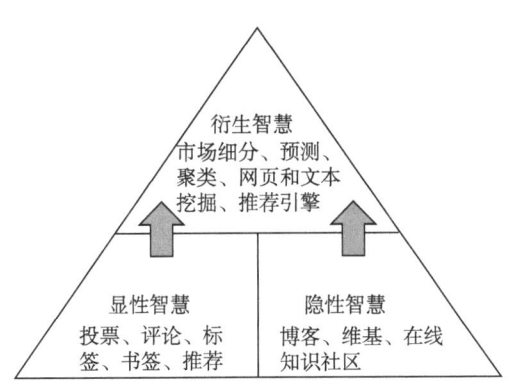

图 8.7　网络群体智慧的类型

8.6.4 网络群体智慧的应用

网络群体智慧的应用十分广泛，目前学者针对各个应用领域也进行了比较细致的研究。随着技术的发展和人们网络使用习惯的改变,网络群体智慧能够解决的问题越来越复杂,从单一的具有一定范式的问题到大型复杂的社会决策问题。网络群体智慧的应用可以分为集体知识库、开放式创新、知识服务类和决策支持 4 个方面(庄子匀 等,2014),下面分别对 4 个方面的研究进行综述(表 8.4)。

表 8.4　网络群体智慧应用总结

应用	描述	研究方面	典型应用
集体知识库	允许大量用户共同贡献、管理的知识资源库,是一种人人参与、协同创作的知识创作模式	①评价研究 ②内容质量分析和关键因素 ③用户动力机制和组织方式 ④应用领域	维基百科
开放式创新	利用互联网用户的创造力为企业提供创新产品和服务	①应用领域分类 ②设计机制 ③质量控制	众包、威客
知识服务类	以知识共享为目的的系统,主要指问答社区	①用户参与动力 ②内容质量评价 ③专家发现 ④推荐算法	Yahoo! Answers、百度知道、知乎、Quora
决策支持	利用群体智慧进行决策的制定	①商业方面的应用 ②环境治理方面的应用 ③政治方面的应用	Digg、IDMB、IdeaExchange

①集体知识库是允许大量用户共同贡献、管理的知识资源库,是一种人人参与、协同创作的知识创作模式,最典型的代表是维基百科,来自世界各地的不同专业背景的用户相互协作对百科词条进行编辑完善,最终形成科学的百科知识库。维基百科 2001 年上线,随后引发了学者的研究热潮(付巧 等,2016)。早期研究集中在对维基百科的评价上(Reagle,2010;Levack,2003)。随后注重百科的内容研究,主要是质量分析以及

质量控制的关键因素（Ruprechter et al.，2019；Halfaker，2017）。维基百科用户动力机制和组织方式也是研究重点之一，分析维基百科开放的组织结构，介绍维基百科有效运转的方式和原因（Lemmerich et al.，2019；Crowston，2018）。最后还有学者受到维基百科的启发，将其应用到学术写作（Selwyn et al.，2016）、参与式新闻撰写（Steiner et al.，2013）、文件分类（Ni et al.，2011）。

② 开放式创新主要指的是利用互联网用户的创造力为企业提供创新产品和服务，众包是最典型的代表（程曦，2019）。众包的概念是由 Jeff Howe 于 2006 年首次提出，随后得到了研究学者和企业人员的大量关注。众包是企业或者组织将原本由自己负责的某项职能以公开招募的形式外包给一群非特定的、具有不同知识的网络群体的行为（Estellés-Arolas et al.，2012）。商业领域如 InnoCentive 网站正是利用网络群体智慧进行开放式创新的体现，如波音、宝洁、美国国家航空航天局等都是该网站的客户。开放式创新的设计机制是吸引用户的关键，可分为单阶段和多阶段，单阶段竞赛主要集中在最优竞赛机制的设计以及参与角色上，竞赛的机制设计主要包括奖金结构的设计（Ales et al.，2017；Xu et al.，2017）以及问题特征和反馈机制（Bimpikis et al.，2019；Mihm et al.，2019）。多阶段竞赛的理论模型根据不同阶段之间结果是否相关可分为独立的多阶段竞赛（Konrad et al.，2006）和相互关联的多阶段竞赛（Cheng et al.，2018）。质量控制问题是利用网络群体智慧的关键问题，在开放式创新领域有学者提出提高参与者的能力要求（Lyu et al.，2019），也有学者设计质量评定体系来保障结果的质量（Saab et al.，2019）。

③ 知识服务类指的是以知识共享为目的的系统，早期多指在线问答系统，包括 Yahoo! Answers、百度知道、搜搜问问等平台，经过不断的发展，社交问答平台涌现，包括知乎、果壳问答、Quora 等。不同于传统的以搜索引擎为主的知识服务模式，知识问答社区让用户能够自由地进行知识交换，这是一个双向的过程，实现了群体智慧的整合与利用（齐云飞 等，2018）。知识问答社区的研究主要可以分为四方面，即用户参与动力、内容质量评价、专家发现、推荐算法（张中峰 等，2010）。其一，用户参与动力方面，主要可分为提供知识的动力（Zhang et al.，2017）、提问的

动力（Choi et al.，2016）。其二，内容质量评价方面，由于知识问答社区的用户知识水平差异大，因此提供的答案质量参差不齐，学者们对于内容质量评价展开研究，主要利用内容分析法（Jeon et al.，2013）构建质量评级模型、基于指标体系的人工评价（Worrall et al.，2013）、基于机器学习的自动化评价（Wang et al.，2017）。其三，专家发现方面是知识问答社区的研究重点，主要分为指标评价、链接分析和用户建模3种（Yuan et al.，2020）。指标评价根据用户提问数、答题数、获赞数等数据构建相应的指标体系；链接分析法主要利用 PageRank 与 HITS 两种算法对指标评价进行改进（Saoud，2018）。其四，推荐算法主要针对问题推荐（Zhang et al.，2014）、答案推荐（Li et al.，2020）、专家推荐（Huang et al.，2017）3个方面进行，优秀的推荐算法是提高知识问答社区用户体验的关键。

④决策支持是利用群体智慧进行决策的制定，如在线投票、评分、推荐等，Digg、IDMB、IdeaExchange、Inrade、NewsFuture 是这一方面的典型商业应用。大型复杂的社会问题也逐渐开始应用网络群体智慧。群体智慧也能更好地预测选举结果和经济发展（Landemore，2012）。在环境治理方面（Iandoli et al.，2007）针对气候变化的问题设计了一个线上平台，由气候专家以及对该领域感兴趣的学者们进行讨论，设计治理方案。在商品购买方面，利用群体智慧进行商品推荐使得客户满意度大幅提升（Mladenow et al.，2015）。在政治方面，有学者研究让公民通过在线平台进行电子治理，并针对公共审议提出建议，实现电子民主决策（Jafarkarimi et al.，2014；赵明辉，2021）。

8.7 互联网群体智慧的危机

郭静在《互联网群体智慧的危机》一文里提到：互联网重构了知识体系，每个用户在享受知识的同时，又在默默地贡献着知识，群体智慧在互联网上得到了空前绝后的发挥，每个人都是参与者，哪怕贡献很少，似乎互联网上"傻子"这个词绝种了，各个内容平台都汲取着群体智慧的内容（郭静，2016）。

群体智慧主要表现在，用户购物时对产品的评价或使用感受，如天猫、京东上的商品评价；用户对某网站质量、真假的评价，如百度搜索结果页用户对网站的评价；用户对使用O2O服务类型的评价，如用户对使用大众点评的评价，用户在去哪儿网上使用酒店的评价；用户的点赞行为等，都算是默认贡献智慧的一种，由群体智慧贡献的内容组成了新的内容体系，互联网全住民都在间接地使用这些内容。

但是，随着越来越多的群体智慧贡献内容的生成，群体智慧所产生的危机也逐渐体现出来，用户在享受群体智慧正面信息的同时，也不断被负面的信息影响，面对群体智慧，我们开始茫然了，至少没有当初的兴奋，或者说，很难找到纯净的乐土了。

8.7.1 互联网虚虚实实、真假难辨

互联网群体智慧的第一个危机就是虚虚实实、真假难辨。网络水军（通常简称"水军"）在互联网界的力量不容忽视，贴吧、京东、天猫等平台上充斥着大量的水军，水军的作用是给某些店铺、公司做正面/负面的信息引导，他们将内容参杂在群体智慧中，以假乱真，让用户根本难以分辨这些群体智慧里哪些是水军的，哪些不是水军的。尽管各大平台都在打压水军上不遗余力，但，"道高一尺，魔高一丈"，水军总能在规则中找到漏洞。

除水军外，对于群体智慧的表现形式上，也很难分辨，尽管平台会对店铺做星级评级，对酒店做星级评级，但用户评价方面，很难将差评和好评的排序理清楚，即使最高明的算法也做不到，不可能在10 000件商品中，所有人都是好评，而一旦有差评，那么，差评的影响力究竟有多大呢？同类型的10个商品中，90%的好评和80%的好评，究竟哪个会好？用户能够轻易判断出来吗？明显不能。

酒店方面表现得尤为明显，一般酒店的评论量是要低于商品交易的评论量的，毕竟商品的单价更低，用户购买的频次更高。我们打开去哪儿网或者携程的APP会发现，在所浏览到的酒店信息里，想要看到用户的评价，总会有差评存在，而差评的占比都不会低于50%，所以，在对比过程

中要去分辨酒店质量的好坏，完全摸不着头脑。

部分差评会直接影响到主管判断，但当所有商家都有差评存在的时候，群体智慧里制造的内容，已经出现了多种干扰，在虚虚实实的信息里，真假太难分辨了，群体智慧此时反而成为一种拖累，群体智慧的参与者越多，好坏的分配比就越多，在如此之多的信息里，真假是不容易判断的。高质量的信息内容太少，低质量的太多。

群体智慧对于低质量的内容会贡献出非常大的能量，如点赞行为、收藏行为，都会间接贡献自己的智慧，但对于稍微专业一些或者高质量的内容，群体则表现得尤为沉默，这部分人要低调得多，他们并不愿意将自己的智慧贡献出来，或是因为精力问题，或是觉得无分享的必要。

以网站评论为例，虽然百度口碑上所有的网站都可以评论，但评论量最大的是热门网站，而偏门的、冷门的网站，却没有人参与评价，尽管用户对这些偏门、冷门的网站需求频次更低，但也需要有人来参与评论。

再如电商网站，价格越低、购买量越大的产品，用户评论量越高，而价格越高、购买量越低的产品，用户评论量越低，是不是价格高、购买量低的产品就不是好产品呢？并不一定，所以市场上有大量帮助用户推荐的网站，而这是需求推动的，并非像普通用户购买商品一样无私，专家们的推荐里，总或多或少会有"广告"掺杂在里面，这就有失偏颇，也非群体智慧的表现。

8.7.2 移动互联网危机，更细碎，但质量更低

移动端制造优质内容明显没有 PC 端方便，而移动端当前之所以有如此众多的内容，大部分仍是从 PC 端迁徙过来的。至于微信、易信等聊天工具方面，则是因为它们本身就属移动互联网产品，而微信、易信本身在内容方面是有一定缺陷的，用户需要有更多更多的内容。

用户更容易参与到移动端的群体智慧中来，不过移动端制造的内容更碎、更细小化，用户参与总量有所提升，而群体智慧的质量却并不随数量的上升而上升，反而是更困难，因为用户更懒，更不希望通过移动端的小屏幕来制造内容，当前移动互联网市场上也不存在好的内容制造工具。

随着信息越来越臃肿,群体智慧所提供的价值已经越来越呈现降低趋势,要想从众多信息当中去分辨信息的真假,对于大众群体来说,太过于困难,而高质量的内容,则更是可遇而不可求。移动端上,好的内容制造器,有的是各种碎片化的信息,不是说碎片化的信息完全无用,只是碎片化信息的价值有限,稍微"高智商"一点,都不达标。

国内9亿移动互联网用户所造成的大的群体智慧综合体,分散在互联网的各个平台上,早些年造就了平台的成长,但面对信息的大幅增长,群体智慧也面临着一定的危机。

互联网整体内容的质变,还需要一定的发展空间,愿更多高质量的群体智慧出现。

第 9 章

几个共识的案例

本书列举了大量例子,我们将它们分成三类:第一类纯粹为了作为算例,我们用单编号,如例1、例5等表示;第二类有一定实在内容,而且用来说明某方法的应用,我们用双编号,如例6.2表示第6章第2个例子等;第三类是比较完整的案例,里面既有较详细的案情,又有具体应用共识的方法,我们用案例9.1或案例9.2等表示在第9章中的第几个例子。第9章一共举了7个不同主题、不同内容以及不同共识方法的案例。案例9.1是G77为了讨论集团中环境和可持续发展而希望形成共识报告,采用会议和交流协商的方法,达成共识项目的组织者是达成共识研究所(CBI)。案例9.2是编写一个纪念论文集,采用小组协同集成的方法,通过会议以及各种信息手段汇集大家的意见而形成共识。案例9.3是一个国家科研任务,为制定商业标准体系,采取文献调查汇总、专家智暴、德尔菲法和调查咨询表汇总分析、聚类分析等综合集成和物理-事理-人理方法论指导而完成共识的项目任务。案例9.4是制定一个流域水资源规划,具有决策性质,项目组最后将它转化成一个多阶段、多层次、多决策主体的风险决策问题,利用多目标优化找到一个共识的决策。案例9.5是利用专门软件在网上通过专家群体分阶段形成共识最后确定一个国际会议的主题。案例9.6是江西省决定科技发展战略重点选择,这是一个多属性决策问题,难以绝对定量比较重点的优劣,因此采用了优序法使大家达到共识。案例9.7不是一个具体项目或任务,而是介绍日本丰田公司在解决公司决策时的一个形成共识的好思想——根回,即在公司管理中形成众口难调的问题时,通过反复征求意见以及一套行之有效的说服方法和制度来达成共识。这些案例告诉我们如何在不同情况和场合下具体应用各种不同的共识方法和思想来帮助人们达到共识。

案例9.1 G77项目

2000年，在联合国基金支持下，联合国训练和研究所（United Nations Institute for Training and Research，UNITAR）启动了一个与美国的达成共识研究所（CBI）、塔夫茨大学弗莱彻法律与外交学院（Fletcher School of Law and Diplomacy at Tufts University）共同合作的试验项目，目的是加强七十七国集团（G77）谈判能力，而更具体的目标是讨论环境和可持续发展报告的起草（The Consensus Building Institute，1999）。

在联合国基金支持下，为G77讨论环境和可持续发展起草报告要求在2000年6月交出报告，这期间在纽约州分别于3月、5月召开两次会议。

确定议程的会议于3月在莫洪克（Mohonk）召开，构建能力的会议于5月在纽约召开，由CBI提供会议的促进和引导（Facilitation），并为会议准备总结（会议总结不单要求成员间达到共识，而且要抓住大家表达的思想），最后为在2000年6月召开的G77全体成员会议准备一份要讨论方案的草稿。

（1）3月会议（确定议程）

组织名义上为G77，实际上在当时已经有133个国家参与，它们之间要不断谈判，要考虑到各国家以及各种小集团之间的利益，G77还要考虑到其他成员国利益。为了适应这个课题，CBI提供了会议5步法来帮助做出群决策：

①搞清所有成员国共同感兴趣的议题；

②把已有的研究成果告诉成员们，以使他们了解所遇到的议题；

③帮助成员国构建它们的能力并形成他们的国家观点；

④帮助形成有共同观点的团体立场，提供在全球谈判和中间过程中正常的内部咨询机制；

⑤提倡由G77在全球论坛中所发起的立场并促进形成适当的联盟以支持G77的观点。

在构建能力方面，CBI考虑到3个方面：技术、智能和组织。

在技术支持方面，他们提供了多语种的在线信息和信息技术，不仅可以提供一些数据和文件，而且有分析和解释性简要报告，他们可以为会议提供多种由资深学者提出的选择方案。他们帮助会议主持者提供开好会议的方法，如将问题及时分类，按重要性次序分成三类：①最重要；②次重要；③三级重要。他们深入了解各国的需求与能力。首先将它们汇总，其次通过谈判在各国之间寻求妥协，最后形成更大的国际性谈判。他们的促进和引导的作用体现在改进各方利益有矛盾时彼此对话的质量。他们本身应该中立，即本身没有利益要求，要尽量听取多方意见，并且用可视的方法把各种意见的关键点记录下来。做到要共识先要让人把话讲出来，而且能得到精炼的关键点表述。他们为会议建立一个虚拟秘书处，由一些独立的专家组合成一个网络来担任虚拟秘书处的共识协调工作。他们还考虑了和其他部门之间的关系。注意了意见的反馈，还考虑到了领导的连续性，因为领导的更换有可能使一些方案难以贯彻到底。

（2）5月会议（构建能力）

有10多个国家以及跨政府的专家连续召开了数天的会议，会议内容主要涉及《气候变化框架公约》（Framework Convention on Climate Change）和《京都议定书》，期望了解气候变化的背景。对于发展中国家，不单是气候变化的问题，还涉及减少贫困和可持续发展的问题。除此之外，还涉及提高信息流和协调、技术转让、项目的可实施性和谈判能力等。

（3）6月（简要报告）

约有40个代表参加了为期半天的简要报告，弄清了G77的能力。与会者都认为5步法对帮助G77做决策有用，但要做如下的修改：

①设定优先，认为将所有议题分成三类很好、好、一般。

②信息的利用，让彼此很快地互相了解。

③成员的能力，帮助所有成员构建自己的人力、技术和财政能力以形成自己的国家观点。

④内部谈判，帮助形成反映共同利益的集团立场，提供在全球谈判前内部咨询的机制。

⑤国际谈判，主动宣告G77提出的立场并促进国际上其他联盟支持G77的观点。

通过这些会议也提高了领导、主席们的能力。

案例9.2 编写纪念控制论家比尔70寿辰的论文集

1996年，英国的R. 爱斯贝焦（Raul Espejo）和瑞典的M. 斯瓦宁格（Markus Schwaninger）启动了一个编写纪念比尔70寿辰的论文集的项目。这个项目的目的是纪念管理控制论的创建者比尔。他们不想把这本论文集变得像别的论文集那样，找几个专家分别去写，没有太多的集成只是最后由主编汇总。他们更希望这本论文集能对控制论的知识总体有所反映，同时又希望引进一些新的方法和信息技术。为此，他们决定采用比尔的协同集成小组的方法再加上万维网的工具来实施这个项目。最后他们通过电子媒体以及开会等方式邀请了来自16个国家的30位控制论专家参与这个项目（Schhwaninger，1997）。项目分成以下几个阶段：

①准备，建立一个网站作为交流平台；

②用第一版电子协调集成，利用远距离对话产生一个将于1996年3月底在英国召开的当地协调集成的会议议程，并在接下来5个月里形成由40多位控制论专家通过讨论和各种电子工具汇成的信息集。开始想法很多，最后通过选举的方法（也是网上进行的）以及一些讨论，部分是通过其他手段包括电子邮件、传真、电话等逐渐形成一些重点。以自组织的方式从开始的140个初始题目中选中最终会议的12个题目（如自适应生物组织、控制论方法论、小组协同集成、控制论方向、二级控制论等）。最后每个成员决定参加12个题目中的某几个。

③当地的协同集成，从1996年3月24日到27日，来自各国的30位控制论专家参加在英国举办的3天半的讨论会。他们对论文集中共12章按照20面体来组织讨论。每一个人是2个小组的成员，又是另2个组的批评者。第一次会是智暴会，第二次会形成概念，第三次会制订行动计划，也即确定章的内容。每次讨论会录音，并有人整理。

④第二次电子协同集成，在3月到8月初就12章内容进行远距离对话，为此提供了一个群件平台。这个阶段的输入内容就是文章的正式文本。

⑤制作CD-ROM。

案例9.3　商业标准体系的制定

商业已经日趋现代化,不单包括传统的商业设施更包含现代建筑设计理念,大量信息技术的采用,环保、安全以及以人为本的考虑使商业系统越来越复杂和现代化,从而对其标准化的要求也越来越高,类似其他行业如机械、电子、化工等,不单已经有了成千上万条标准,而且很早就有了标准体系。但是在1995年以前从事这方面研究时,商业系统既缺少大量的单项标准,更没有成套的标准体系。1995年,国家科委和内贸部下达了一项科研项目,名为"商业设施与技术装备标准规范体系研究",主要用于大、中型商场,由中国科学院系统科学研究所牵头与商业系统一些单位组成一个课题组来共同完成这个项目。

所谓标准体系表(Diagram of Standard System)是由一定范围的标准体系内的标准按一定形式排列起来的图表,或者说是由一些标准按一定层次形成的层次结构图。标准可分成全国通用标准、行业通用标准、专业通用标准、门类通用标准,以及产品、过程、服务管理标准体系。一般全国通用标准体系可分成5个层次(图9.1),商业通用标准作为一个行业来讲有4个层次(图9.1中从上往下第二层至第五层)(Gu et al.,1997)。

综合标准体系表是指以产品、过程、服务或管理为中心,由生产或工作全过程中所涉及的全部标准综合组成的标准体系表。制定标准体系表的基本路线一般有两种:①自顶向下;②自底向上。第一种路线要求对整个标准有较清晰的了解,所以可以从顶层往下设计。第二种路线是下面已经有大量的单项或单部门的标准存在,制定者只是将它们向上归类形成体系。当时我们所面临的情况是:掌握的商业方面的标准相当少,不可能走第二种路线,而由于我们在标准总体知识方面的不足又不能走第一种路线。最后我们提出走中间路线,并形象地称为"3.5",即最低层单项标准尽量去收集,甚至有些标准可以借用其他行业已有的标准,而把更多的精力放在形成行业标准二三四层的合成标准。

为了达成共识需要更好综合各方面知识、各方面专家的意见,我们首先采用了常规的文献调查和专家调查,由课题组加以汇总。这个课题组的

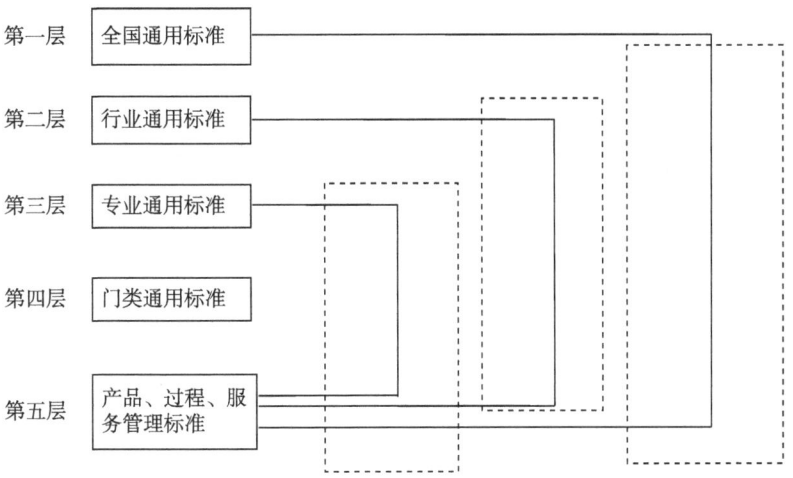

图 9.1 综合标准体系

组成体现了各种知识和各种专家的配合：既有从事过一些具体商业标准制定的成员，也有从事过系统工程与计算机专业工作的人士，还有一些直接从事商业管理的管理人员和领导参加我们的讨论。首先我们确定采用国际常用的专家调查法，即德尔菲法。但是如何发出调查提纲、确定调查的内容，或者说我们对标准体系的初步构想。我们采用了智暴的方法，启发课题组研究人员提出各自的构想，经过反复讨论、比较、分析各种思路并参考了有关文献，其中特别参阅了内贸部课题组成员所收集的大量其他行业已制定的标准体系和他们的调查材料后，课题组汇总出内部认可的一个初步方案提供调查的素材，也即调查表。调查结果采用德尔菲法常规的处理，归纳出对体系表的基本意见。而后考虑到被调查专家的背景不同，我们又采用了聚类分析方法对专家进行聚类，进一步挖掘专家的意见，以及他们打分的依据，从而对汇总表加以修改（图9.2）。由于我们编制了计算机阅览编辑系统，其中存放了体系表及调查结果，还有调查分析的图表，以供课题组及其他人员随时调阅、修改，为今后修改、完善标准体系表提供了工具和知识综合模式。

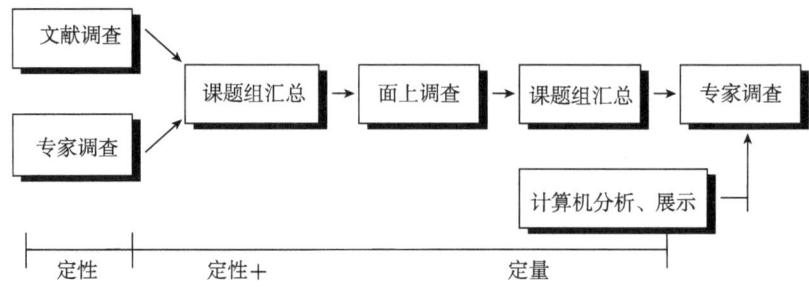

图9.2 项目的工作流程

在这个项目中,我们也改变了过去传统的制定标准体系表时采用的以调查各方面专家意见为主的社会调查方式,而采用了人机结合的方式。计算机聚类分析与标准体系表的计算机阅览系统为商业部门有关研究提供了有益的启示。这个系统将所有标准看作指标体系,其中通用层有9个,职能层有8个,专业层有71个。这个系统相当于一个数据库系统,但里面所有数据是有关指标的名词以及名词解释,还有一个友好的人机界面便于人们阅览,指标可以不断增改。标准体系表的制定本身是一个长期的反复修改、不断完善的过程,计算机人机对话功能为今后具体制定标准体系表提供了讨论、修改和补充的优秀工具。在各方努力协同下,在人机交互的帮忙下,我们取得了共识,完成了课题研究任务。下面仅就在"商业设施与技术装备标准规范体系"专家意见问卷调查聚类分析方面做部分介绍。

我们实际做了3个大类的专家意见聚类分析:

1. "商业设施与技术装备标准规范体系"通用标准层专家意见聚类分析;

2. "商业设施与技术装备标准规范体系"职能层专家意见聚类分析;

3. "商业设施与技术装备标准规范体系"专业层专家意见聚类分析;

3.1 "商场供应系统"专家调查结果聚类分析;

3.2 "商场销售系统"专家调查结果聚类分析;

3.3 "商场存贮系统"专家调查结果聚类分析;

3.4 "商场服务系统"专家调查结果聚类分析;

3.5 "商场环境系统"专家调查结果聚类分析;

3.6 "商场后勤保障与安全系统"专家调查结果聚类分析；

3.7 "商场自动化系统"专家调查结果聚类分析。

这里仅列举专家调查部分结果。

（1）简单说明

"商业设施与技术装备标准规范体系"课题组在初步调查研究之后，为了能够吸取国内有关专家的意见，使标准体系表编制合理，制定了专家咨询表，进行德尔菲调查。下面是参加调查的专家及单位，每位专家有一个编号（原表中有单位和姓名，为尊重被调查者，这里我们将姓名用字母表示，如表9.1所示）。

表9.1 咨询专家

编号	姓名	单位
aj01	AJ	北京市百货大楼
bc02	BC	北京天桥百货商场
dl03	DL	北京贵友大厦
dx04	DX	北京西单商场股份有限公司
gf05	GF	北京市三友商厦
gw06	GW	北京复兴商业城
hp07	HP	北京市宣武区菜市口百货有限公司
hs08	HS	北京友谊商业集团
lg09	LG	北京赛特购物中心
lj10	LJ	北京市天元商业大楼（东四）
lm11	LM	石家庄国际大厦商场
lq12	LQ	北京金伦大厦
lx13	LX	北京鑫帝大厦
lz14	LZ	北京长安商场
mh15	MH	协和奥光商厦
mj16	MJ	北京市新街口百货商场
ms17	MS	北京方庄购物中心
py18	PY	北京雪银大厦
qj19	QJ	北京国华商场
sm20	SM	北京华奥商厦

续表

编号	姓名	单位
sw21	SW	北京华群商贸中心
tl22	TL	天元和平商业大厦
wf23	WF	北京市白广路百货有限公司
xt24	XT	北京西城区好邻居连锁总部
yj25	YJ	北京天元百货商场
yy26	YY	北京希福连锁总店二十一分店
zj27	ZJ	北京蓝岛大厦
zl28	ZL	北京市商业管理干部学院
zx29	ZX	北京崇文区光明百货商城
zy30	ZY	北京银地大厦

在选择调查对象时，我们也是经过慎重考虑的，事实上我们选中的部分对象，按 1996 年 7 月北京市大商场零售额排列，其中北京蓝岛大厦、北京西单商场股份有限公司、北京市百货大楼、北京长安商场、北京复兴商业城、北京金伦大厦、北京雪银大厦都位于前十之列。

此次的调查咨询表主要包括 3 张：体系表通用标准层内容调查、体系表职能层内容调查和体系表专业层内容调查；其中专业层包括职能层定义的供应、销售、存贮、服务、环境、后勤保障、安全和自动化等 8 个商场职能每项之下的各专业的标准规范条目。这里分职能对专业层调查进行聚类，同时将后勤保障和安全两项合在一起分析（后勤保障目前考虑 5 个专业，安全有 3 项，合在一起聚类），共进行 9 次聚类。这里运用 Statistica for Microsoft Windows 4.5 进行分析处理，采用欧几里德距离，系统聚类采用最短距离法。我们采用几种多变量的图来显示调查结果。用多变量的图表示比较直观，有助于人们的理解与判断。在平面上将多变量表示出来，可直接用于比较分析，雷达图（Radar Chart，又称 star）即是这样的工具。

雷达图也称星图或蜘蛛网图。对于调查表中的数据样本，其雷达图原理是：在一个圆周上划分出相等的 p 个部分，分别由 p 个点代表，由圆心连接这 p 个点，得到 p 个辐射状的半径，即作为 p 个变量的坐标轴。根据各变量波动的大小，在相应的坐标轴上刻度，将每个变量的值标在各自的坐标轴上，依次连接形成一个 p 边形。每个样本均这样处理，可在同一图上绘出调查结果的 p 边形，这样就形成了 n 个专家样本的雷达图。也可将 n 个样本分别绘在各自的圆上，形成各自的雷达图，但每一个坐标的刻度必须是同等的变量波动，以供比较，这里 n 是调查样本数。

此外还有许多其他的多变量的图表示法，如轮廓图（Profile）、脸谱图（Chernoff Face）等。在下面的分析中，我们主要采用雷达图直观地表示专家对标准体系中各项标准的意见。这些意见一般是："同意"、"基本同意"和"不同意"中的任一个，这里将"同意"取值为 1，"不同意"取值为 -1，"基本同意"取值为 0.618；对没有发表意见的条目，该变量取值为 0。下面我们仅选取通用标准层专家意见的聚类分析作为例子来说明这些分析和图的实际操作情况。

（2）"商业设施与技术装备标准规范体系"通用标准层专家意见聚类分析

通用标准层指关于零售商业的设施与技术装备的基本规范，共包含 9 项：安全、环境、服务、计算机系统、建设、卫生、供应、销售和存贮。共调查了 30 位专家，则样本数 $n=30$，变量数 $p=9$。图 9.3 为聚类谱系图。在分析图后，考虑当 $D=1.0$ 时，可将 30 位专家分为 6 类：

① {qj19}，只包括一位专家，即北京国华商场的 QJ，他对"计算机系统""建设""供应"持反对意见，其余条目基本同意或同意；（注：以下的说明仅列"不同意"的指标项）

② {gf05}，包括北京市三友商厦的 GF，对"环境"和"卫生"不同意；

③ {dx04}，包括北京市西单商场股份有限公司的 DX，对"卫生"不同意；

④ {zl28}，包括北京市商业管理干部学院的 ZL，没有对任何项目发表意见，主要对"商业"与"商场"的名词使用存在不同看法；

⑤ {mj16}，包括北京市新街口百货商场的 MJ，对"建设""供应""存贮"没有发表意见；

⑥ 除以上 5 位专家外的其余 25 位专家，他们对 9 项指标基本同意或同意。

以上分类也清晰地显现在图 9.4 所示的通用标准层专家调查结果的雷达图中。所划分的 6 类专家对"环境""计算机系统""建设""卫生"

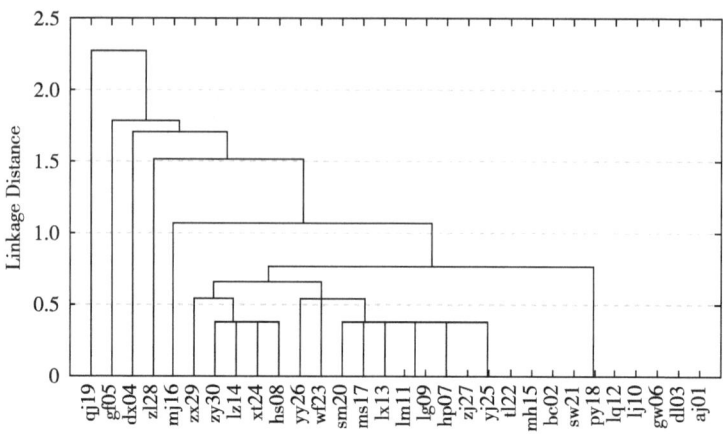

图 9.3 通用标准层专家意见聚类谱系

"供应""存贮"等 6 个方面的设施与技术装备标准规范指标，为了简略起见，我们用专家 PY 作为第 6 类的代表。图 9.5 为 6 类专家关于这 6 项指标的意见汇总（纵坐标为评价结果，正数表示肯定，负数表示反对，绝对值越大越强烈），可看出其意见的不一致。专家们对"销售""服务""安全"等 3 项与零售商业系统内一贯强调的业务相关的设备标准规范评判基本一致，在图 9.5 中就不再标出。这一结果是目前零售商业在迅速发展中，人们对其日益扩大的功能进行思考的一个侧面反映；同时提示今后制定这些标准规范时，名称与内涵的定义需准确、便于操作。

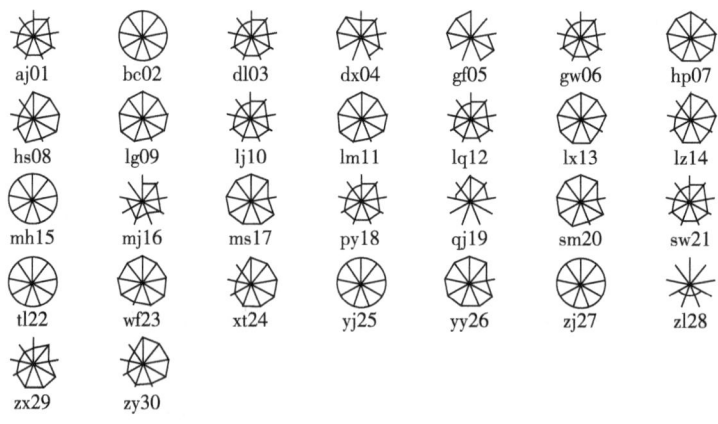

图 9.4 通用标准层专家调查结果的雷达图

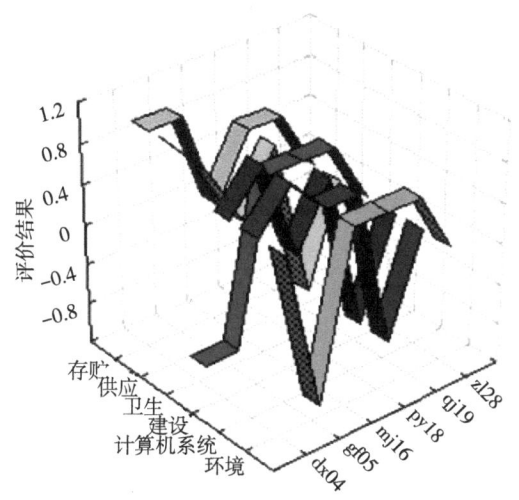

图9.5 通用标准层专家意见分类显示

(3)"商场销售系统"专家调查结果聚类分析

在制定商场销售系统标准的条目时,课题研究人员综合了不同类别商店销售的内容,其中不仅包括一般的综合性百货商场,也包括各类专业商店,并结合了目前国内外零售商业发展的新趋势,考虑了25类销售的商品,即设定25类商品销售设备标准规范条目。这里样本数 $n=30$,变量数 $p=25$。图9.6为谱系图。由于变量数过多,没有绘制雷达图。

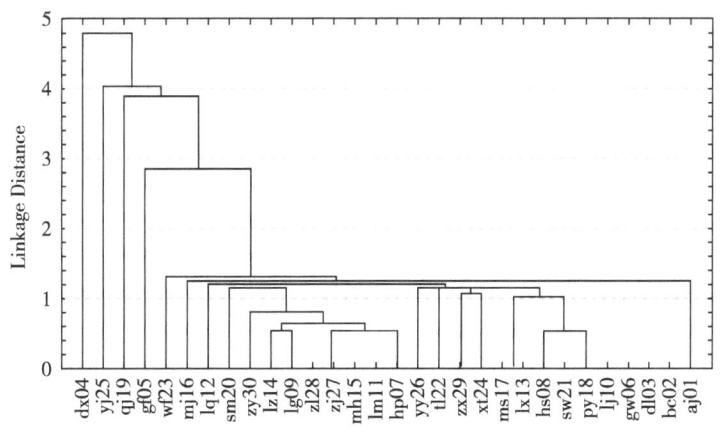

图9.6 "商场销售系统"标准规范专家意见谱系

分析图 9.6，考虑当 $D=2.0$ 时，可将 30 位专家分为 5 类：

①{dx04}，包括北京西单商场股份有限公司的 DX，不同意"家用电器""日用品""珠宝首饰""服装""文化用品""玻璃陶瓷""工艺美术品""汽车"等 8 项销售设备标准指标。

②{yj25}，包括北京市天元百货商场的 YJ，不同意"五金用品""箱包""文化用品""体育器材""工艺美术品""玩具""干鲜果品"等 7 项销售设备标准指标；

③{qj19}，包括北京国华商场的 QJ，不同意"箱包""体育器材""饮料""医药""工艺美术品""化工制剂""干鲜果品""汽车"等 8 项销售设备标准指标；

④{gf05}，包括北京市三友商厦的 GF，不同意"五金用品""箱包""服装"等 3 项销售设备标准指标；

⑤除以上 4 位专家外的其余 26 位专家，他们对 25 项指标基本同意或同意，其中有些专家对某些项目没有发表意见，他们是北京市百货大楼的 AJ、北京市新街口百货商场的 MJ 和北京市白广路百货有限公司的 WF，他们对一些指标没有打分的原因是所在商场不销售指标代表的商品。

零售商业功能日益扩大的一个显著表现是其经营品种的扩大，而销售方式则更趋向灵活和丰富多彩。初步设立的 25 个品种综合了不同类别的商场销售的内容，考虑了国外零售商业发展的新趋势，而存在分歧的指标也正是那些关于扩大的经营品种、特殊专业商品及特色商品的销售设备标准指标。在今后编制这些标准时，应考虑到商业这一行业的特殊性及与其他行业标准的关系，力求定位准确。

案例9.4　流域水资源规划

这是中国水利水电科学研究院水资源研究所国家重点基础研究发展规划项目的部分研究结果，它系统地阐述了水资源总体规划体系应建立以流域系统为对象、以流域水循环为科学基础、以合理的配置为中心的系统观，以多层次、多目标、群决策方法作为流域水资源规划的方法论（王浩等，2002）。另外在规划方案具体设置当中，要兼顾可能和需要两方面因素。这里主要介绍水资源合理配置的多层次、多目标、群决策方法。流域水资源规划的编制过程是一个协商谈判的过程。谈判的基础是一组具有代表性的方案。依靠模型体系,每次生成 5~7 个备选方案供各个决策者进行选择。选择后,得到具有最高共识度的方案,作为下一轮谈判的基础。如此反复进行,直到找出最终规划方案。由于流域水资源规划涉及中央、地方多个决策层次,部门、地区多个决策主体,属于群决策问题;涉及近期、远期多个决策时段,是多时段决策;具有社会经济和生态环境方面的多个决策目标,是典型的多目标决策问题;还涉及水资源自然、社会、经济、生态等内在属性,以及水文、工程、水量、水质、投资等多类约束条件,是一个高度复杂的多阶段、多层次、多目标、多决策主体的风险决策问题。为使决策过程定量化和增加透明度,每次生成的备选方案具有良好的信息结构,能够满足规划要求(图 9.7)。图 9.7 表示有 7 个方案,在考察它们优劣时要考虑 6 个决策主体、3 个目标、3 种风险,涉及的决策变量有 7 个。

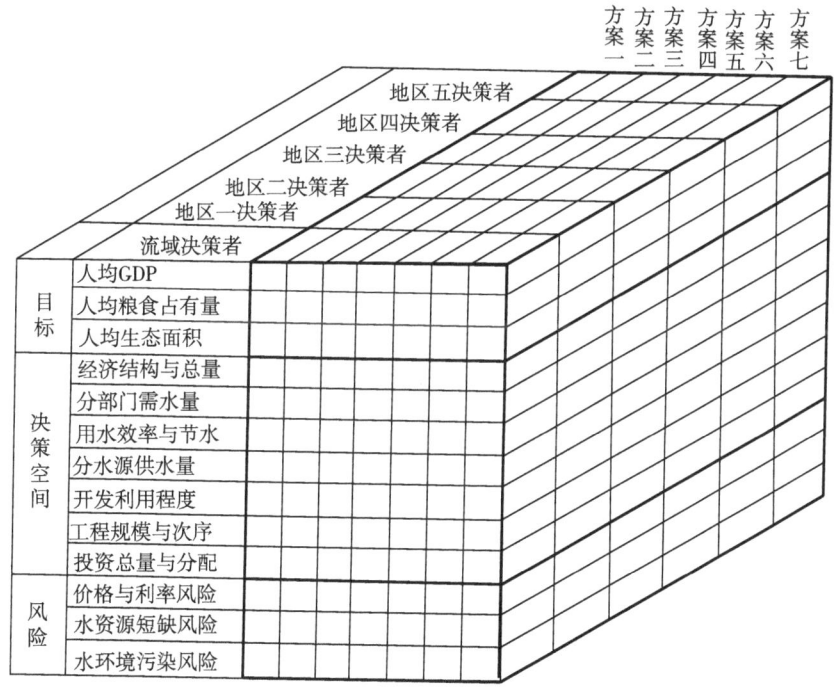

图 9.7 流域水资源规划的决策模式与信息结构

备选方案均是多目标意义下的非劣解，其认为较满意的解生成过程就是在多个非劣方案点的解空间寻求理想点的过程。在具体操作过程中，需要通过引入发展模式度量指标体系，降低不同层次之间发展指标的不协调性（图9.8）。在图9.8中共有7个非劣解 $Z_1, Z_2, \cdots, Z_7$。如果选择第一个政策理想点，则 Z_3 最接近理想点，Z_4 次之。如果选择第二个政策理想点，则 Z_4 最接近理想点。通过引入规划方案对不同地区发展影响程度的度量指标体系，协调代表不同地区多个决策主体之间的利弊得失关系；通过总体规划模型系统的优化与模拟，降低方案选择中的水文风险；通过专家定性判断与计算机定量计算相结合的方式，处理方案选择中涉及的不确定性问题。按上述方式，保证规划方案具有较好的内部协调性和外部适应性。

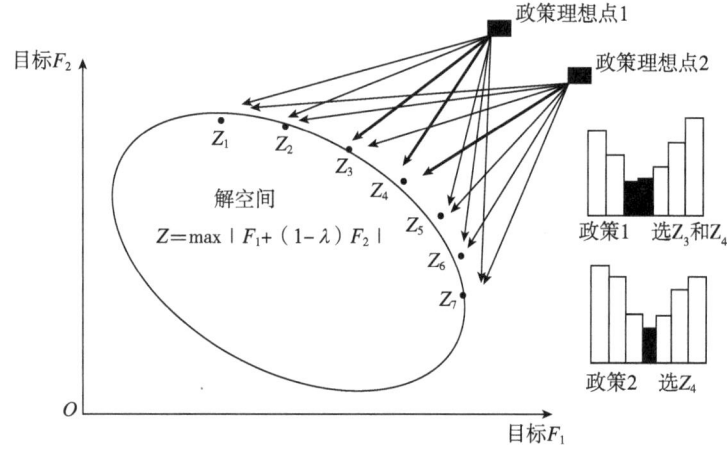

图9.8 不同层次决策目标之间的协调

流域水资源规划兼顾需要与可能的规划方案设置策略。在进行流域水资源规划时，实践中遇到的一个最主要的问题就是需要和可能间的差距问题。为处理好需要与可能的关系，设置两组规划方案，一组为基本方案，另一组为平衡方案（图9.9）。两组方案的区别是：基本方案从可能性出发，投资较小，从而其洪灾风险、水资源短缺风险和生态环境退化风险相对较大；而平衡方案的投资强度较大，在水资源的保护、节约、治理等方面的力度更大，可基本满足发展需求。在实践中，基本方案具有较高的风险，但对投资的需求较小，从而其实现的可能性较大。以供水为例，在中等干旱条件（$P=75\%$）下其供需可以不平衡，甚至有较大缺口，其要求投资少，缺水损失大。

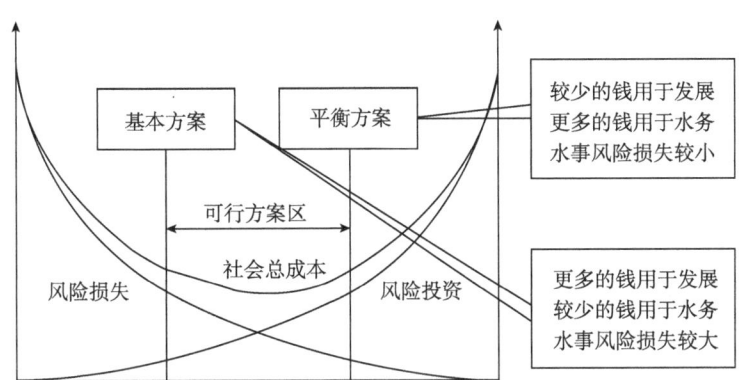

图9.9　水资源规划基本方案与平衡方案的设置

平衡方案则是在基本方案基础上，进一步实现工业节水和农田灌溉节水；年供水量比基本方案有所增加；地表水、地下水、跨流域调水、污水再生利用根据具体情况均不少于基本方案的同类水源供水量。平衡方案中水资源供需基本平衡，节水水平和供水水平均明显提高，缺水导致的国民经济损失大幅下降，但投资较多。因此真正实施的规划方案必须兼顾需要和可能双重因子，在基本方案和平衡方案区间，向社会总成本最低项逼近。如对于防洪规划过程中，其社会总成本可以用洪灾损失和防洪投入之和来表示，其中洪灾损失可以分为：①固定财产损失，包括政府、企业、个人的建筑物及室内财产损失；②收入损失；③无形损失，包括洪灾对环境的破坏及对洪灾区文化遗产的破坏。而防洪投入包括工程措施投入和非工程措施投入。

洪灾风险、水资源短缺风险和生态环境退化风险都属于纯风险范畴，具有客观性、空间性、动态性、经济性和非经济性等特性。从概念上来说，风险包括不利事件、发生概率和可能产生的后果三方面内容，在洪灾、水资源短缺和生态环境中不利事件和产生后果是直观的而且比较易于测算，因此风险评估过程的重点则是发生的概率的确定。

案例9.5　网上会议确定2003年国际系统科学学会会议主题

2003年国际系统科学学会主席A. 克里斯特克斯（Alexander Christakis），即CWA公司的总裁在2002年9—10月近一个月时间内邀请了系统研究方面的国际专家共30位，作者也是被邀专家之一，进行了一场为期一个月的会前对话，目标是为确定2003年国际系统科学学会会议主题。作者参与了全过程。整个对话都是在网上进行的。他们采用了WebBoard，可以让与会者充分自由地发表自己的意见，利用WebScope将对话内容逐步结构化。意见的加工由一个5人组成的知识管理小组（KMT）负责，他们主要使用了WebScope软件。网上会议分成以下4个阶段。

阶段1（产生思想）

1）2002年9月9—13日：30位与会者共发表了50条意见。

2）2002年9月14—15日：知识管理小组将意见进行分类整理，合并一些内容类同的，并向与会者公布分类结果。

阶段2（检查分类结果）

1）2002年9月16—20日：与会者检查分类结果；

2）2002年9月21—22日：知识管理小组修正分类结果。

阶段3（投票给优先权）

1）2002年9月23—27日：每位与会者对所有分类进行优先次序排列，主要选出前5个认为最重要的。

2）2002年9月28—29日：知识管理小组整理分类排序意见，并采用解释结构建模（Interpretive Structure Modeling）软件画出结构图（图9.10）。

做出初步解释。这个结构图由Ⅰ~Ⅶ共7层组成。每层由几个意见组成，有的一个意见是单独一个方块，有的方块由几个意见组成。方块内的编号即相应于某个专家所提的意见，如第Ⅶ层的意见编号为24，它的意见是"从事跨学科、跨文化、跨代间的调查，它保括各种人而不管他们的教育水平、性别和社会阶层"。作者当时发表的意见被编为25号在第Ⅵ层。25号意见是"不仅在会前而且在其他合作研究和讨论中促进这种会前谈话"。为了节省篇幅，其他编号的意见不再一一列出。

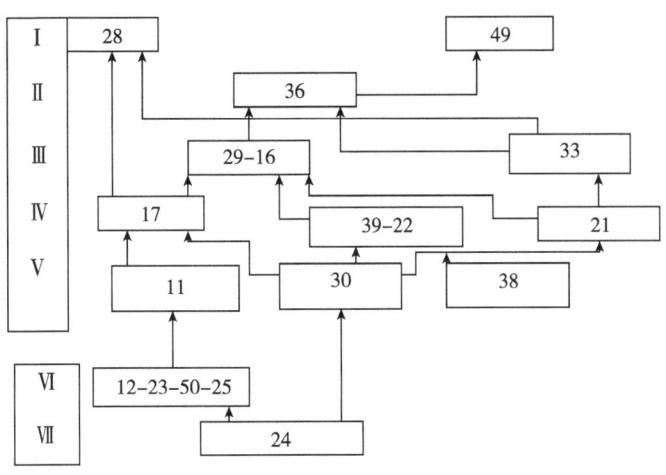

图 9.10 解释结构建模结构

阶段 4（解释结果）

1）2002 年 9 月 30 日至 10 月 4 日：与会者检查解释结果；

2）2002 年 10 月 5—6 日：知识管理小组最终公布结果。最后确定了大会主题、分组按排等。大会的最后主题是"人类的自觉进化：利用系统思考构建全球村的阿古拉斯"。阿古拉斯（Agoras）是古希腊的一个公共场所，在这里公众可以自由、民主对话。

案例 9.6 江西省科技发展战略重点选择

江西省科技规划办公室在 1985 年委托江西省计算技术研究所和江西大学数学系共同研究编制江西省十五年（1986—2000 年）科技发展规划，特别是合理选择科技发展战略的优先发展领域、重点发展行业和重点发展区域的研究，为制定省科技发展战略重点提供依据（江西省计算技术研究所 等，1986）。他们将 8 个领域、25 个行业和 7 个区域作为选择的基础。这 8 个领域有 x_1 生物工程技术、x_2 材料科学技术、x_3 微电子技术、x_4 计算机技术、x_5 通信技术、x_6 能源科学技术、x_7 激光科学技术和 x_8 自动化技术等，选择考察的目标为 f_1 科技能力、f_2 技术影响程度、f_3 经济效益、f_4 社会

影响和 f_5 基础条件。这 5 个目标还可进一步分成一些子目标,如 f_1 科技能力还可分成 f_{11} 人才设备条件、f_{12} 现有科技水平和 f_{13} 科技管理水平等,这里不再一一列举。他们采用了优序法和模糊评判方法。由于优序法计算方案 x_i、x_k 在目标 f_j 时的优序数 $a_{ik}j$ 时,原来只考虑 3 档:x_i 优于 x_k 得分 1,或 x_i 劣于 x_k 得分 0,x_i、x_k 两个差不多时就用 0.5。他们认为这样难以处理模糊现象,因此采用模糊优序数如下:

$$a_{ik}j = \begin{cases} 1, \text{若 } x_i \text{ 远优于 } x_k, \text{即 } f_j(x_i) \gg f_j(x_k) \\ 0.7, \text{若 } x_i \text{ 优于 } x_k, \text{即 } f_j(x_i) > f_j(x_k) \\ 0.5, \text{若 } x_i \text{ 与 } x_k \text{ 无法比较优劣}, \text{即 } f_j(x_i) = f_j(x_k) \\ 0.3, \text{若 } x_i \text{ 劣于 } x_k, \text{即 } f_j(x_i) < f_j(x_k) \\ 0, \text{若 } x_i \text{ 远劣于 } x_k, \text{即 } f_j(x_i) \ll f_j(x_k), \text{或 } i = k(\text{即自己与自己比没有分}) \end{cases}$$

下面则按优序法原来定义的那样计算 a_{ik} 与 K_i,即

$$a_{ik} = \sum a_{ik}j; a_{ik} = \sum_{k=1}^{8} a_{ik} \text{。} \qquad (9-1)$$

在多个目标之间他们还通过权系数来表示对不同目标看重程度不一样。这样假设给目标 f_j 的权为 w_j,那么修改上面的计算公式,而改用

$$a_{ik} = \sum_{j=1}^{5} w_j \times a_{ik}j \text{。} \qquad (9-2)$$

他们选定的权系数如下:

$$w_1 = 0.15, w_2 = 0.2, w_3 = 0.3, w_4 = 0.2, w_5 = 0.15 \text{。}$$

最后按专家组评价结果算得 $K_1 = 128$,$K_2 = 168.5$,$K_3 = 118$,$K_4 = 152.5$,$K_5 = 134.5$,$K_6 = 121$,$K_7 = 41.5$,$K_8 = 122$,从而第 2 个领域最重要。实际操作时他们还让课题组、综合组分别给出评价,最后又将专家组、课题组、综合组这 3 个组的排序结果按优序法思想加以汇总。最后结果如下:

$$x_4 > x_2 > x_1 > x_3 \sim x_5 > x_8 > x_6 > x_7 \text{。}$$

即首先发展计算机技术,其次是材料科学技术,再次是生物工程技术,然后是微电子技术和通信技术等。当然这只是 3 个组的意见按优序法取得的

共识。真正最后的决定还要考虑其他很多因素,如领导从更高层次的决断,此外不同方法的选择也会导致不同的排序结果(事实上课题组还用模糊综合评判方法对这些领域进行了排序,这里就不再检查上次会议中要做的项目)。

案例9.7　共识的丰田模式——根回

丰田在管理模式中有很多好的经验,丰田管理有18条法则,其中法则13是通过"根回"达成共识,即决策要慢、执行要快。

这里介绍他们采用根回取得共识的一个重要流程。根回(日语为"ねまわ",表示做事要做好事前沟通,提前打招呼,有问题事前讲明,这样能为取得大家的同意而打下基础,事先酝酿该做的事)。根回流程曾被丰田公司用来解决很多有矛盾的难办的事,也用来培养新手如何通过拟出提案,广泛传阅,以争取管理者的赞同来建立共识。在根回过程中,许多人提供他们的意见与建议,并形成共识,等到该正式提案申请管理高层批准时,就容易做出决策,因为大家基本上已经实现了一致意见,最后的会议只是一种形式而已。这是丰田公司特有的一种流程,根回的过程可参见图9.11(赵文博,2018;百度文库,2013)。

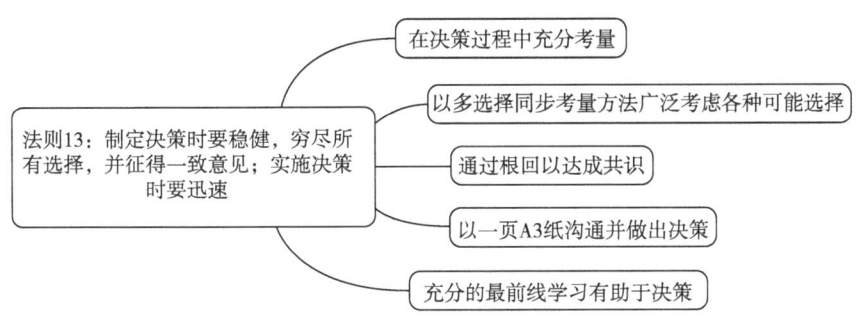

图9.11　根回的基本思想

例1　通过根回共识为收购土地时有矛盾的各方解决了矛盾

1989年,丰田欲收购一块位于凤凰城西北区的土地——就是现在丰田公司亚利桑那州测试基地所在地。丰田聘请的律师以为丰田会与其他的客户一样，简单地了解土地的购买流程，以及政府法律方面的信息之后就开始正式的商业谈判了。但让他感受到的区别是丰田不是简单地做出决策，他们详细地研究亚利桑那州的法律事务历史、法令政策的发展，发掘出关于这块土地的全部历史背景，不仅了解了土地卖方如何取得这块土地的所有权，还了解了如何追溯至最早的地主——联邦州政府。在 2002 年，丰田意识到在靠近其亚利桑那州测试基地的一项大型发展规划会威胁到整个周围地区的长期水供应。于是，丰田采取法律行动阻止开发者，并设法组织了一个市民委员会以抗议该项开发计划。但是，丰田采取的并不是敌对的方法，而是设法谋求所有相关单位——开发者、周围市镇、当地政府的共识，共同寻找一个有利于所有单位的解决办法。最后，开发者同意保留 200 英亩（1 英亩约为 6 亩）土地，并支付数百万美元的基础建设经费以设置一座地下水补给站。基本上，他们每使用一加仑（1 加仑约为 3.8 升）的水，就会购买另一加仑的水以补充地下蓄水层。当时负责去达成共识的马勒利解释道：市长、开发者以及市民委员会等所有利害关系涉及的单位都认为，丰田为每一个团体设想，站在每个单位的立场考虑问题。最后，该镇对于地下水的补给问题得出了一个更负责任的长期解决办法，否则开发者最终（或许是 30 年后）还是得面对并解决此问题。同时，这也有助于解除周围社区对不负责任的开发计划的疑虑。在最终达成共识并获得解决办法后，所有单位都对丰田更加敬重，不仅是对丰田所做的这件事，也对丰田处理此事的方法感到满意与敬佩。这不只是解决了短期的问题，也为这片土地未来 50～100 年的环保尽了一份责任。

其实，丰田把冲突化解为共识，并为所有涉及单位都创造了双赢的环境。从一个律师的角度来看，这是相当不容易的事。若是进入法律诉讼程序，使当地政治人物涉入，形成政治角力，多半会演变成各单位彼此对抗相争的局面。一方获胜，其他单位则是输家，丰田不喜欢这种解决办法。律师马勒利说：丰田的理念是达成共识，共同解决问题，这是结合理性与务实，再加正直与卓越的手法，虽然我们面对的对手有政治力量的介入，但丰田并不想击败任何一方，整个处理过程中并没有任何敌对的行动。

律师马勒利总结道："丰田是非常杰出的策略与谋略分析者，他们不做任何假设，每件事都仔细查证，目的就是不出差错。"他从丰田那里学习到了追根究底的精神与战略性规划的方法，并将之应用在自己的工作中。

1）决策过程中充分考量各种可能出现的问题

一般人总觉得丰田应该是一个非常有效率的公司，但是实践中发现他们的决策过程实在称不上效率，因为它出奇的事无巨细、过程缓慢、有点麻烦、耗费时间。但是绝大多数已经在丰田服务多年的人却非常信服这种决策过程，并从中获益匪浅。丰田认为，如何达成决策的过程，其重要性并不亚于决策本身的质量。在丰田，不慌不忙地花时间与努力以制定正确的决策是绝对必须遵守的原则。事实上，如果你的决策过程正确，但决策未如预期奏效，管理者会原谅你；若决策过程抄捷径，但运气好而决策奏效，很可能会遭到主管斥责。丰田之所以能够顺利且近乎完美地执行新计划或方案，其秘诀就在于审慎的事前规划，在整个规划、解决问题与决策过程中，最根本的工作是注意每个细节。每一个细节都被翻过来仔细瞧一瞧，恨不得用显微镜看个仔细。

2）决策过程中的彻底考察包括以下 5 项要素：①彻底了解实际情况，包括现地现物。②了解表面现象的根本原因，问 5 次"为什么"。③广泛考虑各种可能选择，对偏好的选择提出详细理由说明。④在团队中建立共识，包括丰田的员工和外部合作伙伴。⑤使用有效的沟通工具做上述 4 项工作，经常是用一页 A3 纸说明问题所在（后文详细介绍）。

3）以多选择同步考量方法广泛考虑各种可能选择

在丰田，作为新工程师，就算你仔细且严谨地考量问题之后也不一定会得到前辈老师们的赞扬，他们会询问你是否还考虑过其他可能的方法，或者这个方法为什么比其他的要优秀。因为丰田的资深工程师和经理人总是同时考量多种可能的选择或解决方法，此外他们会同时考虑多项作业，如产品设计和制造作业如何配合等。这种方法称为"多选择同步考量工程"，这里有个矛盾点，要同时考虑这么多可能的选择，必然会导致非常费时而拖累决策，但是相比于其他公司的研发，丰田却总是能够更迅速地完成研发过程。

4）通过根回以达成共识

在根回过程中，许多人提供他们的意见与建议，因而达成共识，等到提案被批准时已经形成了决策，所以这也是丰田各种会议非常高效的原因。

丰田所谓的根回就如同一个专门用于转化冲突的方法，丰田的每一个提案者实际上不是需要打败任何人来获得利益，而是要确保每个参与其中的人都能够得到足够的收益，所以根回没有输家只有共赢。（典型的东方思想——和谐，这大概是西方人最为奇怪的地方，因为他们向来都觉得很多事情是基于两难选择的，选一个就要失去另一个，但丰田就是这样用根回给他们上了一课）。

例2　新车普锐斯的研发计划

丰田在15个月之内完成了整个普锐斯的新车研发计划，而在整个计划中，丰田大量地应用了这种技术。例如，悬吊系统的设计，通过内部设计竞赛得到了20多种设计方案，而内山田武要求对这20多种方案同时进行测试，而不是一次仅测试一种。还有混合动力引擎的设计，当时研发团队从80多种引擎设计方案中挑选出最有信心的一种。

这些决策都是在非常紧迫的时间压力之下完成的，对于这些决策一般公司多数会先征求意见以决定一个最佳选择，然后围绕这个方案展开工作，最后对各种不满意的地方进行修改。

例3　用根回解决公司内的"烟囱现象"

所谓的"烟囱现象"在大多数公司是很常见的，即不同的单位各自为政，关心本身的目标多过关心公司的成功。这些单位可能是个别部门，如采购、财务、工程、制造、设计研发团队、实施新软件的团队、实行精益制造的团队。他们努力为自己的部门、计划或者项目争取更多的资源，并由其自身来负责主导决策。换句话说，他们想要成为赢家，不计一切代价，纵使自己的胜利会导致其他部门或者团队的损失也在所不惜，而作为权衡者的高层领导再通过对于资源分配的决策来管理这些"烟囱"（所谓"烟囱"就是这些管理者一会儿把资源倾斜给"叫得最响的"，一会儿把资源倾斜给客户强调有需求的，一会儿又把资源倾斜给自己最关心的，整天处于救火之中，最后成了那只掰玉米的猴子）。而丰田使用的决策方法是基于团体达成共识，无论任何情况下，都要尽可能地寻求最大数的投入参与。甚至一辆新车的研发过程也需要咨询行政部门负责人的意见，而这些被征询者也绝不是简单地一带而过，因为他们知道自己的参与一定能够使其他人看到可能被忽视的部分，所以无论如何都会尽可能地认真参与，而且他们也知道自己的意见必然会受到重视，而不是被忽略。

例4 通过根回培训新来的员工建立共识的思想

通过根回培训新员工如何建立共识：拟出提案，广泛传阅，以争取管理者的赞同。

新工程师学习根回的方式之一是通过参与新人计划。公司指派给这些新人一个极具挑战性的计划，这是一个他们能力与经历尚不足以且不可能独立完成的计划。例如，一位负责建立压制车体钢板流程的美国籍压模工程师在第一年被指派设计"检查固定装置"的工作。这是个复杂的装备，把车体的某块嵌板（如一扇车门的外框）固定于某个点，并检查此安装程序是否正确无误。通常，压模工程师必须学习如何使用这些流程，而不是设计这些流程，要设计这些流程必须了解零件的设计，了解关键的品质点，并且懂得如何从无到有地设计复杂的东西。年轻的美国籍压模工程师完全不知道从何处着手，公司也没提供手册。因此，他必须绞尽脑汁地去思考，最终开始发问。在提问的过程中，他必须和许多不同部门的工程师交谈，如车体工程师、品质工程师、供货商的工程师；在这样的过程中，他学到了品质与设计，并认识了许多人，从而使他在未来的工作生涯中可以继续依靠这些资源。换句话说，这项工作迫使他从实践中学习根回。

例5 以一页A3纸沟通并做出决策

上文讲述的根回，因为要讨论和交流的事情太多了，但是丰田自有其解决方案，而这种方法就是一份高度浓缩和凝练的A3报告。

这种来回沟通以建立共识的流程，可能会让人觉得这样会使丰田花费太多时间而延迟决定的做出且欠缺效率。但是，众所周知，丰田一向以效率与速度闻名，因此，他们的沟通方式必然有独到之处。为沟通构想，撰写充满技术性说明、商业专有名词、数据表格的冗长报告是最花费时间且难以使人明白的方法。比较有效率的是视觉方法，即用图表。基于人是视觉导向的事实，丰田的新进员工必须学习如何尽可能以更少文字并佐以视觉辅助的沟通方法。这里提到用A3报告（即以一页A3纸陈述复杂决策所需要的所有信息）就是在复杂决策过程中以有效率的流程达成共识的关键方法之一（图 9.12）。

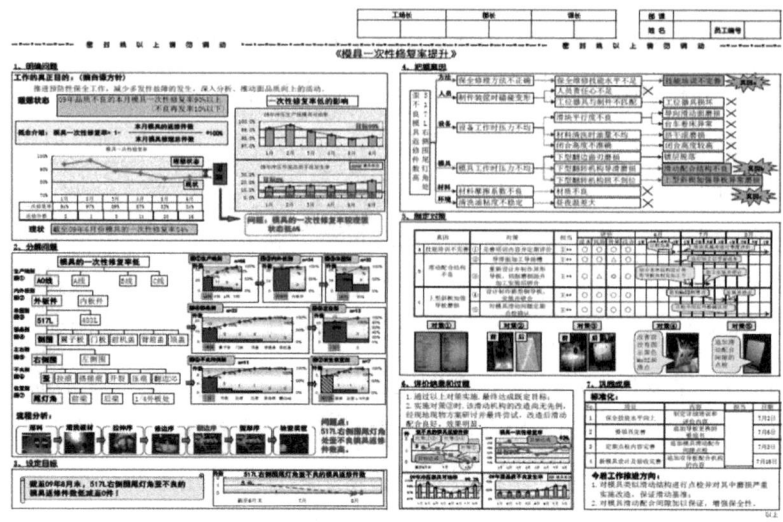

图 9.12　丰田技术中心的一份 A3 报告示意

A3 报告融入了丰田解决问题的流程，而这种流程则是以"戴明环"为基础，包含计划（Plan）、执行（Do）、检查（Check）与行动（Action），即 PDCA 等四要素（图 9.13）。

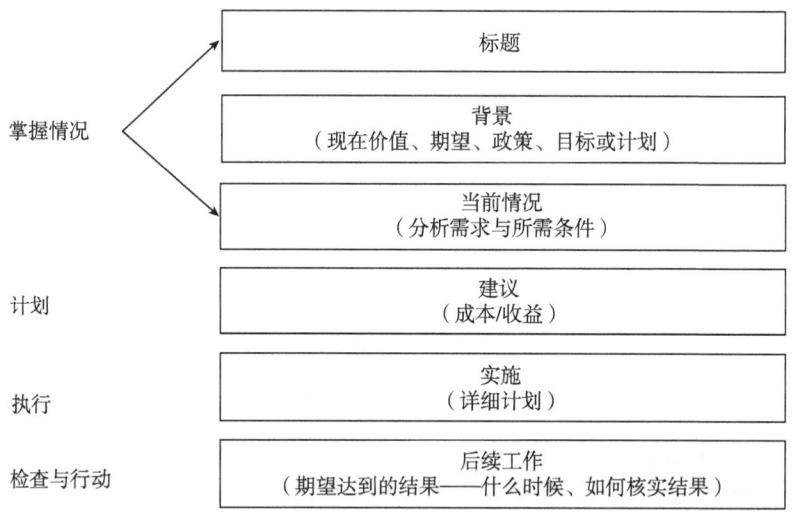

图 9.13　PDCA 流程

检查与行动在很多时候都会被忽略，所以在丰田的 A3 报告当中，一定会有后续的执行进度来保证问题解决之后的行动依然会有条不紊地进行。而 A3 报告提高效率的真正核心在于，决策实际上不是最后在会议上做出的，而是在整个计划进行过程中进行的，因为从一个项目被定义开始，就开始编写 A3 报告，每一个参与这个计划的人员在开会以及讨论问题的时候都阅读或者参与过编写，所以到了最后在主管委员会上做出决策的时候，这些参与会议的人员不需要再次花费大量的时间了解整个计划。

使用 A3 报告达成有效率的会议的先决条件如下：①会议召开之前，必须有明确的会议目的；②邀请正确的与会者，该参加会议的人员必须参加；③与会者必须事先做好准备，所有与会者都应该知道自己必须为此会议做好什么准备，并切实做好准备；④有效使用视觉辅助，A3 报告对视觉辅助极为有效；⑤把信息分享和解决问题区分开来，应该在会议之前尽可能多分享信息，使会议时间集中于解决问题；⑥准时开会与结束会议。

例 6　充分的最前线学习有助于决策

表面上看丰田总是事先进行冗长且彻底的信息收集与决策分析，这种方法为丰田带来了以下收获：①能够发现所有的实施方案的细节。若有些细节未被考虑到，很可能在未来导致极大痛苦或者退回原路。发现并充分考虑所有可能方案的细节，往往能促成更完美的执行。②使所有单位参与并支持决策，在正式执行决策之前，解决并排除所有阻挠与抗拒。在正式开始执行之后发生的阻挠与抗拒，其排除成本往往数倍于在计划阶段排除它们所花费的成本。③在尚未规划或执行之前，促成充分的最前线学习。而所有的这一切都是为了一个目的，就是使丰田能够转变成为一个学习型的组织。

这里的几个例子都在说明丰田根回的基础，那就是丰田是如何解决问题的，没有现地现物就没有准确的判断依据，"戴明环"的问题解决流程也就无从谈起，而根回也就失去了实施的基础。所以丰田模式里的每一个原则都是互相联系的一个整体，而不是单纯复制几个工具就能实现的。

丰田偏好的决策方法是团体达成共识，但要呈报管理者批准。但是，管理者仍然有权寻求单位团体的意见后做出决策并宣布结果。这种情况多半只发生在团体难以达成共识时，若迫切需要快速做出决定，管理者必须介入。

例7　丰田的决策原则是尽可能在每种情况下，寻求各有关方最大的投入与参与

在丰田，产品发展流程的早期阶段所进行的广泛交流构想与创意，就是根回流程的例子之一。在尚未决定汽车造型之前，丰田非常专注于评估所有可能的工程与制造设计及想法，事无巨细地分析每一种设计并通过"研究制图"（Study Drawings）以拟出对策。所谓研究制图，包括可能的问题与解决方案。在结束研究制图阶段后，有选择地把所有工程部门绘制的图汇集在一起组成"K4"［日语"构造计划"（kozokeikaku）的简称，指把一部车的所有构造制图整合在一起］。

有一天，马勒利和当时担任丰田技术行政副总裁的吉姆·格里菲思会面。吉姆·格里菲思看起来很为难的样子，马勒利问他怎么样，他说他刚拿到一款新车的K4，要详细检查。吉姆·格里菲思并不是工程师，因此，马勒利问他为何行政管理者会拿到这份文件。他似乎对马勒利的问题感到讶异，他表示，丰田向来都是征询各方意见，他当然也会对新车的设计发表意见。

吉姆·格里菲思之所以看起来很为难的样子，是因为这项工作对非工程师出身的他来说相当具挑战性。他觉得自己必须花工夫才能提出有益的意见。和往常一样，这份K4需要100多个审阅者签名（作者注：这是日本管理方式，只要文件与相关单位有关，那么大家都要传阅，阅后必须盖上自己的名章）。吉姆·格里菲思是一位副总裁，大可对此工作置之不理。但是他知道，若总工程师征询非工程师人员的意见，并要求在此文件上签名，必然有其理由。这个流程很重要，每个人都必须认真对待。也许他能看到其他人忽略的事项。无论如何，他知道他的意见能被别人看到。

丰田技术中心在1996年完成了一份A3报告，该报告是在全面分析了如何在小笔采购中使用采购卡，以避免冗长且耗费成本的核准流程后所得出的最终报告。

这份A3报告排列顺序是由左栏开始从上至下，再到右边栏内。现状分析显示丰田技术中心有40%的采购案金额低于500美元。这些采购案金额占该中心总采购金额的比例不到4%，但处理并核准这些小笔金额采购案所花费的时间却和处理大笔金额采购案所花费的时间不相上下。因此，这份报告中的提案建议使用采购卡，并明确说明使用采购卡所能节省的时间与费用。右边最上方字段建议的是先导计划，并详细说明由谁发出采购卡，以及哪些情况下不能使用采购卡。此报告中还包含一旦完成先导计划后，充分实行此制度的日程表。

跨部门采购团队及团队领导者在被指派研究此问题后，提交了这份A3报告。他们早已经学会如何进行这种工作的丰田模式，并依循根回流程。他们知道，若自行进行研究，并得出冗长的报告与执行摘要，他们的构想将会遭到排斥，他们提出的解决方法也不会被实行。因此，在整个过程中，他们邀请所有可能会受到此决策影响的人参与——不只是采购部门，还包括过去对采购预算与核准流程拥有掌控权的总经理与副总经理。因为突然之间，他们得交出这项掌控权，还得承受可能超支预算的风险。此外，员工也必须学习各种采购项目的新采购程序。很显然，他们想去游说以争取更大弹性与更高的采购经费上限。在这项提案的草拟过程中，诸如此类可能受到新采购制度影响的人都在不同阶段看过这份A3报告，并提出他们的意见，以作为修正报告的参考，因此，尽管寻求共识是一个麻烦的过程，但是以A3报告陈述所有不同意见、情境、数字的沟通方式却能使这个寻求共识的过程加快速度。

A3报告融入了丰田解决问题的流程。当丰田教导其员工使用A3报告时，其先决条件之一就是采取PDCA。在融入PDCA规划A3报告之前，先彻底了解现状、价值、期望、政策、采用现有制度的理由等，有了这些深入的了解作为基础后，便能展开"戴明环"的步骤：计划、执行、检查与行动。

在采购卡报告中的执行日程表。先是执行为期约3个月的先导计划、审核与分析（检查），并对审核结果提出报告，其中包括对发现的所有问题提出解决方案，然后才在整个公司实行此制度。在一切步入正轨后，持续改进的流程也将展开，并超越上述报告中的日程表，持续运作此制度。

在经过几个月的研究，并绞尽脑汁地撰写与修改A3报告以使其只包含重要且一目了然的信息后，此团队把这份报告呈递给决策者以做出最终决定。此计划的最终决策者是由丰田技术中心的总裁所主持的主管委员会。这个议程其实只花了5分钟。项目团队呈递的这份报告主要是一种形式而已，因为所有人都已经看过这份报告多次了。因此，在主管委员会议上不用进行太多讨论，便可做出形式上的核准（上海正北管理咨询有限公司，2017）。

结束语

本书编写前期的研究是与我们参加的国家自然科学基金委员会支持的重大项目"支持宏观经济决策的人机结合综合集成体系研究"（1999—2004 年）有关研究工作密切相关的。当时项目第一主持人戴汝为向我们分项目组提出一个问题，即综合集成时要吸取很多专家的意见，他说当专家的意见相同时好办，难的是专家的意见往往并不相同，意见收集以后如何加以合成。后来，我们就把这个问题作为我们分项目组的一个重要研究方向。应该说，开始时我们没有想到有太多的研究工作要做。正好其中一位作者当时正在日本先端科学技术大学院做研究工作。在研究中，最早是在该校的一篇博士论文中接触到"共识"这个名词，并引起了注意。该博士论文题目是"A Study of Group Decision Support System based on Individual Viewpoints Related to the Process of Consensus Building"，其中"consensus"在日文中译成"合意"。让我们没有想到的是，用"consensus"这个词作主题词在网上查询时，竟查出了不少相关条目，特别是在国际上还有不少以共识为名的研究机构存在，这引起了作者极大的兴趣。特别是共识的研究带有明显的交叉科学的性质。从社会科学、自然科学、系统科学、计算机科学和知识科学的角度都有人在进行研究。于是，我们企图在共识的基本概念、方法和有关工具等多方面加以整理和开发，特别在定量表达方面下了一些工夫。当时也曾想将收集到的材料写成一本共识方面的高级科普书，并形成了第 1 章（什么叫共识）、第 2 章（达成共识和意见综合）、第 3 章（各种共识的数学定义）、第 4 章（共识的过程）、第 5 章（共识的工具和方法）、第 6 章（几个案例），但当时觉得材料还较单薄，"骨头多，肉少"，因此书没有写下去，但是课题组还是发表了几篇有关共识的重要文章。

在基金课题结束后，2010 年前后作者参加了侯光明教授主持的《决策学百科辞典》的编写，在编写过程中又涉及共识的词条编写。2018年又参加了一个由田杰、张玲玲等共同研究的科技发展长远预测的课题，在研究过程中，国内外出现了"共识决策"和"群体智慧"等新词语，特别是这期间 Nature 杂志一篇很引人注意的文章"A Solution To the Single-question Crowd Wisdom Problem"又引起了我们新的兴趣，因而增添了新的第7章（共识决策法）和新的第8章（群体智慧）。这两章的内容都是最近几年才发展起来的，而且与互联网、人工智能等紧紧相连。因此，把原来预想第1章、第2章合并成新的第1章（共识基本理论），原来的第3章改为新的第2章（各种共识的数学含义），原来的第4章成新的第3章（社会科学中的共识），原来的第5章改为新的第4章（自然科学中的共识），原来的第6章就成了新的第5章（共识的过程），原来的第7章成了新的第6章（取得共识的若干方法和工具）。后来在实践和文献汇总中，又发现很多具体领域中有关共识的具体应用，即将原来的第8章（案例）改为新的第9章（几个共识的案例）。由于篇幅所限和作者能力有限，我们不可能对一些新增内容做太多太深的介绍，权当抛砖引玉，愿意深入研究的读者可以参考我们列的一些参考文献。大概要求一个人每方面都精通也不太容易，因此不同专业、不同兴趣的读者完全可以各取所需，但是了解一下不同专业人们对共识的认识和相关知识也是很有教益的。

参考文献

[1] MICHAEL B, LARRY V H, JULIAN P T H, et al. Meta 分析导论 [M]. 李国春, 吴勉华, 余小金, 译. 北京: 科学出版社, 2013.

[2] 曹学伟, 高晓巍. 技术预见主要研究方法综述及可实施路径分析 [J]. 今日科苑, 2020 (1): 1-9.

[3] 超级数学建模. 谁也不会想到一张鸟群的图片, 居然引发了所有科学领域的思考 [EB/OL]. (2016-10-27) [2021-12-20]. http://www.vccoo.com/v/f15ac0.

[4] 车宏安. 软科学方法论研究 [M]. 上海: 上海科学技术文献出版社, 1995.

[5] 陈凤. 中国人口与发展研究中心开发国内首个人口综合决策系统 (PADIS+) [J]. 人口与计划生育, 2017 (9): 61.

[6] 程发新, ВОЛЪСКИЙ M, 李怀祖. 群决策中共识过程的研究回顾及展望 [J]. 统计与决策, 2007 (15): 135-137.

[7] 程曦. 关于创新型众包任务的决策研究 [D]. 合肥: 中国科学技术大学, 2019.

[8] 晏湘涛, 张园林, 匡兴华, 等. 基于共识度水平的研究项目评估决策研究 [J]. 世界科技研究与发展, 2007 (6): 84-87, 94.

[9] 程发新, 梅强. 企业跨部门共识形成的共识度算法研究: 经济全球化与系统工程——中国系统工程学会第 16 届学术年会论文集 [C]. 江苏大学工商管理学院, 2010: 223-230.

[10] 程少川, 孙景乐, 卢明德. 群体决策争议的支持模式研究 [J]. 系统工程学报, 2001 (5): 366-370.

[11] 程少川, 张朋柱, 卢明德. 群体过程信息的树状结构及定性决策收敛途径的研究 [J]. 系统工程学报, 2001, 16 (5): 371-375.

[12] 一纸"分手"协议 究竟是英欧博弈的终点还是起点 [EB/OL]. (2020-12-27)[2021-12-20]. https://news.sina.com.cn/w/2020-12-28/doc-iiznezxs9379125.shtml.

[13] 戴汝为,李耀东,李秋丹. 综合集成开启智慧之光 [J]. 自动化博览, 2012, 29 (2): 10-14.

[14] 邓小鸿,王智强,李娟,等. 主流区块链共识算法对比研究 [J]. 计算机应用研究, 2022, 39 (1): 1-8.

[15] 樊鹏. 中国政府如何作出重大决策 [EB/OL]. (2013-08-27)[2021-12-20]. http://www.71.cn/2013/0827/730107.shtml.

[16] 冯了了,丁滟,刘坤林,等. 区块链 BFT 共识算法研究进展 [J]. 计算机科学, 2022, 49 (4): 11.

[17] 付巧,杨海英. 维基百科国内外研究综述与展望 [J]. 新世纪图书馆, 2016 (2): 85-90.

[18] 甘怡群. 心理与行为科学统计 [M]. 北京:北京大学出版社, 2005.

[19] 顾基发. 意见综合:怎样达成共识 [J]. 系统工程学报, 2001, 16 (5): 340-348.

[20] 国家自然科学基金重点课题:面向复杂大群体的群决策与支持平台 [EB/OL]. (2019-01-08)[2021-12-20]. https://max.book118.com/html/2016/0316/37793378.shtm.

[21] 互联网群体智慧的危机 [EB/OL]. (2015-12-02)[2016-03-15]. https://www.sohu.com/a/45814252_117915.

[22] 郭小哲,葛家理. 智慧综合集成研讨厅中的聚度计算与分析 [J]. 西安石油大学学报(自然科学版), 2009, 24 (3): 99-102, 114.

[23] 何蒲,于戈,张岩峰,等. 区块链技术与应用前瞻综述 [J]. 计算机科学, 2017, 44 (4): 8.

[24] 亨利·M. 罗伯特. 议事规则 [M]. 王宏昌,译. 北京:商务印书馆, 1995.

[25] 黄思婷. 基于网络群体智慧的话题筛选模型及应用研究 [D]. 北京:中国科学院大学, 2020.

[26] 侯丹. 荟萃分析及其在教育学研究中的应用与展望 [J]. 商情与科教文萃, 2008 (2): 63.

[27] 胡兆光, 单葆国. 电力供需模拟实验: 基于智能工程的软科学实验宝 [M]. 北京: 中国电力出版社, 2009.

[28] 姜璐. 钱学森论系统科学 (讲话篇) [M]. 北京: 科学出版社, 2011.

[29] 简兆权, 柳仪. 技术预见共识形成机制研究 [J]. 科学学与科学技术管理, 2014, 35 (9): 37-47.

[30] 周耀华. 江西省1986—2000年地质科技发展调研预测研究报告 [R]. 江西省地研所, 1986.

[31] 李挥, 王菡. 区块链共识算法原理及应用: 以多标识网络体系管理系统为例 [M]. 北京: 科学出版社, 2019.

[32] 李瑞昌. 共识生产: 公共治理中的知识民主 [J]. 学术月刊, 2010, 42 (5): 10-16.

[33] 刘文清, 王孝炯. 中国生态环境2035技术预见: 生态环境领域关键技术展望 [M]. 北京: 科学出版社, 2022.

[34] 刘怡君, 唐锡晋, 李增惠. 对香山科学会议跨学科研讨的一种初步分析 [C]. 管理科学与系统科学研究新进展: 第8届全国青年管理科学与系统科学学术会议论文集, 2005: 47-52.

[35] 刘怡君, 顾基发, 牛文元. 社会舆论形成的内在机理探究 [C] //和谐发展与系统工程: 中国系统工程学会第十五届年会论文集, 2008: 606-611.

[36] 刘怡君, 李倩倩, 牛文元. 舆论动力学模型综述 [J]. 管理评论, 2013, 25 (1): 167-176.

[37] 刘怡君, 牛文元. 舆论形成及其演化的机理建模分析 [J]. 科学对社会的影响, 2009 (3): 10-14.

[38] 陆歌皓, 谢莉红, 李析禹. 区块链共识算法对比研究 [J]. 计算机科学, 2020, 47 (S01): 8.

[39] 吕金虎. 系统理论揭示鸟群形成之谜 [J]. 系统与控制纵横, 2015 (5): 78-83.

[40] 罗洪. 协商民主视域下的基层民主决策机制研究 [D]. 西安：陕西师范大学, 2007.

[41] 当"中美竞争"成为共识，美国将利用"对等"原则令中国陷入"冷战" [EB/OL]. (2018-11-01) [2021-12-20]. https：//wenku.baidu.com/view/91a62ca0710abb68a98271fe910ef12d2bf9a950.html.

[42] 孟庆刚. 基于综合集成的中医药共识方法学研究 [J]. 中华中医药学刊, 2018, 36 (3)：519-524.

[43] 穆荣平, 陈凯华. 技术预见历史回顾与展望 [M]. 北京：科学出版社, 2020.

[44] 牛文元. 社会物理学：学科意义与应用价值 [J]. 科学, 2002, 54 (3)：32-35, 2.

[45] 牛文元. 社会物理学：国际前沿研究透视 [M]. 北京：科学出版社, 2007.

[46] 聂起超, 李小平, 张磊. 一种多属性群决策共识达成方法 [J]. 重庆科技学院学报（自然科学版）, 2015, 17 (1)：109-112.

[47] 钱学森, 于景元, 戴汝为. 一个科学新领域：开放的复杂巨系统及其方法论 [J]. 自然杂志, 1990 (1)：3-10, 64.

[48] 钱学森. 创建系统学 [M]. 上海：上海交通大学出版社, 2007.

[49] 钱学森. 钱学森论系统科学（讲话篇）[M]. 北京：科学出版社, 2011.

[50] 齐云飞, 赵宇翔, 朱庆华. 在线问答社区中参与者知识行为研究综述 [J]. 图书情报知识, 2018 (3)：103-112.

[51] 日本科学技术政策研究所. NISTEP. REPORT No. 183. 第11回科学技术予测调查 S&T Foresight 2019 总合报告书 [R]. 东京：日本科学技术政策研究所, 2019.

[52] 日本科学技术政策研究所. NISTEP. REPORT No. 97. Science and technology foresight survey delphi analysis [R]. 东京：日本科学技术政策研究所, 2005.

[53] 托马斯 L 萨蒂. 创造性思维：问题处理与科学决策 [M]. 石勇, 李兴森, 译. 北京：机械工业出版社, 2016.

[54] 桑玉成. 促进社会共识的意义与路径 [N]. 光明日报, 2017-06-23.

[55] 以共识为基础提升决策公信力 [EB/OL]. (2016-03-21) [2021-12-20]. http：//theory. people. com. cn/n1/2016/0321/c49150-28213300. html.

[56] 丰田模式通过根回以达成共识 [EB/OL]. (2017-08-02) [2021-12-20]. http：//blog. Sina. com. cn/s/blog——13a56bf960102xxbo. html.

[57] 邵奇峰, 金澈清, 张召, 等. 区块链技术：架构及进展 [J]. 计算机学报, 2018, 41 (5)：20.

[58] 宿正伯. 关于凝聚共识的三点思考 [N]. 人民政协报, 2020-09-23.

[59] 孙景乐, 张朋柱. 基于互联网的开放式群体研讨决策支持平台的设计与开发研究 [J]. 系统工程学报, 2001, 16 (5)：360 – 265.

[60] 孙梦逸. 群众的眼睛是雪亮的吗？当真相掌握在少数人手里 [EB/OL]. (2018-03-03) [2021-12-20]. http：//www. sohu. com/a/224777074_313170.

[61] 索罗维基. 群体的智慧：如何做出世界上最聪明的决策 [M]. 王宝泉, 译. 北京：中信出版集团, 2010.

[62] 谭铁牛. 人工智能有智商没情商会计算不会"算计"[EB/OL]. (2015-08-07) [2021-12-20]. http：//sn. people. com. cn/n/2015/0807/c190218- 25884435. html.

[63] 唐锡晋. 群体研讨环境研究及其应用 [M]. 上海：上海交通大学出版社, 2007.

[64] 唐锡晋. 两个定性综合集成支持技术 [J]. 系统工程理论与实践, 2010, 30 (9)：1593 – 1606

[65] 万百五. 二阶控制论及其应用 [J]. 控制理论与应用, 2010, 27 (8)：1053 – 1059

[66] 王达. 日本技术预见的兴起与发展, 转载自《今日科苑》[EB/OL]. (2020-03-23) [2021-12-20]. https：//www. sohu. com/a/382360498_465944.

[67] 王晋锋, 严晓伟. 荟萃分析的局限性 [J]. 中华高血压杂志, 2007 (6)：444 – 446

［68］王华，赵东杰，杨海涛，等．大数据时代下网络群体智能研究方法［J］．计算机与现代化，2015（2）：1－6．

［69］王浩，秦大庸，王建华．流域水资源规划的系统观与方法论［EB/OL］．（2002-08-01）［2021-12-20］．http：//www.cws.net.cn/Journal/slxb/200208/01.htm

［70］王绍光，樊鹏．中国式共识型决策："开门"与"磨合"［M］．北京：中国人民大学出版社，2013．

［71］王卫．中国基层协商民主共识形成机制研究：基于"温岭模式"实践的分析［J］．社会主义研究，2017（4）：105－113，1．

［72］意外流行算法给群体智慧带来新解，可用于多数投票决策［EB/OL］．（2017-02-12）［2021-12-20］．http：//mt.sohu.com/it/d20170212/126050392473283.shtml.

［73］卫林英，段兴民．Meta分析在科学研究中的应用与展望［J］．生产力研究，2006（6）：144－146，210.

［74］吴志彬．群体共识决策理论与方法［M］．北京：科学出版社，2017．

［75］向安玲，沈阳，何静．舆论动力学：历史溯源、理论演进与研究前景［J］．全球传媒学刊，2020，7（4）：99－115．

［76］背景资料《京都议定书》［EB/OL］．（2006-11-06）［2023-03-15］．http：//news.sina.com.cn/c/p/2006-11-06/183511440497.shtml.

［77］熊才权，李德华．综合集成研讨厅共识达成模型及其实现［J］．计算机集成制造系统，2008（10）：1913－1918．

［78］徐敏宁，陈安国，冯治．虚假协商流失了公共理性［N］．北京日报，2013-09-23（018）．

［79］徐聂甜子．大数据时代下网络群体智能研究［J］．传播力研究，2018，2（20）：228．

［80］徐玖平，陈建中．群决策理论与方法及实现［M］．北京：清华大学出版社，2009．

［81］徐泽水．纯语言多属性群决策方法研究［J］．控制与决策，2004（7）：778－781，786．

[82] 徐泽水. 直觉模糊信息集成理论及应用 [M]. 北京：科学出版社，2008.

[83] 徐泽水，赵华. 犹豫模糊集理论及应用 [M]. 北京：科学出版社，2018.

[84] 徐选华，陈晓红. 一种多属性多方案大群体决策方法研究 [J]. 系统工程学报，2008，23（2）：137-141.

[85] 徐迎军，李东. 多属性群决策达成一致方法研究 [J]. 控制与决策，2010，25（12）：1810-1814，1820.

[86] 许树柏. 层次分析法原理 [M]. 天津：天津大学出版社，1988.

[87] 杨斌. 软科学大辞典 [M]. 北京：中国社会科学出版社，1991.

[88] 殷登祥. 从 STS 视角看技术预见及其发展趋势 [J]. 世界科学，2003（4）：52-53.

[89] 袁勇，倪晓春，曾帅，等. 区块链共识算法的发展现状与展望 [J]. 自动化学报，2018，44（11）：2011-2022.

[90] 袁勇，王飞跃. 区块链技术发展现状与展望 [J]. 自动化学报，2016，42（4）：481-494.

[91] 邢玉红. 关于专家群体决策共识度的研究 [J]. 青海师范大学学报（自然科学版），2011，27（4）：3-6.

[92] 张朋柱，刁石京. 我国政府宏观决策任务的分类研究 [J]. 系统工程学报，2001（5）：354-359.

[93] 赵文博. 精益读书笔记之《丰田模式——精益制造的 14 项管理原则》第十九章 [EB/OL]. (2018-10-01) [2023-03-15]. https：//zhuanlan.zhihu.com/p/45809384.

[94] 赵明辉. 基于网络评论文本挖掘的技术预计方法的研究 [D]. 北京：中国科学院大学，2021.

[95] 中方权威人士：《巴黎协定》凝聚各方最广泛共识 [EB/OL]. (2015-12-13) [2023-03-15]. http：//www.xinhuanet.com/world/2015-12/13/c_1117443108.htm.

[96] 上海市新型冠状病毒感染中医药诊疗专家共识（2022 春季版）[EB/OL]. (2022-03-29) [2023-03-15]. https：//zynj.shutcm.edu.

cn/2022/0329/c4359a140758/ page. htm.

［97］ 2015 年第一季度网络舆论共识度评估［EB/OL］. （2015-04-20）
［2023-03-15］. http：//yuqing. people. com. cn/NMediaFile/2015/0420/
MAIN 201504201609000416611948570. pdf.

［98］ 张中峰, 李秋丹. 社区问答系统研究综述［J］. 计算机科学, 2010,
37 （11）：19－23.

［99］ 庄子匀, 陈敬良, 张博. 网络集体智慧质量的影响因素研究：基于英
文维基、中文维基和百度知道的交叉实证［J］. 情报理论与实践,
2014, 37 （7）：38－43.

［100］ 庄子匀, 陈敬良, 罗尧成. 网络集体智慧研究述评［J］. 情报杂志,
2014, 33 （5）：31－37.

［101］ ERIC A. 初探群体智慧缺陷："意外流行"（surprisingly popular）新
算法［EB/OL］. （2017-02-15）［2021-12-20］. https：//blog. csdn.
net/yunxinan/article/details/55213293.

［102］ TAO F, BING M, GANG W, et al. 静脉应用皮质激素防止成人拔
管后气道并发症：随机, 安慰剂对照研究的荟萃分析［J］. 英国
医学杂志中文版, 2009, 12 （2）：7.

［103］ 30 种共识算法完全列表［EB/OL］. ［2023-03-15］. https：//www.
jianshu. com /p/b62e68566192.

［104］ Administrator, About Collective IQ-Doug［S. L. ］. 2016.

［105］ ALES L, CHO S H, KÖRPEOǦLU E. Optimal award scheme in innova-
tion tournaments［J］. Operations research, 2017, 65 （3）：693－702.

［106］ Doug Engelbart Institute［EB/OL］. （2016-12-11）［2021-12-20］.
www. dougengelbart. org.

［107］ BARSKY A, SOLARZ B, STANIEWSKI P. System research institute,
mediator service page-about program, polish systems research institute
［EB/OL］. （2001-05-10）［2021-12-20］. http：//pc58. ibspan. waw.
pl/mediator/ cgi-bin/ mediator. cgi.

［108］ BEERS. Beyond dispute：The invention of team syntegrity［M］. New-
York：John Wiley & Sons, Chichester, 1994.

[109] BIMPIKIS K, EHSANI S, MOSTAGIR M. Designing dynamic contests [J]. Operations research, 2019, 67 (2): 339-356.

[110] BORENSTEIN M, HEDGES LV, HIGGINS J PT, et al. Introduction to meta-analysis [M]. NewYork: State of New Jersey: Wiley, 2009.

[111] BRUCE R A. Facilitating effective group meetings, Slide of Univ. of Louisville [EB/OL]. (2001-03-01) [2023-03-15]. http://cbpa.louisville.edu/bruce/.

[112] BUNTINX J P. What is proof of elapsed time? [J]. The Merkle Hash. Available online: https://themerkle.com/what-is-proof-of-elapsed-time/(accessed on 5 December 2019), 2017.

[113] BUTERIN V, GRIFFITH V. Casper the friendly finality gadget [J]. arXiv preprint arXiv: 1710.09437, 2017.

[114] BUTLER C T, ROTHSTEIN A. On conflict and consensus [M]. [S.l.]: Food Not Bomb Publishing, 1998.

[115] MIGUEL, CASTRO, BARBARA, et al. Practical byzantine fault tolerance and proactive recovery [J]. ACM transactions on computer systems, 2002, 20 (4): 398-461.

[116] CHENG C H, CHEN P A, HON W K. Budget-constrained multi-battle contests: A new perspective and analysis [J]. Theoretical computer science, 2018, 721: 16-26.

[117] CHOI E, SHAH C. User motivations for asking questions in online Q & A services [J]. Journal of the association for information science and technology, 2016, 67 (5): 1182-1197.

[118] CHRISTAKIS A N, DYE K. The cogniscope™ lessons learned in the arena [M] // JENLINK P M, BANATHY B H. Dialogue as a collective means of design conversation [M]. Boston: Springer, 2008.

[119] Cogniscope™ [EB/OL]. [2021-12-20]. http://www.cwaltd.com/index1.htm?whatwedo.htm&2.

[120] COPELAND C, ZHONG H. Tangaroa: a byzantine fault tolerant raft [EB/OL]. [2021-12-20]. http://diyhpl.us/~bryan/papers2/bitc-

oin/Tangaroa% 20-% 20a% 20Byzantine% 20Fault% 20Tolerant% 20Raft. pdf.

[121] Consensus economics, 2017 [EB/OL]. [2023-03-15]. http://www.consensuseconomics.com/whatare forecasts.htm.

[122] RAIFFA H, RICHARDSON J, METCALFE D. Negotiation analysis: The science and art of collaborative decision making [M]. Boston: Belknap Press of Harvard University Press, 2002.

[123] CROWSTON K, FAGNOT I. Stages of motivation for contributing user-generated content: A theory and empirical test [J]. International journal of human-computer studies, 2018, 109: 89 – 101.

[124] Daniel Larimer. Delegated proof-of-stake (dpos) [EB/OL]. [2023-03-15]. https://wenku.baidu.com/view/3ec5f9dee53a580217fcfe3d? bfetype = new&_wkts_ = 1725846142685&bdQuery = Daniel + Larimer. + Delegated + proof-of-stake + %28dpos%29. + Bitshare + whitepaper. + 2014%2C.

[125] DAULAY A R. Strategic assumption for the success of coal mining redemation to be a tourism site: A case study in Rantace Panndan Villiage of Bungo Regency [EB/OL]. (2020-08-31) [2023-03-15]. https://ejournal.undip.ac.id/index.php/ilmulingkungan/article/view/27986.

[126] DEGROOT M H. Reaching a consensus [J]. Journal of the American statistical association, 1974, 69 (345): 118 – 121.

[127] DELBEAQ A L, VAN DE VEN A H. A group process model for problem identifications and program planning [J]. Journal applied behavior science, 1971 (7): 466 – 492.

[128] ENRIQUE H V, HERRERA F, CHICLANA F A. Consensus model for multi-person decision making with different preference structures [J]. IEEE Transactions on systems, man and cybernetics-part a: systems and humans, 2002, 32 (3): 394 – 402.

[129] ESPINOSA A. Team syntegrity as a tool to promote democratic agreements: An example fromthe nationalenvironmental sector in Colombia

[C]. Proceedings of the 47th annual conference ISSS 2003.

[130] ESTELLÉS A E, GONZÁLEZ L F. Towards an integrated crowdsourcing definition [J]. Journal of information science, 2012, 38 (2): 189-200.

[131] FENG Q, HE D, ZEADALLY S, et al. A survey on privacy protection in blockchain system [J]. Journal of network and computer applications, 2019 (126): 45-58.

[132] FINK A, KOSECOFF J, CHASSIN M, et al. Consensus methods: Characteristics and guidelines for use [J]. American journal of public health, 1984, 74 (9): 979-983.

[133] FITCH K, BERNSTEIN S J, AGUILAR M D, et al. The RAND/UCLA appropriateness method user'smanual [M]. Santa Monica: RAND, 2001.

[134] FLEW, TERRY. New media: An introduction [M]. Oxford: Oxford University Press, 2007.

[135] FLOOD R L, JACKSON M C. Creative problem solving: Total systems intervention [M]. State of New Jersey: Wiely, 1991.

[136] FUJITA K. A study on the meeting support system for creative discussion [D]. Ishikawa: JAIST, 1998.

[137] GALAM S. From Bush-Gore to 2006 Italian elections: Voting at fifty-fifty and the contrarian effect [J]. Quality & quantity, 2007, 41 (4): 1-17.

[138] GALTON, FRANCIS. Vox populi (The wisdom of crowds) [J]. Nature, 1907, 75 (7): 450-451.

[139] GLANVILLER R. Second order cybernetics [M]. Encyclopedia of Life support systems, Oxford: EOLSS Publishers, 2002.

[140] GLASS G V. Primary, secondary and meta-analysis of research [J]. Educational research, 1976, 5 (10): 3-8.

[141] Group facilitation: A research and applications journal [EB/OL]. (2001-01-05) [2023-03-15]. http://www.iaf-world.org/Journal/index.Htm.

[142] GU J F, TANG X J, WANG L, et al. Wuli-Shili-Renli approach to preparing the diagram of standard system for the commercial accommodations and facilities in China, in System Methodology Ⅲ [M]. Hull: The University of Hull, 1997: 21 - 31.

[143] GU J, TANG X. Meta-synthesis system approach to knowledge science [J]. International journal of information technology & decision making, 2007, 6 (3): 559 - 572.

[144] GU J F, TANG X J. A test on the meta-synthesis system approach to forecasting the GDP growth rate in China [C]. Proceedings of the 47th annual meeting of ISSS, Crete, 2003 (7): 6 - 11.

[145] HAMALAINEN R P, KETTUNEN E, MARTTUNEN M, et al. Decision and negotiation support in multi-stakeholder development of lake regulation policy, 1998 [EB/OL]. [2023-03-15]. http://fir.njnet.edu.cn/hut/hut/Units/ Systems. Analysis/ 2001-5-17.

[146] HALFAKER A. Interpolating quality dynamics in Wikipedia and demonstrating the Keilana effect [C]. Proceedings of the 13th International Symposium on Open Collaboration. 2017: 1 - 9.

[147] HEYLIGHEN F, JOSLYN C, TURCHIN V. A short introduction to the principia cybernetica project [J]. Journal of Ideas, 1991 (2).

[148] HILTZ S R, TUROFF M, et al. Distributed group support systems: theory development and experimentation [M] //Coordination theory and collaboration technology. [S. l.]: Erlbaum Associates, 1996.

[149] JOSEPH K K H. A survey on the Hong Kong airport-third runway project (HKATRP) in the strategic assumption and surfacing techniques (SAST) spirit [J]. European academic research, 2015, 3 (9): 9952 - 9972.

[150] HU W R. Case conflict management, bulletin of human development [EB/OL]. (2001-01-05) [2021-12-20]. http://www.parn.com.tw/pais/conflict.htm.

[151] HUANG C, YAO L, WANG X, et al. Expert as a service: Software expert recommendation via knowledge domain embeddings in stack overflow

[C]//2017 IEEE International Conference on Web Services (ICWS). IEEE, 2017: 317-324.

[152] HUNTERD J. Consensus methods for medical and health-services research [J]. British medical journal, 1995, 311 (7001): 376-380.

[153] IANDOLI L, KLEIN M, ZOLLO G. Can we exploit collective intelligence for collaborative deliberation? The case of the climate change collaboratorium [J]. Electronic Journal, 2007, 11.

[154] International Association of Facilitators [EB/OL]. (2000-12-23) [2021-12-20]. http://www.iaf-world.org/.

[155] JAFARKARIMI H, SIM A, SAADATDOOST R, et al. The impact of ICT on reinforcing citizens' role in government decision making [J]. International journal of emerging technology and advanced engineering, 2014, 4 (1): 642-646.

[156] JAKOBSSON M, JUELS A. Proofs of work and bread pudding protocols [C]. Proceedings of the IFIP TC6/TC11 Joint Working Conference on Secure Information Networks: Secure Information Networks: Communications and Multimedia Security. 1999: 258-272.

[157] JEON G Y J, RIEH S Y. Do you trust answers? credibility judgments in social search using social Q&A sites [J]. Social networks, 2013 (2): 14, 3.

[158] JIN L C, GU J F, SHU G F. Order number methods for MCDM [J]. Journal of systems science and mathematical sciences, 1984 (4): 281-293.

[159] JOSLYN C, HEYLIGHEN F. On semantic analysis and consensus building [EB/OL]. [2021-12-20]. http://pcp.lanl.gov/SEMAN.html.

[160] "Soft" degrees of consensus under fuzzy preference and fuzzy majorities [M]//KACPRZYK J, NURMI H, FEDRIZZI M. Consensus under fuzziness. New York: Springer Science + Business Media, 1997: 55-82.

[161] KACPRZYK J, NURMI H, FEDRIZZI M. Consensus under fuzziness [M]. Dordrecht: Kluwer Academic Publishers, 1997.

[162] KARANTIAS K, KIAYIAS A, ZINDROS D. Proof-of-burn [C]. Financial Cryptography. 2019.

[163] KATO N. A study of group decision support system based on individual viewpoints related to the process of consensus building [D]. Ishikawa: JAIST, 1998.

[164] KELLEY M, DIZIKES P. In crowd wisdom, the 'surprisingly popular' answer can trump ignorance of the masses [EB/OL]. (2017-02-06) [2023-03-15]. https://www.princeton.edu/news/2017/02/06/crowd-wisdom-surprisingly-popular-answer-can-trump-ignorance-masses.

[165] KING S, NADAL S. PPCoin: peer-to-peer crypto-currency with proof-of-stake [J]. International journal of information security, 2012 (53): 109-121.

[166] KOKORIS-KOGIAS E, JOVANOVIC P, GAILLYN, et al. Enhancing bitcoin security and performance with strong consistency via collective signing [J]. arXiv preprint arXiv: 1602.06997, 2016.

[167] KOKORIS K, JOVANOVIC P, GASSER L, et al. Omniledger: a secure, scale-out, decentralized ledger via sharding [C] //2018 IEEE Symposium on Security and Privacy (SP). IEEE, 2018: 583-598.

[168] KONRAD K A, KOVENOCKD. Multi-battle contests [J]. Games and economic behavior, 2006, 66 (1): 256-274.

[169] NGUYEN N T, KOWALCZYK R, CHEN S M. Computational collective intelligence. Semantic Websocial networks and multiagent systems [C]. Wroclaw: Springer Science & Business Media, 2009.

[170] REN L. Proof of stake velocity: Building the social currency of the digital age [J]. Computer science economics, 2014 (4).

[171] LAMPORT L. Paxos Made Simple [J]. Acm Sigact News, 2016, 32 (4).

[172] LANDEMORE H. The mechanisms of collective intelligence in politics [M] // Collective wisdom: principles and mechanisms. Cambridge: Cambridge University Press, 2012: 251-289.

[173] LEHER K, WAGNER C. Rational consensus in science and society

[M]. Dordecht: Reidel Publication Company, 1981.

[174] LEMMERICH F, SÁEZ-TRUMPER D, WEST R, et al. Why the world reads wikipedia: Beyond english speakers [C]. Proceedings of the Twelfth ACM International Conference on Web Search and Data Mining. 2019: 618 – 626.

[175] LEONNARD A. Syntegration as a means of enhancing requisite variety for exploring risk [C]. Proceedings of the 47th annual conference ISSS 2003.

[176] LEVACK K. If two heads are better than one, try 7000 with Wikipedia [J]. EContent, 2003, 26 (4): 12.

[177] LI M, LI Y, LOU W, et al. A hybrid recommendation system for Q&A documents [J]. Expert systems with applications, 2020, 144: 113088.

[178] LIU F, SHI Y, LIU Y. Intelligence quotient and intelligence grade of artificial intelligence [J]. Annals of data science, 2017, 4 (1): 1 – 13.

[179] LIU Y J, GU J F. Systems analysis and modeling of opinion infection [C]. IEEE International Conference on Systems, 2008.

[180] LOEWER B. Special issue on consensus [J]. Synthese, 1985, 62 (1).

[181] LUU L, NARAYANAN V, ZHENG C, et al. A secure sharding protocol for open blockchains [C]. Proceedings of the 2016 ACM SIGSAC conference on computer and communications security. 2016: 17 – 30.

[182] LYU S, OUYANG W, SHEN H, et al. Learning representations for quality estimation of crowdsourced submissions [J]. Information processing & management, 2019, 56 (4): 1484 – 1493.

[183] MANDAKOVIC T F, SOUNDER W E. Experiments with microcomputers to facilitate the use of project selection models [J]. Journal of engineering and technology management, 1990, 7 (1): 1 – 16.

[184] Martino W. The first scalable, high performance privateblockchain [J]. Revision, 2016 (1): 1 – 9.

[185] MASON R O, MITROFF I I. Challenging strategic planning assumptions [M]. New York: Wiely, 1981.

[186] MEGLYNN E A, KOSECOFF J. BROCK R H. Format and conduct of consensus development conferences: A multination comparison [J]. International journal of technology assessment in healthcare, 1990, 6 (30): 450-469.

[187] MIHM J, SCHLAPP J. Sourcing innovation: On feedback in contests [J]. Management science, 2019, 65 (2): 559-576.

[188] MILUTINOVIC M, HE W, WU H, et al. Proof of luck: An efficient blockchain consensus protocol [C]. Proceedings of the 1st Workshop on System Software for Trusted Execution. 2016: 1-6.

[189] MLADENOW A, BAUER C, STRAUSS C. Collaborative shopping with the crowd [C]. International Conference on Cooperative Design, Visualization and Engineering. Springer, Cham, 2015: 162-169.

[190] NAIR R, AGGARWAL R, KHANNA D. Methods of formal consensus in classification/diagnostic criteria and guideline development [J]. Seminars in arthritis and rheumatism, 2011, 41 (2): 95-105.

[191] ÖNER A M, GÖL S. Pitfalls in and success factors of corporate foresight projects [J]. International journal of foresight and innovation policy, 2007, 3 (4): 447-471.

[192] NI X, SUN J T, HU J, et al. Cross lingual text classification by mining multilingual topics from wikipedia [C]. Proceedings of the fourth ACM international conference on Web search and data mining. 2011: 375-384.

[193] ONGARO D., OUSTERHOUT J. In search of an understandable consensus algorithm [C]. 2014 USENIX annual technical conference (USENIX ATC 14). 2014: 305-319.

[194] PASS R, SHI E. The sleepy model of consensus [C]. International Conference on the Theory and Application of Cryptology and Information Security. Springer, Cham, 2017: 380-409.

[195] PRELEC D, SEUNG H S, MCCOY J. A solution to the single-question crowd wisdom problem [J]. Nature, 2017, 541: 532-536.

[196] REAGLE J. Good faith collaboration: the culture of wikipedia [M].

Massachusetts: MIT Press, 2010.

[197] Consensus building [EB/OL]. (2004-04-10) [2021-12-20]. http://www.resolve.org/consensus/consensus.htm.

[198] RUPRECHTER T, SANTOS T, HELICD. On the relation of edit behavior, link structure, and article quality on wikipedia [C]. International Conference on Complex Networks and Their Applications. Springer, Cham, 2019: 242-254.

[199] SAAB F, ELHAJJ I H, KAYSSI A, et al. Modelling cognitive bias in crowdsourcing systems [J]. Cognitive systems research, 2019 (58): 1-18.

[200] SAATY T L. The analytic hierarchy process [M]. New York: McGraw-Hill, 1980.

[201] SANDELOWSKI M, BAROSO J. Analytic techniques for qualitative metasynthesis, University of North Carolina at Chapel Hill, USA [R]. 2001.

[202] SAINT S, LAWSON J R. Rules for reaching consensus: A modern approach to decision making [M]. Pfeiffer & Co., 1994.

[203] SAOUD Z, FONTAINE C. Expert finding in citizen science platform via weighted pagerank algorithm [C]. Advances in Intelligent Data Analysis XVII. 2018.

[204] SCHUMAN S, RICHARDSON J. Decision conferencing for systems planning [J]. Information and management, 1991 (21): 147-159.

[205] SCHWANINGER M. The team syntegrity model: An architecture for organizations of the future, 1997 [EB/OL]. http://www.isss.org/teamsyn.html; www.heidelberger-gruppe.com.

[206] SCOTT J, FLAN E. Achieving consensus: Tool and techniques [M]. California: Crisp Pubns, 1996.

[207] SELWYN N, GORARD S. Students' use of Wikipedia as an academic resource: patterns of use and perceptions of usefulness [J]. The internet and higher education, 2016 (28): 28-34.

[208] SEO F. Construction of fuzzy utility function in group decision making [M] //KACPRZYK J, NURMI H, FEDRIZZI M. Consensus under fuzziness. New York: Springer Science + Business Media, 1997: 211-230.

[209] SkyMark Co. PathMaker Ⅱ [EB/OL]. (2001-01-01) [2021-12-20]. https://skymark.com/pathmaker/pathhome.asp.

[210] Society for the Study of Conflict and Consensus. Conflict and consensus in the age of chaos [M]. Tokyo: SOBUNSHA, 1994.

[211] STEINER T, VAN HOOLAND S, SUMMERS E. Mj no more: Using concurrent wikipedia edit spikes with social network plausibility checks for breaking news detection [C]. Proceedings of the 22nd International Conference on World Wide Web. 2013: 791-794.

[212] SZUBA T. Universal formal model of collective intelligence and its IQ measure [C] //KEPLICZ B D, NAWARECKI E. From theory to practice in multi-agent systems. [S. l.]: Springer, 2001, 2296: 303-312.

[213] TANG X J. Enabling a meta-synthetic discovery workshop for social consensus process [C]. IEEE/WIC/ACM International Conference on Web Intelligence & Intelligent Agent Technology, 2008: 436-441.

[214] TANG X J. Toward consensus understanding and a distributed computerized support [R]. Ishikawa: JAIST, 2001.

[215] XI JINT, YI JUN L. A prototype environment for group argumentation [C]. The Proceedings of the Third International Symposium on Knowledge and Systems Sciences (KSS'2002). Shanghai: 2002: 252-256.

[216] TANG X J. Towards meta-synthetic support to unstructured problem solving [J]. International journal of information technology & decision making, 2007, 6 (3): 491-508

[217] Theconsensus building institute. the consensus building handbook [M]. Florida: Sage Publications Inc., 1999.

[218] Theconsensus building institute [EB/OL]. (2001-04-10) [2021-12-20]. http://www.cbi-web.org/home.htm.

[219] The team resource center, services [EB/OL]. (2001-03-13) [2021-12-20]. http://www.team-creations.com.

[220] TUROFF M. An overview of mediated communications, talk at Univ. of Victoria [EB/OL]. (2001-03-01) [2021-12-20]. http://eies.njit.edu/~turoff/.

[221] TUROFF M. Delphi conferencing: Computer-based conferencing with anonymity [J]. Technological forecasting and social change, 1972 (3): 159-204.

[222] TUROFF M, HILTZ S R. Computer based Delphi process [M] //Gazing into the oracle: The delphi method and its application to social policy and public health. London: Kingsley Publisher, 1996.

[223] UI T. Decision support and groupware [M]. Tokyo: Kyoritsu Pub. Co., 1995.

[224] UMPLEBY S. A Fundamentals and history of cybernetics, Part 1-4 [C]. A tutorial presented at the World Multi-conference on systemics, cybernetics, and informatics, Orlando, Florida, 2006.

[225] VON FOERSTER. Cybernetics of cybernetics [M]. Second Edition. Minneapolis: MN Future Systems Inc, 1996.

[226] WAGGONER J, CARLINE J D, DURNING S J. Is There a consensus on consensus methodology? Descriptions and recommendations for future consensus research [J]. Academic medicine, 2016, 91 (5): 663-668.

[227] WANG H, JI Y, WANG W. Quality evaluation for answers in chinese QA community based on random forest-examples from zhihu [C]. International Conference on Humanities Science, Management and Education Technology (HSMET 2017). Atlantis Press, 2017.

[228] Collective intelligence [EB/OL]. (2018-04-04) [2021-12-20]. https://en.wikipedia.org/wiki/Collective_intelligence.

[229] WORRALL A, OH S. Place of health information and socio-emotional support in social questioning and answering [J]. Information research, 2013, 18 (3).

[230] XU S, LIU L, CUI L, et al. Optimal crowds contest model for crowdsourcing [C]. Proceedings of the 2nd International Conference on Crowd Science and Engineering. 2017: 72-76.

[231] YUAN B J, KANG T H, CHANG C C. The overall foresight model that focuses on consensus forming, IEEE Xplore: Conference: Management of Engineering and Technology [C]. Portland, 2007: 1571-1576.

[232] YUAN S, ZHANG Y, TANG J, et al. Expert finding in community question answering: A review [J]. Artificial intelligence review, 2020, 53 (2): 843-874.

[233] ZADROZNY S. An approach to the consensus reaching support in fuzzy environment [M]. Boston: Springer, 1997: 83-109.

[234] ZAMFIR V. Introducing casper the friendly ghost [EB/OL]. [2021-12-20]. https://blog.ethereum.org/2015/08/01/introducing-casper-friendly-ghost.